综合实践活动课程的新时代建构

总主编　成尚荣　张　华　柳夕浪

数字时代的创造性学习

——创客教育理论

钱旭鸯　著

河北出版传媒集团

河北教育出版社

图书在版编目（CIP）数据

数字时代的创造性学习. 创客教育理论 / 钱旭鸯著
. -- 石家庄：河北教育出版社，2021.6
（综合实践活动课程的新时代建构）
ISBN 978-7-5545-5555-2

Ⅰ. ①数… Ⅱ. ①钱… Ⅲ. ①学习方法②创造教育－教育理论 Ⅳ. ①G442②G40-012

中国版本图书馆CIP数据核字(2019)第267895号

数字时代的创造性学习——创客教育理论
SHUZI SHIDAI DE CHUANGZAOXING XUEXI —— CHUANGKE JIAOYU LILUN
作　　者　钱旭鸯

出 版 人　董素山
策　　划　张　辉　何春雅
特约编辑　高力夫
责任编辑　王　莉
装帧设计　于　越
出版发行　河北出版传媒集团
　　　　　河北教育出版社　http://www.hbep.com
　　　　　（石家庄市联盟路705号，050061）
排　　版　河北九易数字技术有限公司
印　　刷　河北荣恩印刷有限公司
开　　本　787 mm × 1092 mm　1/16
印　　张　16.75
字　　数　200千字
版　　次　2021年6月第1版
印　　次　2021年6月第1次印刷
书　　号　ISBN 978-7-5545-5555-2
定　　价　35.00元

综合实践活动课程的新时代建构

编 委 会

前言 QIANYAN

提升综合课程品质，增强学生综合素质

习近平总书记在全国教育大会上，非常鲜明地指出，“培养什么人，是教育的首要问题”。立德树人是教育的根本任务，也是教育现代化的方向目标，同时要求在“增强综合素质”等六个方面下功夫，培养学生的综合能力和创新思维。

立德树人的根本任务一定要落实在课程建设中，增强综合素质的要求一定要落实在教学活动中。2017年，教育部颁布了《中小学综合实践活动课程指导纲要》(以下简称《指导纲要》)，其目的就是要引导学生从个体生活、社会生活及其与大自然的接触中获得丰富的实践经验，形成并逐步提升对自然、社会和自我之内在联系的整体认知，具有价值体认、责任担当、问题解决、创意物化等方面的意识和能力，着力培养学生的跨学科综合素质。全国教育大会上习总书记的重要讲话，让我们更深入地思考学生综合素质的培养问题；再次审视《指导纲要》，我们应当将《指导纲要》置于教育改革发展的宏大背景下，置于落实立德树人的根本任务之中。通过认真学习和深入讨论，我们以习总书记在全国教育大会上的重要讲话为纲，对《指导纲要》

进行了深入具体的解读，在解读中进一步提升了对综合实践活动课程的价值愿景和目标的认识。我们认为应当从理论和实践相结合的角度，帮助教师提高对综合实践活动课程的理性认识，提高综合实践活动课程设计和组织实施的能力，从而全面提升综合实践活动课程的品质，增强学生的综合素质。为此，我们决定组织编写一套关于中小学综合实践活动课程的指导丛书。

值得重视的是，习总书记在讲话中，进一步明确了党和国家的教育方针，提出要努力培养德智体美劳全面发展的社会主义建设者和接班人，并强调“要在学生中弘扬劳动精神，教育引导学生崇尚劳动、尊重劳动，懂得劳动最光荣、劳动最崇高、劳动最伟大、劳动最美丽的道理，长大后能够辛勤劳动、诚实劳动、创造性劳动”。劳动教育已是教育方针的重要组成部分，已纳入德智体美劳全面发展的教育体系和更高水平的人才培养体系中，无疑，劳动教育必须落实在课程中。当然，《指导纲要》对劳动教育的目标、要求和内容等有明确具体的要求，教育大会后我们还必须从教育方针的高度，对劳动教育进一步增强、充实，提升其意义。为此，丛书还要通过对《指导纲要》的解读，进一步将劳动教育与综合实践活动结合起来，统一起来，并使之凸显出来。这样，指导用书的方向更鲜明，关系更明晰，更具时代感。

加强劳动教育与综合实践活动，培养学生的综合素质，是国际基础教育课程改革的共同走向。我们必须有更开放的胸怀，更宽阔的视野，尊重和吸纳国际课程改革的理论与经验，丰富自己。与此同时，我们又必须将劳动教育与综合实践活动课程的设计、实施、资源开发等，深植于中华传统文化中，扎根中国大地，体现新时代中国特色和中国经验，从书名称中的“新时代建构”体现的正是这一价值定位和追求。

综合实践活动是落实立德树人根本任务的课程形态、具体途径和实现方式，丛书的根本目的是探索综合育人、实践育人、活动育人的规律和特点，其目标是指导教师创造性地落实《指导纲要》，以学生为主体，以变革学习方式为重点，培养学生的创新精神，增强想象力、实践力、创造力，让学生在综合实践活动中站立起来，为培养时代新人夯实基础。

从育人这一根本目的和任务出发，我们又确定了丛书编写的原则：既要提升认识，又要指导实践，两者要结合好、融通好，而且要解读准，说得明，指导得具体、切实；既要整体设计，又要突出重点，整体设计在于有框架意识、宏观思维，突出重点在于让教师把握要点，以求突破，形成特色；既要指导中小学教师设计、开展综合实践活动，又要有利于教研、科研等方面的专家拓展理论视野。根据编写宗旨与原则，丛书基本形成了科学、有用、亲切、有趣等特色。

为了达到预期的效果，编委会邀请张华、柳夕浪等知名专家、学者担纲，以提升丛书的权威性、科学性，搭建一个更高的平台，在更高层次、更大范围内进行对话。丛书共有十册，分别为:《〈中小学综合实践活动课程指导纲要〉解读——44个问答》，柳夕浪主编;《综合实践活动课程的国际视野》，张华著;《综合实践活动课程的理论视野》，张紫屏著;《考察探究与设计制作》，高振宇、包新中著;《社会服务与职业体验》，杨燕燕、仲建维著;《数字时代的创造性学习——创客教育理论》，钱旭鸯著;《数字时代的创造性学习——创客教育实践》，谢作如、刘正云、张敬云著;《综合实践活动课程的评价与管理》，戎庭伟、张馨月编著;《原来就在你身边——综合实践活动课程的资源开发》，张晓东、杨健主编;《创造一个分享的世界——综合实践活动课程案例集锦》，夏心军、成尚荣主编。

非常感谢河北教育出版社领导和编辑的重视、支持和辛勤工作，他们的视野、创意、品质、作风值得我们学习。尤其要感谢张辉副总编辑、特约编辑高力夫、地方教材编辑室主任何春雅以及各册责任编辑，他们为本套丛书的出版付出了诸多辛劳。

综合实践活动课程是国家课程，对培养有理想、有本领、有担当的时代新人，让他们成为社会主义的建设者和接班人，有着重要的价值、意义，相信这套丛书对推进综合实践活动课程的实施，推动劳动教育，会发挥积极的作用。

2019 年 7 月

目　录

绪论

面向未来的创客教育

随着世界经济论坛创始人兼执行主席克劳斯·施瓦布（Klaus Schwab）在 2016 年宣告“第四次工业革命”（也称工业 4.0）的到来，人类正式进入了一个愈发不确定的“数字时代”。教育作为变革最有力的工具之一，本身是一种“面向未来的力量”。创客教育作为全球创客文化与教育变革联姻的产物，在很大程度上是对数字时代教育 4.0 做出的回应。正如教育 4.0 将主要的学习责任从教师转移到学习者身上，创客教育最为重要的愿景之一便是赋能学习者，使其成为自身学习的能动者，成为知识的创造者和反思性实践者。正因如此，从全球创客教育发展趋势来看，创客教育已经被普遍地作为面向未来的创造性学习而得以持续推进。

任何教育变革均有其文化处境、历史处境与现实处境。在时代发展潮流之中，我们的教育行动绝不仅仅是对过去已发生之事的重复，还要始终对未来保持彻底的开放。[1] 加拿大公共知识分子乔治·格兰特（George Parkin Grant）曾启示，“我们这个时代要思考的第一要事即何为技术”[2]。技术的发展为人类的生产生活带来了诸多新的可能，也让我们开始生活于一个高度互联、包罗万象的世界，同时也是一个新技术不断催生更新、更强技术的世界。[3] 当前，人类文明正在进入第四次工业革命，“其特征是技术的融合模糊了物理、数字和生物领域之间的界限”[4]。随着世界经济论坛创始人兼执行主席克劳斯·施瓦布（Klaus Schwab）在 2016 年宣告“第四次工业革命”（也称工业 4.0）的到来，人类正式进入了一个愈发不确定的“数字时代”。面对这样的数字时代，教育已然不可能再停留于 20 世纪的范式了。美国未来学家戴维·霍尔（David Houle）指出，中国经历了史无前例的发展，已经以不可思议的气势崛起……但是现在，中国民众应当关注未来。[5] 教育作为变革最有力的工具之一，本身是一种“面向未来的力量”（force for the future）[6]。如果从教育系统作为一个典型的复杂系统这一角度考虑，复杂系统必须能够应对变化着的环境，因此教育系统也必须具备两种能力：必须能够贮存关涉环境的信息以备未来之运用；必须在必要时能够适应性地改变其结构。前者指向表征过程，要求教育系统能够敏锐而深刻地认识教育所处的环境，尤其是环境的变化及其对教育的意义；后者指向自组织过程，要求教育系统能像一

[1] Gert J. J. Biesta, *The Beautiful Risk of Education*(New York: Routledge, 2014),p. 137.

[2] George Parkin Grant, *English-Speaking Justice*(Toronto: House of Anansi Press, 1998).

[3] 克劳斯·施瓦布:《第四次工业革命》，李菁译，中信出版社，2016，第 XI 页。

[4] Klaus Schwab, “The Fourth Industrial Revolution: What It Means, How to Respond,” World Economic Forum, January 14, 2016, accessed July 2, 2019, https://www.weforum.org/agenda/2016/01/the-fourth-industrial-revolution-what-it-means-and-how-to-respond/.

[5] 戴维·霍尔:《大转折时代：生活与思维方式的大转折》，熊详译，中信出版社，2013，第 VII 页。

[6] Edgar Morin, *Seven Complex Lessons in Education for the Future*(Paris: United Nations Educational, 2001).

个活的有机体一样发展自身的结构以适应不断变化的环境。

相较于传统讲授式教育，创客教育可以说是一种面向未来的教育。

一、迈入不确定的数字时代

施瓦布表示，“在当今时代我们所面临的纷繁复杂的挑战中，最严峻、最重大的挑战莫过于如何理解并塑造本次新技术革命”[1]。一方面，第四次工业革命无论是在速度、深度，还是在广度上都深刻地影响到政治、经济、科技、文化和教育的方方面面，以及政府、企业、民间机构、广大社会民众及学生等各个主体。另一方面，第四次工业革命要求人们具有足够的新素养（new competencies），因为技术发展所带来的自动化对人的素养提出了更高、更新的要求，尤其是在具备更高技术性技能、更体现社会智能等技能方面。为此，在做出教育模式变革、体系重构时，尤其需要我们对这个数字时代的特性具有足够的敏感性和必要的认识。

（一）变化速度

“当我们注意到我们生活中迅速变化的新技术、新建筑和新生活方式时，我们开始感觉到大变革（The Great Transformation）的存在。然而，人类的生活不仅仅是正在改变，而且正在以极快的速度改变。”[2]未来学家、世界未来学会创始人爱德华·科尼什（Edward Cornish）如此告诫。的确，在这个时代中，需要我们注意的不仅仅是变化的内容，更在于变化的速度——用爱德华·科尼什的话来说，是“极速”（breakneck speed）。著名未来学家阿尔文·托夫勒（Alvin Toffler）于1970年创作的《未来的冲击》常被赞誉为“20世纪把握历史发展命脉的三大著作”之一。他在该书中警醒人们：“变化的速度已与变化的内容同等重要！”半

[1] Klaus Schwab, “The Fourth Industrial Revolution: What It Means, How to Respond,” World Economic Forum, January 14, 2016, accessed July 2, 2019, https: //www.weforum.org/agenda/2016/01/the-fourth-industrial-revolution-what-it-means-and-how-to-respond/.

[2] Edward Cornish, *Futuring: The Exploration of the Future*(Bethesda: World Future Society, 2004), p. 10.

个世纪后的今天，这已然应验。斗转星移，王朝更迭，上下几千年，人类总体基于时间维度的自然变化一直都是缓慢和渐变的，然而，近半个世纪以来，在科技的作用下，变化的步履骤然加快，甚至可以说是瞬间激变的。从变化的内容来看，第四次工业革命带来的变化通常被视为“颠覆性变化”（disruptive change）[1]；从变化的速度来看，区别于前几次工业革命的是，本次工业革命已经呈现出了指数级而非线性的发展速度。在这种急遽变化之下，一是我们无法保证那些对家长、教师一代来说还有用的知识对我们的学生来说也同样有用；二是未来将要面临的问题具有极强的不可预见性。这就要求学习者能够认识和利用新的机会、新的资源来从中获益，并设计创新性的解决方案。

（二）不确定性

虽然人们对于迅猛发展的技术究竟给我们带来了什么还持有不同观点，但可以确定的一点是，技术给人类带来了极大的不确定性，正如社会学家让·鲍德里亚（Jean Baudrillard）所感叹的，“我们这个时代富于特征的革命是非确定性的革命——非确定性触及我们生活的方方面面”[2]。正是由于第四次工业革命的规模、广度以及复杂程度都与人类过去经历的变革截然不同且难以预测，才使得我们及后代所面临的未来将存在诸多不确定性。技术变革的速度和规模使得预测即将到来的威胁几乎是不可能的，更不用说提前判断如何应对这些威胁了。[3]与信心十足的20世纪90年代形成鲜明对比的是，现在很难知道接下来会发生什么。

2020年入学的儿童，十年后差不多就进入成年了。对于这一代孩子

[1] Gaye Karacay, “Talent Development for Industry 4.0,” in *Industry 4.0: Managing The Digital Transformation*, ed. Alp Ustundag and Emre Cevikcan(Cham: Springer International Publishing AG, 2018),pp. 123-136.

[2] Jean Baudrillard, “The Precession of Simulacra,” in *Art After Modernism: Rethinking Representation*, ed. Brian Wallis and Marcia Tucker(New York: New Museum of Contemporary Art, 1984),pp. 253-281.

[3] Robert Muggah and Ian Goldin, “How to Survive and Thrive in Our Age of Uncertainty,” World Economic Forum, January 7, 2019, accessed July 5, 2019, https: //www.weforum.org/agenda/2019/01/how-to-survive-our-age-of-uncertainty-muggah-goldin/.

来说，他们需要面对的是贯穿其一生的不确定性。在其入学之年就被卷入波及范围如此之广的新冠疫情漩涡，可以说就是一个有力的证明。突如其来的疫情以最直接的方式向我们显示出了意外出现的不确定性，同时也警示我们，在这样一个时代，我们需要放下对确定性、控制感的幻想。2005年，法国当代著名哲学家、社会学家、人类学家埃德加·莫兰（Edgar Morin）应邀为联合国教科文组织撰写了一份建议书——《未来教育所需要的七个知识》[1]。在这份建议书中，莫兰先生道出了知识传授中的“七个黑洞”，即七个普遍存在于初等教育、中等教育和高等教育中的基本问题。其中，第五个黑洞特别指向了不确定性：人们往往教授确定性，然而需要教授的恰恰应当是不确定性。莫兰先生指出，“今天，所有伟大的科学，从微观物理学到人类进化学都成为确定性和不确定性之间的博弈”。为此，他认为在所有领域，特别是人类历史领域，必须“讲授出人意料的事情”。莫兰曾援引欧里庇得斯（Euripides）的话——“上天给我们带来很多意外：预期的事情没有发生，却为我们打开了意外之门”——来警醒我们：务必要正视不确定性。诚如莫兰先生所言，“在这个昏暗的世界，我们被迫在充满不确定因素的海洋上航行，时而穿行于确定的群岛之间，这就是人类的冒险。今天，我们知道这是未知的冒险，我们需要一种教育，能帮助我们面对这个冒险而不气馁”。这趟“未知的冒险”正是我们当前的教育主体所要面对的。一言以蔽之，在今天这个数字时代，我们需要教授的不是“确定性”，而是“不确定性”，要帮助孩子们“学会驾驭复杂性”。

（三）混合性

当前社会一个重要而赫然在目的特征是：人与技术之间的关系不断超越工具使用的范畴，向存在主义靠近。这让我们站到了信息时代的最前沿——混合时代（Hybrid Age）。最初，人们总是将现实空间与技术

[1] Edgar Morin, *Seven Complex Lessons in Education for the Future*(Paris: United Nations Educational, 2001).

所带来的新空间以“线上”和“线下”、“真实”与“虚拟”、“寓身”与“离身”、“面对面”与“思维对思维”等对立视角进行讨论，将二者看作截然不同、泾渭分明的对立世界。然而，近年来，我们已经可以自由地、几乎不可察觉地穿梭于现实与虚拟所形成的一个新世界——X 现实（X-Reality）[1]（这一现实“随着技术与技术的融合，以及人与技术的融合而逐渐降临”[2]），这也要求我们以更加“融合”的视角来看待人与技术的关系。当前，各种新兴突破性技术出人意料地集中出现，涵盖了人工智能、机器人、物联网、无人驾驶交通工具、3D 打印、纳米技术、生物技术、材料科学、能源储存、量子计算等诸多领域。尽管其中很多创新成果还处于初期阶段，但是它们在发展过程中相互促进并不断融合，现在已经发展到了一个转折点。[3] 值得注意的是，人工智能、机器人、物联网、3D 打印等许多技术已经以惊人的速度进入教育领域，并开始改变我们的教育生态。这也促使我们不得不以更加“融合”的目光来理解当前教育所处的日趋“混合”的时代背景，并做出必要的回应。

（四）素养本位

与以上几方面特征密切相关的是第四次工业革命要求人们具有足够的新素养。根据澳大利亚经济学家史蒂夫·基恩（Steve Keen）所持的观点，“今天，技术正在走向自动化。唯一会留下来的工作是高水平的设计和维护，这将需要非凡的智慧。其他人都将失业”[4]。在 2015 年发布的《未来的冲击和变化：全球劳动力和技能发展面临的挑战》中，经济合作与发展组织（OECD）在实证数据基础上指出，随着技术取代旧的工作，新的工作岗位正在被创造出来。纳米技术工程师、太阳能工程师、网络

[1] B. Coleman, *Hello Avatar: Rise of the Networked Generation*(Cambridge: The MIT Press, 2011).

[2] 爱伊莎·卡纳、帕拉格·卡纳:《混合现实》，载李婷主编《人与机器共同进化》，电子工业出版社，2014，第 14 页。

[3] 克劳斯·施瓦布:《第四次工业革命》，李菁译，中信出版社，2016，第 XI 页。

[4] Esther Ortiz, “Transformation or Destruction: the Uncertain Future of Work in the Fourth Industrial Revolution,” Equal Times, March 29, 2018, accessed July 16, 2019, https: //www.equaltimes.org/transformation-or-destruction-the?lang=en#.X5fDa4gzaM8.

开发人员和生物统计学家等职业最近都出现了。OECD特别强调，教育工作应该把重点放在融合技能上。也就是说，创造性、企业家精神和技术技能的结合，让人们在新职业出现时能够转换到新职业。教育作为改变个体的生活和行为方式的主导力量，的确必须做出回应。[1]无论是美国所强调的21世纪技能，还是中国所提出的学生发展核心素养，或是当前教育研究与实践中所生成的有关21世纪数字素养（digital literacy）、STEAM素养（STEAM literacy）、创客素养（maker literacy）等新的“素养语言”，都可以说是对数字时代素养本位的一种回应。

二、回应数字时代的“学习”再概念化

就如何回应不确定性的未来问题上，莫兰先生曾强调，“我们必须打破学科之间的传统壁垒，并设想新的方法来重新联结被撕裂的学科”。他特别提醒我们，在实施这些改革的同时，“我们必须着眼长远”，因为这是我们在“履行对子孙后代的巨大责任”。[2]

为着这样一份“巨大责任”，OECD在2018年底发布了“教育2030”的立场文件——《教育2030：教育和技能的未来》，并指出了当前世界教育面临的五大问题，“①学校课程已经超负荷。为此，是时候让重心从‘更长的学习时间’转移到‘更高质量的学习时间’上来了。②课程改革在认识、决策、实施和影响之间存在时滞，课程意图与学习结果之间的差距通常过大。③要想学生能够主动参与学习并获得更深层次的理解，课程内容必须是高质量的。④课程在创新的同时要保证公平性，必须确保所有学生，而不只是少数学生能够从社会、经济和科技的变革中获益。

[1] Organisation for Economic Co-operation and Development, “Future Shocks and Shifts: Challenges for the Global Workforce and Skills Development” (paper presented at OECD Education 2030 First Informal Working Group Meeting, July 7, 2015).

[2] Edgar Morin, *Seven Complex Lessons in Education for the Future* (Paris: United Nations Educational, 2001).

⑤认真规划和协调对有效实施改革至关重要”[1]。可以看出，这一报告突显了在这个数字技术时代采用人文主义教育观来审视和解决各种教育发展矛盾的建议。在 OECD 看来，面对一个越来越不稳定、不确定、复杂和模棱两可的世界，教育将决定着我们的下一代能否迎接挑战并战胜挑战，抑或是被挑战所击败。[2]从这一意义来讲，面向未来不确定性的教育变革，不仅仅是教育变革，还是事关个人和社会在这个不确定性时代的福祉问题。这需要我们在根本意义上对何为课程、何为学习进行再概念化。

在此背景下，“教育 4.0”（Education 4.0）应运而生。教育 4.0 是一个相对模糊的术语，目前还没有标准的定义，通常是指为来势汹汹的工业 4.0 浪潮培养未来人才的一般方法和趋势，而不是单一或特定的干预措施。[3]英国的吉丽·萨蒙（Gilly Salmon）教授新近在分析教育 4.0 时，将教育的变革置于工业变革与技术变革（尤其是网络技术）的情境之中，形成了如图绪–1 所示的“迈向 4.0 时代”。在萨蒙看来，与网络技术由侧重传播（Web 1.0）到侧重社交（Web 2.0）、语义（Web 3.0）的发展变化相对应，教育也经历了由以注重知识传递到注重社会交互、数字生活和流动性的发展历程。而下一代网络——Web 4.0 应该是一个“共生网络”（symbiotic web）。这里的共生关系存在于人工智能与人类智能之间，两者彼此交互并从中获得经验。我们可以假设，现在和未来的学生将期望或者说要求他们的学习经验能够更好地体现他们的生活方式。[4]然而，什么样的教育方式或学习方式能满足这样的期许和需要呢？

[1] Organization for Economic Cooperation and Development, “Education 2030: The Future of Education and Skills,” April 5, 2018, accessed July 16, 2019, https: //www.oecd.org/education/2030/E2030%20Position%20Paper%20%2805.04.2018%29.pdf.

[2] Ibid..

[3] Christopher Alan Bonfield, et al., “Transformation or Evolution?:Education 4.0, Teaching and Learning in the Digital Age,” *Higher Education Pedagogies* 5, no. 1(2020):223-246.

[4] Gilly Salmon, “May the Fourth Be with You: Creating Education 4.0,” *Journal of Learning for Development-JL4D* 6, no. 2(2019): 95-115.

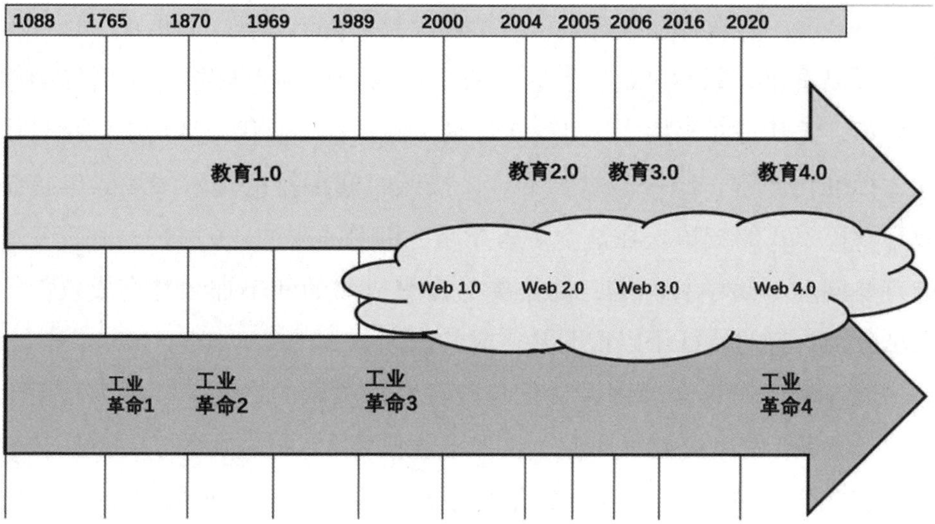

图　绪–1　迈向 4.0 时代

被称作全球领导力、战略、创新领域的思想领袖的彼得·菲斯克（Peter Fisk）敏锐地洞察了工业 4.0 对教育带来的冲击，归纳了与教育 4.0 相关的九个趋势，或者说九大新的学习特征：①学习可以随时随地进行（Diverse time and place）。②学习的个性化（Personalized learning）。学生将使用适应自身能力的学习工具进行学习。③学生可以自由选择如何学习（Free choice）。④学生将接触到更多基于项目的学习（Project based）。由于职业正在适应未来的自由职业经济，今天的学生也需要适应以项目为基础的学习和工作。⑤实地经验（Field experience）。这意味着课程将为学生创造更多的空间来完成实习、指导项目和合作项目等，以帮助他们获得与真实世界中的工作相适应的技能。⑥数据解释（Data interpretation）。将理论知识应用于数字，并利用人类的推理能力从这些数据中推断逻辑和趋势，将成为数学素养的一个基本的新方面。⑦考试将完全改变（Exams will change completely）。⑧学生对课程的拥有权（Student ownership）。学生将越来越多地参与到课程开发中来。⑨指导将变得越来越重要（Mentoring will become more important）。虽然教育的未来似乎很遥远，但教师和教育机构对学业成就来说仍是至关重要的。[1]

可以看出，教育4.0时代的到来，意味着一场由科技进步引发的教育变革，尤其是对兴盛于工业2.0时代，映射着工业化经济集中的批量模式、标准化课堂、统一教材、铃声、按照时间编排的流水线场景等传统教育学校模式的变革。在这个矛盾充斥、机遇涌现的4.0时代，教育变革的首要问题不是学科问题，而是要对富有成效的和不那么富有成效学习情境分别具有的特征予以澄明并达成共识。[2]

创客教育作为全球创客文化与教育变革联姻的产物，在很大程度上是对教育4.0做出的教育回应。正如上述教育4.0将主要的学习责任从教师转移到学习者身上，创客教育最为重要的愿景之一便是赋能学习者，使其成为自身学习的能动者，成为知识的创造者和反思性实践者。正因如此，从全球创客教育发展趋势来看，创客教育已经被普遍作为面向未来的创造性学习而得以持续推进。

本书将创客教育置于第四次工业革命所标识的数字时代背景中，从多学科视角发掘创客教育中身体、技术、空间与时间四个关键要素之间的复杂性、交互作用性及其所形成的创造性力量，在此基础上构建创客教育理论并探索相应的创客教育实践。

[1] Peter Fisk, “Education 4.0...the Future of Learning Will be Dramatically Different, in School and Throughout Life,” January 24, 2017, accessed July16, 2019, https://www.thegeniusworks.com/2017/01/future-education-young-everyone-taught-together/.

[2] Seymour B. Sarason, *Educational Reform: A Self-Scrutinizing Memoir*(New York: Teachers College Press, 2002),p. 247.

第一章

创客教育概述

将创客行动引入教育中，具有改变人们对学习、学习者、学习环境理解的潜在可能，而实现这种潜在可能的基本前提之一是我们对创客教育的深入理解。然而，作为初生之物，当前的创客教育还存在“理论根基不稳”“实践经验不足”等方面的问题，表明当前创客教育研究与实践的视野还不够深入，而这“已然成为制约创客教育进一步发展的瓶颈”。究其缘由，这一困境与人们对创客教育的内涵尚未形成共识有较大关系。本章试图从多元视角对创客教育做出理解，悬置“何为创客教育”的本质追问，走向“何时为创客教育”的开放探寻，以获得对当前蔚然成风的创客运动与教育交融而形成的新教育形态的更为广泛的理解。

将创客行动引入教育中，具有改变人们对学习、学习者、学习环境理解的潜在可能，而实现这种潜在可能的基本前提之一是我们对创客教育的深入理解。我国教育技术学学者、华南师范大学教授钟柏昌曾撰文指出，作为初生之物，当前的创客教育还存在“理论根基不稳”“实践经验不足”等方面的问题，表明当前创客教育研究与实践的视野还不够深入，而这“已然成为制约创客教育进一步发展的瓶颈”。钟柏昌认为，究其缘由，这一困境与人们对创客教育的内涵尚未形成共识有较大关系。[1]本章试图从多元视角对创客教育做出理解，悬置“何为创客教育”的本质追问，走向“何时为创客教育”的开放探寻，以获得对当前蔚然成风的创客运动与教育交融而形成的新教育形态的更为广泛的理解。

第一节　创客运动与创客文化：从历史到未来

由于创客教育是创客文化与教育的结合，属于“创客与教育”的边缘革命。[2]因此，在讨论创客教育之前，首先需要对创客、创客运动、创客文化与创客精神等密不可分的相关概念做出理解。

一、创客与创客运动

当教育界急于理解创客和促进创客运动的推广时，首要目标必须是界定我们所说的制造 / 制作（making）的含义。[3]

[1] 钟柏昌:《创客教育究竟是什么——从政策文本、学术观点到狭义创客教育定义》,《电化教育研究》2019 年第 5 期。

[2] 梁森山主编《中国创客教育蓝皮书（基础教育版）》，人民邮电出版社，2016，第 3 页。

[3] Lisa Brahms and Kevin Crowley, “Making Sense of Making: Defining Learning Practices in MAKE Magazine,” in *Makeology: Makers as Learners* (*Volume 2*),ed. Kylie Peppler, Erica Rosenfeld Halverson and Yasmin B. Kafai(New York: Routledge, 2016),p. 25.

（一）创客（Maker）

创客一词出自英语中的“Maker”，即“制造者”，在我国台湾地区则通常称为“自造者”。虽然许多研究者认为创客一词最早出现在加拿大科幻小说家科利·多克托罗（Cory Doctorow）于2009年出版的小说《创客》（*Makers*）中，原指有创意的聪明人。但事实上，获得白宫“变革先锋”称号的戴尔·多尔蒂（Dale Dougherty）在2005年2月出版的《创客》（*Make*）杂志中，就已经开始使用创客一词。创客究竟是什么，或者指的是谁？戴尔·多尔蒂的回答是：创客是生产者（producers）和创造者（creators），也是我们周遭世界的建设者（builders）和塑造者（shapers）。创客是那些将技术视为对探索和实验发出邀请的人，他们对技术的定义最为广泛，他们认为技术可以是我们学习和使用的任何技能或技巧。我们曾经称之为业余爱好者、修补匠、艺术家、发明家、工程师、工匠的人都是创客。“创客”作为一个新名词的力量正在于它应用的广泛性和包容性。而且，由于它不与某一特定领域有紧密联系，因此人们可以自由地赋予自己这一身份。[1] 在戴尔·多尔蒂看来，创客这个词是具有普遍意义的，甚至可以说是“人类的核心身份”[2]。

由来自不同领域、不同研究者提出的创客概念来看，“创客”的定义基本上有广义和狭义之分。《中国创客白皮书2013》中提出，广义上的创客是指将自己的创意想法变成现实并乐于分享的人；而狭义上的创客则是指利用开源硬件和软件将创意现实化的人。从广义角度来看，可以说创客自古以来就存在。如《连线》杂志前主编克里斯·安德森（Chris Anderson）所说，我们都是天生的创客。无论是针织、缝纫，还是做手工相册、手工串珠、十字绣，都是创客活动。[3] 德比·查克拉（Debbie

[1] Dale Dougherty, *Free to Make: How the Maker Movement is Changing Our Schools, Our Jobs, and Our Minds*(Berkeley: North Atlantic Books, 2016),p. XVI.

[2] Dale Dougherty, “The Maker Movement,” *Innovations: Technology, Governance, Globalization* 7, no. 3(2012):11-14.

[3] Chris Anderson, *Makers: The New Industrial Revolution*(New York: Crown Business, 2012),p. 13.

Chachra）也指出，创客泛指任何制造物品的人。[1]哈佛大学“零点项目”（Project Zero）的首席研究员爱德华·克拉普（Edward P. Clapp）等人则指出，归根结底，创客并不是在进入一个神秘的社交俱乐部后获得的特殊头衔，而是制造东西的某个人，言下之意，任何人都可以是创客。也就是说无论是在厨房做菜的人，还是折纸飞机的人，都可以说是创客。如果我们从这种意义上理解创客，那么创客社区可以被看作一个包容、拥抱和欢迎所有制造者的社区。但与此同时，这似乎又会让创客一词失去了其独有的数字时代特性。

事实上，在当前这场创客运动中，狭义上的创客可能更普遍。创客的兴起本身与21世纪初以3D打印技术、Arduino等开源硬件平台为代表的新技术进一步降低了科技创新的门槛和成本直接相关，使得无论成人、中小学生，或者是否学过计算机编程，都可以很快地利用新技术、新工具将自己的创新想法变成实际人工制品（artifacts）。然而，以上狭义定义中的创客必须涉及“开源硬件和软件”这一点又相对比较局限，这会将今天“为社区建造轮椅坡道”[2]这样典型的创客活动排除在外，因为它使用了传统的、非数字化的木头、锯子等材料和工具，却没有用软件或开源硬件。克来普等人认为将创客这一术语与运动结合起来，很可能会增加这个词的排他性，因为参与运动意味着归属和身份。正如埃丽卡·罗森菲尔德·霍尔沃森（Erica Rosenfeld Halverson）和金伯莉·谢里丹（Kimberly M. Sheridan）所指出的，创客这个词“描述了人们在创客运动中的参与身份（identities of participation）”。作为某一个共同体的一分子就意味着与共同体的实践、规范和责任相联系，这可能会让一些人感到疑惑：我能参与这项运动吗？我——或者我的工作有资格成为这个共同体中的一部分吗？恰如霍尔沃森和谢里丹所担忧的，由于缺乏对创客运

[1] 许涛、刘涛、杨新、王松涛：《校园创客教育生态系统的要素及构建研究》，《远程教育杂志》2016年第5期。

[2] 钟生慧、王洪宇、钱旭鸯：《非营利教育组织：美国教育中不可忽视的力量——以美国4-H教育组织为例》，《上海教育》2018年第17期。

动所呈现的主导话语的认同，可能会让许多潜在的创客感到疏远，或者自我选择离开这一日益增长的文化趋势。[1]

本研究倾向于大卫·朗（David Lang）的观点，即不将创客狭义地理解为特定的身份或职业。在承认创客运动、创客空间和创客教室里的活动具有独特文化和精神的前提下，拓展对创客运动、创客文化和创客的包容性理解。[2]相比较而言，安德森有关创客的描述性理解更为折中：创客是指一群充满创造精神、将灵感变成现实、乐于分享与交流的创造者。创客们不为盈利，从自己的兴趣、爱好出发，把具有技术性挑战的创意、想法最终转变为现实。[3]可以注意到，这个定义在某种程度上介于上文所述广义定义和狭义定义之间，通过“具有技术性挑战”对想要实现的创意、想法做出一定程度上的限制，而使其具有一定的数字时代特征。在《创客：新工业革命》一书中，安德森特别讨论了今天的创客不同于他生于 1898 年的祖父的曾经的创造[4]，他的祖父曾在自家车库里单独创造了自动洒水系统，获得专利，并实现了产业化。两者之间的最大差异在于：项目化、（在线）共享、技术（计算机技术、3D 打印技术、物联网等等）支持。类似的，中国社会科学院信息化研究中心主任姜奇平曾诙谐地谈道：“如果在一个时代里，所有生产工具可以像孙悟空吹汗毛一样，一吹变出一大堆，那么对人性最大的改变就是使原来看上去没有创造力的人瞬间变成创客——自主创造者。”姜奇平认为，与 20 世纪唐·泰普斯特（Don Tapscott）提出的“网络世代”（Net Generation）概念相比，创客更抓住了新人的本质。因为网络世代还只是说网络原住民的技术特征，而创客说的是网络原住民的人本特征，即创客本质上是进行意义创造的

[1] Edward P. Clapp, et al.,*Maker-Centered Learning: Empowering Young People to Shape Their Worlds*(San Francisco: John Wiley & Sons, Inc.,2017),p. 5.

[2] David Lang, *Zero to Maker: Learn* (*Just Enough*) *to Make* (*Just About*) *Anything* (Sebastopol: Maker Media, Inc., 2013).

[3] Chris Anderson, *Makers: The New Industrial Revolution*(New York: Crown Business, 2012),p. 13.

[4] Ibid.,pp. 16-17.

人。[1]由此可见，技术只是创客实践中的一个重要特征因素，人自身的意义创造才是创客的根本身份特征。

值得注意的是，在当前这场方兴未艾的创客运动中，与“创客”（maker）一词伴随出现的词还包括：tinker及bricoleur。其中，前者常指修补匠或捣鼓者，目前，国内外不少创客空间也都采纳了这一用法，如杭州捣鼓车间。而后者bricoleur可以说是创客的法语表达，也指修补匠，这个词在英语中通常指那些用现成材料进行构筑或创作的人，或利用现成工具对事物进行修理的人。

（二）创客运动（Maker Movement）

创客运动被认为是一种具有划时代意义的新浪潮。人们通常认为，这场席卷全球的创客运动源于美国，以戴尔·多尔蒂于2005年出版的《创客》杂志为标志。对于创客运动来说，戴尔·多尔蒂无疑是不容忽视的一个传奇式人物，他不但创办了《创客》杂志，还成立了美国创客教育标杆式的公司“创客传媒”（Make Media）。该公司在创办一年后，开始举办著名的全球创客盛事——创客嘉年华（Maker Faire）。这一活动将来自各地的创客聚集在一起，分享他们共同的创客激情。但更重要的是，它成了“世界上最大的（创客）表演和讲述”（戴尔·多尔蒂语）。另一位硅谷的传奇人物、因倡导Web 2.0及开源运动等革命性思想而闻名的蒂姆·奥莱利（Tim O’Reilly）这样评价创客嘉年华：“它是一场教育革命的核心，这场革命正在激励新一代人关注科学技术，不是将科学技术作为‘干旱季节里干枯大脑的想法’（艾略特的说法），而是将其作为对无限可能性的活生生的、有呼吸的探索。”[2]

的确，创客媒体公司每年在全球十多个国家举办数百场活动，吸引了全球各地数以百万计的创客热衷者参加，也因此很大程度上促进了全

[1] 姜奇平:《新人·推荐序二》，载克里斯·安德森《创客：新工业革命》，萧潇译，中信出版社，2012，第XVI页。

[2] Dale Dougherty, *Free to Make: How the Maker Movement is Changing Our Schools, Our Jobs, and Our Minds*(Berkeley: North Atlantic Books, 2016),p. 18.

球创客生态圈的形成、推进了全球创客文化的发展。在许多国家，创客文化已经成为一种表达创新和共同发展的方式或者说愿景。哈佛法学院教授犹采·本科尔（Yochai Benkler）就将创客运动定义为一种基于“大众生产”（Peer Production）的创新模式。可以肯定地说，当前创客运动已经由最初的草根运动发展成了一种国际现象。

二、创客文化与创客精神

创客文化及其中所蕴含的创客精神是支持创客运动得以持续发展的重要内在动力。我国的创客运动发展也不例外。如深圳著名的柴火创客空间创始人刘得志所解释的，之所以给他们的创客空间取名“柴火创客”，也是希望这一创客空间能如它的名字一样，成为“创客文化燎原中国的‘星星之火’”[1]。事实上也的确如此。自国务院总理李克强于2015年1月4日到柴火创客空间考察，并为柴火创客空间“再添一把柴”之后[2]，我国的创客文化热潮瞬间被点燃，并以燎原之势向全国蔓延。

（一）创客文化（Maker culture）

虽然创客文化在不同的情境、对于不同的人来说可能会代表着不同的价值观，并可能导致迥然不同的理念、实践模式、产品，但是人们通常认为它是大众文化中的一种亚文化。国内外诸多的研究者都努力对这一新兴文化做出了溯源分析，例如，清华大学的李正风教授提出了当下创客运动的四个文化基因，即强调共享和攻克技术难题的黑客文化、让创意变成现实的DIY文化、强调批判性的设计和创造性的跨界合作。这些文化要素与科学文化之间存在共性，包括都追求一种理想的、兴趣驱动的生活方式，都通过创造发现新的可能性。[3]就其发源地美国来说，创客文化的确深深地植根于其创新文化、实用主义文化，又被看作以技术

[1] 肖陆军：《柴火空间　星火燎原》，《广州日报》2015年11月13日。

[2] 黄林昊：《李克强为柴火创客空间再“添柴”》，中国政府网，http: //www.gov.cn/xinwen/ 2015 - 01/04/content_2799857.htm，访问日期：2020年10月23。

[3] 李正风：《如何看待中国创客文化》，《科技日报》2015年11月5日第6版。

为基础的一种 DIY 文化的延伸。若以更广阔的视角审视全球的创客文化，可以发现，创客文化还与反消费主义（anti-consumerism）、黑客文化（hacker culture）有着重要关联。

其一，DIY 文化通常是指自己动手修理、修改、增强产品或建筑环境，而无须专家或专业人士的直接帮助。虽然 DIY 这一术语是于 20 世纪 50 年代在欧美国家中成为常用语的，但是这一术语背后的 DIY 文化有着更为悠久的历史。根据英国社会学家戴维·冈特利特（David Gauntlett）的系统考察，今天我们所说的 DIY 文化，其实起源于 19 世纪“美国工艺美术运动（Arts and Craft movement）的继承者加入了民主元素”。他指出，当人们开始关注工人个体时，去人性化的工业方法遭到了拒绝，而可替代的方案——工艺美术，带来了美丽的手工产品，但这些产品是普通工人原本所无法承担的。这个可怕的悖论在一个简单的短语——“DIY”中立刻得到了化解。[1] 今天，DIY 早已从起初针对住房整修、庭园维护，演绎成了一种流行的生活方式、一种“自我创造的文化”，即设计、创造、定制和修理物品，而无须任何专门的培训。更为重要的是，随着技术发展，DIY 也已经发展成为一个社会概念、一种精神——DIY 精神，其内涵也是包罗万象，主要指人们秉承“源于自然，回归自然”的理念，愿意以在线或当面的方式与他者交流想法、设计、技术、方法和完成项目。在这个过程中，较少关注各个独立的项目本身，而更多关注的是与人、自然、社会之间的交互。由这一点也可以看出，今天的创客文化与 DIY 文化在精神上其实是相通的。美国德雷克塞尔大学的表现与创新交互技术中心（ExCITe Center）发布的一份实证研究报告《创客文化：一份有关全国教育创客空间的调查研究》（2018）指出，创客文化可以说是“已经从本土化的 DIY 项目发展为一个由空间、技能和生产手段组成的全

[1] David Gauntlett, *Making Is Connecting: The Social Power of Creativity, From Craft and Knitting to Digital Everything* (Cambridge: Polity Press, 2011),p. 48.

球网络”[1]。

其二，反消费主义与DIY文化密切相关。反消费主义是一种与消费主义针锋相对的社会政治意识形态。现代社会在生产着无穷无尽的商品的同时，也在生产着人们永不满足的物质需求和欲望。所谓的反消费主义正是由对这一现实的顾虑而逐渐生成的。严格来说，反消费主义所“反”的不是消费本身，而是过度消费，尤其是将花钱消费作为人的幸福与快乐源泉的观念。与此相对的，反消费主义主张物尽其用、以自然的方式取代消费的方式来达成相同的目的，以此来减少对地球的索取、减少不必要消费给环境带来的破坏。这种思想所促成的反消费文化正是出于对环境的关注，试图通过鼓励人们减少消费、寻找重新利用和循环利用的新方法，追求一种更加可持续性的生活方式。这也是创客文化鼓励人们成为创造者，而不是消费者的一个重要思想基础。从这一意义上来说，通过创客实践进行制造，其实也伴随着一种对生产区域性、环境友好性和可持续性的愿望。来自奥地利“社会创新、技术和知识中心”与西班牙巴塞罗那“制造城市研究实验室”的研究者曾就创客运动对生产、物流和供应链的影响，以及它如何改变生产者和消费者之间的关系开展了一项跨国质性研究，研究对象涵盖了奥地利、丹麦、西班牙、意大利、德国、爱沙尼亚、克罗地亚、荷兰等八个国家的十个创客空间项目。[2]研究表明，创客们似乎对消费主义持悲观态度并表现出反消费主义的态度，特别是随着他们对了解和理解事物的制造/生产方式以及控制生产过程的意识和渴望的不断增强。正如一名西班牙的创客所说的：“目前的消费主义模式在某种程度上脱离了对事物如何制造的意识，因为一切都是在工

[1] Youngmoo E. Kim, Kareem Edouard, Katelyn Alderfer and Brian K. Smith, “Making Culture: A National Study of Education Makerspaces,” accessed September 22, 2020, https: //drexel.edu/~/media/Files/excite/Making-Culture-full-report.ashx.

[2] Elisabeth Unterfrauner, Christian Voigt, Maria Schrammel and Massimo Menichinelli, “The Maker Movement and the Disruption of the Producer-Consumer Relation,” in *Lecture Notes in Computer Science*(Cham: Springer, 2017),pp. 113-125.

业生产中完成的，我们正在失去手工艺。所以我们不知道一瓶水是如何制造出来的；我们不知道这在资源和时间上意味着什么，我们看不到一件物品的足迹，而我认为理解这一点是至关重要的。”正因如此，位于萨格勒布的 Fab Lab（即 Fabrication Laboratory 制造实验室的简称，实质上就是一个高科技“黑客实验室”）的主任确信，接近那些有创造力但尚未成为消费者的年轻一代，并向他们展示如何制造产品，将支持一种范式转变，这种转变可以打破生产者和消费者之间的关系。从这一意义上来说，创客文化本身深受特定社会、政治、经济等方面价值观的影响，同时本身也蕴含着发展这些价值观的潜在力量。

其三，黑客文化是一种个人的亚文化，这些人通常喜欢创造性地克服软件系统的局限性，以获得新奇而聪明的结果。[1] 这些具有极强的玩乐、探索精神，从事诸如编程或其他媒体的行动的人则被称为“黑客”。无论是黑客，还是黑客文化都经常会与麻省理工学院挂上钩。例如，麻省理工学院那些通过恶作剧以证明其技术能力和聪明才智的学生可以说是黑客的早期例子，而黑客文化也通常被认为最早出现于 20 世纪 60 年代麻省理工学院的技术模型铁路俱乐部和人工智能实验室周边的学术圈。黑客文化的核心精神在于开放、共享、分权和对技术的崇拜。哥伦比亚大学学习技术改革研究室主任保罗·布里克斯坦（Paulo Blikstein）等人认为，麻省理工学院和类似的高等教育机构几十年来一直浸润于“黑客”文化之中，因此，建立 Fab Lab 不过是水到渠成罢了。[2] 然而，需要注意的是，相较于创客文化，黑客文化由于主要聚焦于软件，所以较少地关注物理的创造对象。从教育情境来说，布里克斯坦与其同事提醒我们，

[1] Verna V. Gehring(eds.),*The Internet in Public Life*(Maryland: Rowman & Littlefield Publishers, 2004),pp. 43-56.

[2] Paulo Blikstein and Marcelo Worsley, “Children Are Not Hackers: Building a Culture of Powerful Ideas, Deep Learning, and Equity in the Maker Movement,” in *Makeology: Makerspaces as Learning Environments* (*Volume 1*),ed. Kylie Peppler, Erica Rosenfeld Halverson and Yasmin B. Kafai(New York: Routledge, 2016),pp. 64-79.

更为重要的是要注意黑客文化与追求民主、公平和深入学习的创客学习文化不相兼容的地方。这是因为黑客文化的发源地——学术成就极高的工程类学校，有着自己独有的价值观和社会实践，尤其是自给自足、自我教育、个人主义和竞争的观念。黑客的流行形象是一个二十多岁、衣衫不整、胡子拉碴的白人男性，在凌乱的电子实验室里通宵达旦地工作，能够通过网上搜索或深夜跑到图书馆来自学任何东西。尽管黑客对科学技术做出了不可思议的贡献，但这种“沉浮全凭自己”（sink-or-swim）的文化显然只适用于一小部分高端精英学生群体。为此，布里克斯坦等人明确提出，“儿童不是黑客”，并认为人们常说的“每个孩子都是黑客”的想法不过是一厢情愿。如果我们盲目地将产生于一个非常不典型的环境中的非常特定的思维方式强加给学校，有可能会阻碍创客运动作为教育改革进步力量的发挥。[1]这也是我们在宣传创客文化中的黑客文化时需要谨慎对待的。

概括起来，创客文化突显出如下几方面的文化取向：①强调在社会环境中通过一种主动学习——做中学、制作中学来学习，侧重于人工制品的制造。②鼓励创新技术应用。③强调实验、创新和通过实践、自我指导的任务检验理论。④强调以乐趣和自我实现为动机的非正式、同伴主导和共享的社会学习，强调通过在创客空间中面对面的互动、互助来建立一座桥梁。正因如此，人们认为创客文化可为更具参与性的学习做出贡献。

（二）创客精神（Maker ethos）

创客精神可以说是这场创客文化里最核心、最精彩的部分。对于教育领域来说，这场创客运动中所蕴含的创客精神也是极其宝贵的。钟柏昌曾表示，创客精神不仅是工匠精神在信息时代的传承，更是创客教育

[1] Paulo Blikstein and Marcelo Worsley, “Children Are Not Hackers: Building a Culture of Powerful Ideas, Deep Learning, and Equity in the Maker Movement,” in *Makeology: Makerspaces as Learning Environments* (*Volume 1*),ed. Kylie Peppler, Erica Rosenfeld Halverson and Yasmin B. Kafai(New York: Routledge, 2016),pp. 64-79.

的根基，可以为创客教育提供方向指引和持续前进的动力。[1]我国创客教育专家委员会的研究者与实践者因而在《中国创客教育蓝皮书（基础教育版）》中强调，教育工作者就是要做创客精神的传播者。[2]

创客精神通常被描述为热衷于制作、集体学习、讨论以及与他人共享知识和人工制品的精神。[3]柴火创客空间的刘得志在回答记者所提出的“真正的‘创客’定义是什么？”时提出，真正的创客需具备三个特质：一是乐于创想，敢于不同，敢于异想天开；二是乐于行动，将想法不断实践，直到把想法实现出来；三是乐于分享，不闭门造车，开放，参与创客空间建设，与大家一起探讨。[4]可以看出，刘得志其实是从创客所具有的精神特质来回应这一问题的。无论是乐于创想、乐于行动还是乐于分享，其实都是创客精神的重要内涵。

世界上第一个，同时也是最大、最受欢迎的创客空间——技术工坊（TechShop）的首席执行官马克·哈奇（Mark Hatch）于2013年发布的《创客运动宣言》较为集中地体现了创客精神：

创客运动宣言

创造（Make）：创造对于人类的意义至关重要。我们必须创造、生产和表达自己，才能感受到完整。创造实物具有其独特之处。它们就好像是我们生命的一小部分，似乎包含了我们灵魂的一部分。

分享（Share）：通过与他人分享你所做的和你了解的关于创造的知识，就是创客获得完整感的方法。不分享就无所谓创造。

给予（Give）：世界上没有什么比把你所创造的东西奉献给别人

[1] 钟柏昌：《创客教育究竟是什么——从政策文本、学术观点到狭义创客教育定义》，《电化教育研究》2019年第5期。

[2] 梁森山主编《中国创客教育蓝皮书（基础教育版）》，人民邮电出版社，2016，第3页。

[3] Christiane Wood, *The Literacy of Play and Innovation: Children as Makers* (New York: Routledge, 2019), p. 100.

[4] 肖陆军：《柴火空间　星火燎原》，《广州日报》2015年11月13日。

更无私、更令人满足的了。制作的过程，就是把你自己的一小部分倾注到这个小物品里。为此，把这个物品送给别人，就像是把自己的一小部分给别人一样。这往往是我们所拥有的最珍贵的东西。

学习（Learn）：你必须学会创造，并且不断努力学习更多关于你创造的东西。即便你可能会学成出师或成为大师级巨匠，但你依然要孜孜不倦地学习、乐于学习，并激励自己学习新的技术、材料和工艺，从而为你自己的终生学习铺就一条道路，以确保你有一个丰富和有价值的人生，更重要的是，可以让你学会分享。

工具升级（Tool Up）：你必须保证能够获得适合当前项目的工具。要投资和开发一条能够获得本地工具的道路，好让你做你想做的事情。创客工具从未像今天这样便宜、易用、强大。

玩/游戏（Play）：要保持玩/游戏的态度去创造，你会对你的发现感到惊讶、兴奋和自豪。

参与（Participate）：加入创客运动，加入你身边那些发现创造乐趣的人当中。你可以和社区内的其他创客一起举办研讨会、活动，参与创客日、市集、展览、课程以及共进晚餐。

支持（Support）：这是一场运动，需要情感、智力、财政、政治和体制上的支持。改善世界的最大希望在我们自己身上，我们有责任创造一个更美好的未来。

改变（Change）：当你经历创客之旅时，要拥抱自然而然发生的那些改变。由于创造是人类存在的基础，因此当你创造时，你会成为一个更完整的你。

本着创造的精神，我强烈建议你们采纳这份宣言，对其进行修改，使之成为你们自己的宣言。这便是创客的本意所在。[1]

---

[1] Mark Hatch, *The Maker Movement Manifesto: Rules for Innovation in the New World of Crafters, Hackers, and Tinkerers*(New York: McGraw-Hill Education, 2013),pp. 1-2.

不同的个体与组织所强调的创客精神的具体内容也不尽相同。恰如哈奇所建议的，我们应根据自身的实践、实际情境建构一份属于自己的“创客精神宣言”。

第二节　创客教育：一种“基于征候”的理解方式

创客教育可以说是教育中的创客行动，是创客文化与教育的结合。从国际大背景来看，这场创客行动既是教育对工业 4.0 所带来挑战与冲击的回应，也是继进步主义教育之后，随着建构主义（constructivism）、建造主义（constrctionism）的持续发展，与越来越多可应用于教育中的数字技术相结合而孕育出的一种新学习文化——一种更加强调制作中学习（learning by making），更加强调开放、包容、协作的学习环境，更加强调学习过程的学习文化。国内创客教育的发展既是顺应国际创客教育发展的大趋势，也是对“应试教育愈演愈烈的忧虑与人民追求优质教育的需要”做出的回应。当创客文化与教育有了呼应以后，我们有必要从教育的角度去发问：创客教育的学习方式是什么样的？创客教育与学科知识之间是什么关系？创客教育的培养目标是什么？[1]……《中国创客教育蓝皮书（基础教育版）》中提出的这几个问题反映了我国创客教育领域的研究者、实践者所共同关心的理论问题与实践问题。

一、“何为创客教育？”的界定困境

虽然“创客教育”几乎已成了一个教育领域人尽皆知的概念，但目前国内外学术界对其并没有一个统一的学术界定。钟柏昌曾从“教育模

[1] 梁森山主编《中国创客教育蓝皮书（基础教育版）》，人民邮电出版社，2016，第 3 页。

式论”“教育课程论”“教育类型论”和“教育理念论”四种不同的定位出发对当前国内有关创客教育的理解进行了归纳（见表 1–1）[1]。

表 1–1　创客教育概念定位

不同定位	观点示例
教育模式论	· 教育部：《教育信息化“十三五”规划》（教技〔2016〕2 号）提出，“有条件的地区要积极探索信息技术在‘众创空间’、跨学科学习（STEAM 教育）、创客教育等新的教育模式中的应用”。 · 祝智庭：狭义上的创客教育是一种以培养学习者，特别是青少年学习者的创客素养为导向的教育模式。 · 张茂聪、秦楠：创客教育是以“探究”为主要学习方式和以培养新世纪高素质人才为目的的创新教育模式。
教育课程论	· 傅骞、王辞晓：创客教育是指为解决中小学教育体制中创新能力培养的不足等问题而将创客理念引入中小学教育体系中，实施一系列关于创新动手技能训练的综合实践活动课程。 · 杨现民：“创客的教育”指可以通过开设专门的创客课程，建立创客空间，以培养创新人才。
教育类型论	· 钟柏昌：创客教育是在创客空间中开展的培养青少年的一种教育类型，以造物的形式培养学生综合实践能力。 · 中国电子学会现代教育技术分会创客教育专家委员会：创客教育是培养跨学科解决问题能力、团队协作能力和创新能力的一种素质教育。
教育理念论	· 王佑镁等人：创客教育并非一种具体的教育教学模式或方法，而是用于指导创客教学、创客运动和创客文化发展的一种理念。 · 李小涛等人：在宏观层次，创客教育是基于创新的教育的一种理念，创客空间、信息技术等可以被视为环境和工具。 · 杨现民等人：“创客式教育”旨在将创客的理念（即创客运动倡导的“动手操作、实践体验”理念）与方式融入各学科的教学过程，开展基于创造的学习。（何克抗先生比较认可此提法，认为这是一种符合当下国情的提法）

由以上所列各观点可以看出，人们对于创客教育“是什么”众说纷纭，莫衷一是。事实上，创客教育本身是一个综合而动态的概念，试图

[1] 钟柏昌：《创客教育究竟是什么——从政策文本、学术观点到狭义创客教育定义》，《电化教育研究》2019 年第 5 期。

发现创客教育中的“本质”，对其进行定义，势必会遇到种种困难，也难免存在局限性。若我们继续拘泥旧则，妄图在繁多的定义之外继续新增一条更加“精确”的定义，恐怕也是无益的。鉴于此，本研究倾向于采纳克拉普与其哈佛大学“零点项目”的同事在界定创客教育时的做法，借鉴“零点项目”创始人纳尔森·古德曼（Nelson Goodman，1906–1998）在解决艺术定义困境时所采用的态度与方式——“基于征候的方式”（symptoms–based approach）[1]，以此对创客教育做出更为广阔的理解，而不是新增一个定义。

二、“何时为创客教育？”的问题转向

所谓“基于征候的方式”其实是20世纪哲学界的一位杰出人物，[2]也是当代美学和分析哲学中最具影响力的人物之一纳尔森·古德曼在回应“何为艺术”（What is art?）定义难题时所采取的一种方式，即从审美征候出发，由“何为艺术？”问题转向“何时为艺术？”（When is art?）问题。

在启蒙运动之前，艺术原本是人类生活中再自然不过的一部分，并没有后来的现代美学为之所披上的神圣外衣。然而，在现代艺术体系建立之初，在康德美学体系建立之后，美学渐渐地与生活拉开了距离，理论界开始带着挑剔和审视的眼光对艺术进行评判，理论家们有意无意地用“什么是美的艺术”来挑选、评判他们认为“是艺术”的艺术品。[3]这种区分艺术与生活、发明与发现、制造与发现结果的做法就如其他二元论一样，都是古德曼所不屑的，并认为是虚假的，而且创造世界也并非仅靠科学的力量。古德曼有力地论证了艺术也可以创造世界。而论证这

[1] Edward P. Clapp, et al.,*Maker-Centered Learning: Empowering Young People to Shape Their Worlds*(San Francisco: John Wiley & Sons, Inc., 2017),p. 18.

[2] Catherine Z. Elgin, “The Legacy of Nelson Goodman,” *Philosophy and Phenomenological Research* 62, no. 3 (May, 2001):679-690.

[3] 安静:《从“反艺术”的阐释性原则看当代美学的跨学科发展——纳尔逊·古德曼“何时为艺术”的理论意义》,《济宁学院学报》2015 年第 36 卷第 4 期。

一点需要对艺术和美学有彻底的概念重建。

当面对“什么是艺术”这一核心问题时，古德曼认为，由于我们一直未能找到一个简洁的公式将经验分为审美的和非审美的，并与粗略的用法大致相符，这表明我们需要一种不那么简单的方法。他主张，“也许我们应当从研究经验所涉及的那几个符号过程的主要特征的审美相关性开始，去寻找审美的方面或征候，而不是寻找脆弱的审美标准”[1]。于是，他放弃了其他美学家那样对艺术本质做出追问的做法，采用了一种非正统的分析方法，“基于征候的方式”——提出了五大“审美征候”（symptoms of the aesthetic）作为艺术本身最基本的特征和属性：句法密度（syntactic density）、语义密度（semantic density）、相对充实（relative repleteness）、例证（exemplification）、多元复杂指称（multiple and complex reference）。[2] 当一件物品具有以上五个征候 / 特征时，就可以认为它是艺术符号。如此一来，古德曼将“何为艺术”的立法性难题转化为了“何时是艺术”的阐释性问题——在什么情况下，一件物品能起到艺术的作用？古德曼坚持认为，这些审美征候既不是艺术的必要条件，也不是充分条件，而只是倾向于与其他此类症候一起出现在审美经验中。可见，这一方式既没有直接为艺术下定义，也没有为区分艺术和非艺术提供一个决定性的程序，但一件物品可以由其符号功能而获得艺术的身份属性。

这一问题转向的意义何在？首先，这体现出了一种话语立场的转向，即由立法者到阐释者。[3] 古德曼放弃了立法者的姿态和单纯的定义立法，采用了一种阐释的立场。“何时为艺术”并不追求艺术的神圣性，其根本目的不在于界定永恒的经典艺术，而是理解、解释艺术现象。对古德曼

[1] Nelson Goodman, *Languages of Art: An Approach to a Theory of Symbols*(Indianapolis: Hackett Publishing Company, 1976),p. 252.
[2] Nelson Goodman, *Ways of Worldmaking*(Indianapolis: Hackett Publishing Company, 1978),pp. 67-68.
[3] 安静:《从“反艺术”的阐释性原则看当代美学的跨学科发展——纳尔逊 · 古德曼“何时为艺术”的理论意义》,《济宁学院学报》2015 年第 36 卷第 4 期。

而言更重要的是“艺术能做什么”“美学能做什么”，而不是“艺术是什么”“美学是什么”，即他不是试图将美学理论化，而是将其功能化，尤其关注艺术如同科学一样的认知功能。其次，这体现了一种研究视野的转向，即从单一学科视角转向多学科视野。古德曼积极地借鉴符号学、唯名论、构造主义等多元视角，对艺术研究采取更为开放的理论姿态。他将美学与科学联系起来，并认为二者应彼此借鉴来研究问题。再次，这体现了一种考察视角的转向，即由静态观转向动态观。古德曼对“时”的强调，意味着他是将艺术置于当下进行考虑，或者说将艺术置于一个动态过程中进行考虑，即判断一件物品是否是艺术品，不是取决于它是否真的与其他日常物品有一些永恒不变的本质区别，而是取决于如何（how）、何处（where）、何时（when）的具体情境。换言之，即便是同一件物品，在不同的语境中可能就是不同的符号系统。它有可能是艺术品，也可能是一件普通物品。举例来说，一块太湖石本身可以是一件普通物品——一块历久侵蚀而缓慢形成的石头，但也可以是艺术品——当它成为中国悠久赏石文化中的主角，成为苏州留园的“冠云峰”、上海豫园的“玉玲珑”，抑或是屹立于美国波士顿美术馆前草坪上供世人观赏的中国太湖石时，由于它包含着可以唤起观赏者的情感、思考等因素，而成了一件艺术品。此时的太湖石，由于具有了古德曼所说的特定的句法、语义的意义，具有相对的充实性，或作为大自然鬼斧神工的例证，或成为我们认识太湖石如何逐步在大自然条件下精雕细琢的一种多元复杂指称时，而拥有了一块普通石头所不具备的符号功能和身份属性。

从这一意义上说，“何时为艺术”之问题转向对于理解我们当前的创客教育问题而言，与其说是提供了一种具体的定义方法，毋宁说是提供了一种思维方式转变的启示与盼望。古德曼以“何时为艺术”鼓励我们走出二元对立的思维模式，以更加开放、多元的思维方式去思考、构造世界。

受此启发，克拉普与其同事在开展“零点项目”“以设计促进能动性”

（Agency by Design，AbD）创客教育项目时，也遵循了古德曼的态度与原则，采用“基于征候的方式”对“基于创客的学习”（maker-centered learning）做出阐释，即不希图给创客教育或创客学习做出定义，而是对基于创客的学习经验应该具备哪些特征做出探索。这些特征可以表明基于创客的学习经验是怎样的，但并不严格定义这种经验的本质是什么。言下之意，以创客为中心的经验不需要包括与此类经验相关的全套特征，而是在任何结构中展示这些特征的大部分就足够了。透过这样一种方式，他们试图发展一个最大程度上的“多孔边界”（porous boundaries），以避免使这些特征限制了那些可能是“基于创客的学习体验”。[1]

三、“基于征候”的创客教育理解

“基于征候的方式”有益于我们在理解创客教育时，以多元化的视角和阐释性的原则对创客教育这一复杂概念做出更为广阔的理解。在以“基于征候的方式”理解何时为创客教育的同时，也有助于我们理解何时不为创客教育。

（一）何时为创客教育?

“基于征候”的方法要求我们对创客教育的特征属性做出识别。克拉普及其AbD项目组在与他们所参观的众多创客空间、教室和活动中的教育者和思想领袖开展了极为广泛的对话之后，发现我们可以理解为基于创客的学习的一系列征候逐渐浮现出来。具体地说，主要包括以下三类特征群：与共同体相关的特征、与过程相关的特征，以及与环境相关的特征。其中，在共同体特征群中，主要征候包括协作、分布式教学、多样化技能和专业知识的结合，以及对共享信息和想法的期望等。在过程特征群中，主要征候包括好奇心驱动、实验学习以及快速原型设计、跨学科解决问题的方法和灵活性。在环境特征群中，主要包括开放空间、

[1] Edward P. Clapp, et al.,*Maker-Centered Learning: Empowering Young People to Shape Their Worlds*(San Francisco: John Wiley & Sons, Inc., 2017),p. 8.

无障碍空间、富工具及富媒体空间等征候。[1]在此基础上，本研究拟从实践共同体的视角对以上三个特征维度做出阐释。

1. 共同体特征群

创客教育作为学习者的参与性社会实践，区别于简单的手工制作或技术使用。要想深层次理解创客教育，首先需要我们超越制作、技术、工具等表象，回归至创客教育的实践特性上，即从实践出发，对创客教育中所仰赖的实践共同体及其相关的实践智慧做出更加深入的考察。东北师范大学的郑燕林、李卢一认为，从实践智慧的视角理解创客教育，创客教育的研究者与实践者可以更加理性地看待创造的过程与结果，让创客教育回归到对人的培养这一本质目标，从而有利于创客教育的理性发展。[2]

一方面，从创客教育所涉及的创造本身来说，其过程虽然常以设计、制作、游戏等具体形式呈现，但从根本意义上来说，这都是创客实践的表现形式。这种实践本身是复杂而具有不确定性的，“需要实践主体智力上的投入，也需要实践主体有感知、思考现实生活中真实问题的敏锐意识，需要实践主体获取必要的创造工具与材料并能够熟练利用，需要实践主体主动寻求他人的帮助并帮助他人协同创新，更需要实践主体有意志上的努力——能够有信心克服可能遇到的困难，以完成完整的创造过程”，“从这一意义上来说，创造的过程虽然常常包含制作的环节，但制作并不是创造的全部，实践才是创造的本质”[3]。

另一方面，这种实践过程的实现很大程度上有赖于共同体的支持。共同体多种多样，创客教育作为一种学习者的参与性社会实践，其共同体带有显著的吉恩·莱夫（Jean Lave）、爱丁纳·温格（Étienne Wenger）、

[1] Edward P. Clapp, et al.,*Maker-Centered Learning: Empowering Young People to Shape Their Worlds*(San Francisco: John Wiley & Sons, Inc., 2017),pp. 7-8.

[2] 郑燕林、李卢一:《培育实践智慧：创客教育的本质目标与实施策略探析》,《电化教育研究》2017 年第 2 期。

[3] 同上。

萨莎·巴拉布（Sasha A. Barab）和托马斯·杜菲（Thomas Duffy）所称的“实践共同体”（communities of practice）之特性。所谓实践共同体，通常是指一组个体，追求一项共同的事业，共享实践、信念和理解。实践共同体最初由莱夫和温格在《情景学习：合法的边缘性参与》（1991）一书中提出，并在他们后续的研究中不断得以深化。温格在其权威性著作《实践共同体：学习、意义和身份》（1998）中，对实践共同体做出了更加细致的探讨，并将其描述为“包括了一系列个体共享的、相互理解的实践和信念以及长时间追求共同利益的理解”[1]。虽然实践共同体的概念并不是诞生于系统论传统，但温格也明确表示，其理论发展的根源还是深受人类学和社会理论启发的，受诸如布迪厄（Pierre Bourdieu）、吉登斯（Anthony Giddens）、福柯（Michel Foucault）、维果茨基（Lev Vygotsky）等人理论的影响，试图发展对人类学习的社会性质的描述。实践共同体的概念与系统论传统的观点是非常一致的。实践共同体本身可以看作一个简单的社会系统，而一个复杂的社会系统可以看作由相互关联的实践共同体构成的。因此，实践共同体本身可以看作一种社会学习系统，它产生于学习，更普遍地表现出系统的许多特征：涌现结构、复杂关系、自组织、动态边界、身份和文化意义的持续协商。从某种意义上说，它是具有社会学习系统特征的最简单的社会单元。[2]

温格在长期的研究中认识到，尽管不同的实践共同体之间存在诸多差异，但它们还是有一个共同的基本结构：一个知识领域（a domain of knowledge），它是群体共同感兴趣的知识领域；一个共同体（a community of people），它是代表学习的社会结构，鼓励参与者分享知识；一种共同的实践（a shared practice），它代表了共同体发展、分享和维护

[1] Étienne Wenger, *Communities of Practice: Learning, Meaning, And Identity*(Cambridge: Cambridge University Press, 1998).

[2] Étienne Wenger, “Communities of Practice and Social Learning Systems: the Career of a Concept,” accessed October 28, 2020, https: //wenger-trayner.com/wp-content/uploads/2012/01/09-10-27-CoPs-and-systems-v2.01.pdf.

知识的共同实践。[1]对照这一结构特征，创客教育的共同体征候可以归结为：有对创意制作的共同兴趣；有一个彼此支持和鼓励开源分享的共同体；有一个持续参与的通过造物解决问题的共同实践。

（1）征候一：有对创意制作的共同兴趣

“当年轻人对他们所从事的工作感兴趣时，当他们觉得他们的活动与他们的自我意识和可能的未来相一致时，当他们感到与他们工作的社区有联系时，大量的学习随之发生”[2]，美国创客教育研究者李·马丁（Lee Martin）如此断言。兴趣既是创客实践的出发点，也是共同体本身的出发点。美国著名教育哲学家玛克辛·格林（Maxine Greene）提醒我们，在思考共同体时，我们需要表达过程的词语：形成、生成、构成、言说等。共同体不能仅仅凭借合理设计而形成，也不能通过颁布法令而强制产生。像自由一样，它的产生依靠众多被赋予了空间的个体。[3]在创客教育的空间中，人们基于自主的原则，发现他们共同认可、共同欣赏的东西——创意制作、自主创造等。如《创客运动宣言》中所号召的，“加入创客运动，加入你身边那些发现创造乐趣的人当中。你可以和社区内的其他创客一起举办研讨会、活动，参与创客日、市集、展览、课程以及共进晚餐”[4]。在《培育实践共同体》（2002）一书中，温格将实践共同体定义为“一群人，他们对一个主题有着共同的热情，不断地进行互动，以加深他们的知识和专长，分享信息、见解、建议，并帮助彼此解决问题”[5]。可以看出，“共同热情”是共同体成员进行互动、分享和彼此支持并解决问题

[1] Étienne Wenger, Richard McDermott and William Snyder, *Cultivating Communities of Practice: A Guide to Managing Knowledge*(Brighton: Harvard Business Review Press, 2002),pp. 27-29.

[2] Lee Martin, “The Promise of the Maker Movement for Education,” *Journal of Pre-College Engineering Education Research* 5, no. 1(2015):30-39.

[3] 玛克辛·格林:《释放想象：教育、艺术与社会变革》，郭芳译，北京师范大学出版社，2017，第 53 页。

[4] Mark Hatch, *The Maker Movement Manifesto: Rules for Innovation in the New World of Crafters, Hackers, and Tinkerers*(New York: McGraw-Hill Education, 2013),p. 1.

[5] Étienne Wenger, Richard McDermott and William Snyder, *Cultivating Communities of Practice: A Guide to Managing Knowledge*(Brighton: Harvard Business Review Press, 2002),pp. 27-29.

的前提，在基于创客的学习中尤其如此。

（2）征候二：有一个共同寻求意义的共同体

根据乔纳森（David H. Jonassen）和兰德（Susan M. Land) 对“实践共同体”特征的考察，实践共同体不是在特定时间为了某种特殊需要而进行的简单聚集。[1]同样，创客教育中的共同体不是出于零散的、个体化的行为，而是个体通过参与创客活动、共同寻求意义，形成的相互、持久、长期的实践关系，这种关系是复杂的、动态的、多元的。这种关系的形成在很大意义上是因为其成员认识到个体认知的部分性、不完整性、局限性、有限性。一方面，承认我们学习的只是部分而非整体，就是在承认我们总是还有不得不去补救的缺陷与不足，正是这种缺陷与不足需要我们做出持续不断的努力。[2]另一方面，正因认识到个体认知的局限性、有限性，所以鼓励开源分享、强调分布式认知从一开始便是创客们所秉持的重要信条。个体在共同体中的主动参与、积极分享，反过来也促进了共同体的生长。

（3）征候三：有一个持续参与的通过造物解决问题的共同实践

创客教育的目标不是培养有制作技能的个体，而是通过支持学生参与创造实践，将学生培育成为有生存性实践智慧的社会化全人。[3]这种生存性实践智慧生成于学习者不断地以细腻、关怀的态度观察周遭生活环境，审思自身能够可以为之努力，尤其是可以通过造物解决的问题。当我们在思考创客教育的目的时，我们也需要玛克辛·格林的提醒，“记得要把这样的可能性考虑在内，即教育的要点（在现实生活的情境中）在于使一个人能够对他或她的现实生活情境越来越经心留意——特别是留

[1] David H. Jonassen and Susan M. Land, *Theoretical Foundations of Learning Environments* (Mahwah: Lawrence Erlbaum Associates, Inc., 1999),p. 37.

[2] 玛克辛·格林:《释放想象：教育、艺术与社会变革》，郭芳译，北京师范大学出版社，2017，第 249 页。

[3] 郑燕林、李卢一:《培育实践智慧：创客教育的本质目标与实施策略探析》,《电化教育研究》2017 年第 2 期。

意那些尚未开发的可能性”[1]。如此一来，创客教育中的共同体实践就具有了温格所提出的学习隐喻意义。温格以其社会学视角提出，学习即社会参与（learning as social participation）。作为社会学习理论的重要概念，实践共同体将学习视为一种社会参与、意义协商以及个体身份建构的过程（如图 1–1 所示）。[2]

图 1–1　实践共同体的理论要素

根据这一社会学习理论，可以说，创客教育中的实践共同体既是学习者参与社会实践的重要载体，也是学习的重要隐喻。换言之，学习者参与创造实践的过程既是学习者通过造物解决某个问题的实践过程，其实也是基于创客的学习本身。

2. 过程特征群

过程特征主要包含三大征候：DIY（do it yourself，自己动手做）与 DIT（do it together，一起做）并存；跨学科与 PBL（Project–based Learning，项目式学习）并存；游戏性（play fulness）与挑战性并存。

（1）征候一：DIY 与 DIT 并存

[1] 玛克辛・格林:《释放想象：教育、艺术与社会变革》，郭芳译，北京师范大学出版社，2017，第 248 页。

[2] Étienne Wenger, *Communities of Practice: Learning, Meaning, And Identity*(Cambridge: Cambridge University Press, 1998),p. 5

作为一种创造实践过程，创客教育不仅是个体与集体创意生成的思维过程，也是实践主体自主规划并协同推进的实践过程。前者可以说是DIY 部分，后者则是 DIT 部分。

DIY 体现的是创客教育过程的自主性属性，即创客教育赋予个体自主创造的可能性。从 DIY 文化的发展历程来看，当它于 20 世纪 60 年代出现时，至少对一些人来说，它还是与另类反主流文化有关，也与当时人们对正规的教育体系不满有关。人们认为，正规的教育体系让学生的头脑中充斥着抽象的信息，这些信息对那些进入职业领域的人来说可能具有某种背景价值，但在现实世界中却缺乏用处。哲学家艾伦·瓦茨（Alan Watts）曾就此批判道：我们的教育系统，就其整体而言，没有给我们任何物质上的能力。换句话说，我们没有学到如何做饭、如何做衣服、如何盖房子、如何做爱，或者做任何生活中最基本的事情，我们在学校里对孩子的教育完全是抽象的。这种对学校教育的批评态度，明确地反映在约翰·霍尔特《儿童是如何失败的》（*How Children Fail*）《儿童是如何学习的》（*How Children Learn*）等著作中，这些都引起了社会公众对 DIY 之类思想的关注。[1] 对于那些为 DIY 文化奠定基础的工艺美术先驱来说，工艺美术运动的中心是身心的自由，即通过将工作过程直接与对更高质量生活的要求结合起来，他们重新树立了工艺就是力量（power）之同义词的想法。[2] 今天创客教育 DIY 也体现了这样一种赋能的意义。

DIT 体现的是创客教育过程的协作性属性。创客实践虽然允许学习者独立自主探究，但它更是一种集体实践。在由分布式知识、不同层次的能力参与者构成的实践共同体中，创客们充分利用对话、协作、协同等技能，开展团队合作、协同实践。在这个过程中，由于每位参与者都可以带来一些东西，也使得他们有机会在教师角色和学生角色之间来回切

[1] David Gauntlett, *Making Is Connecting: The Social Power of Creativity, From Craft and Knitting to Digital Everything* (Cambridge: Polity Press, 2011),p. 50.

[2] Ibid., p. 48.

换，从而体验到协作的优势。OpenROV（一个由公民海洋探险者组成的开发水下无人机的创客共同体）联合创始人兼首席执行官大卫·朗的自身经历很好地说明了这一点。在《从零到创客》一书中，大卫·朗生动地分享了自己是如何从一个零创造经验的人发展为一名创客，并由其创客经历发展成一位成功的企业家、一名业余海洋探险家的。大卫·朗描述道："起初，DIY 这个概念在我脑海中的印象就是一个孤独的发明家在他的地下室拼命工作，或者是一个马盖先（MacGyver）[1]型的'万事通'，正是这种刻板印象，使我远离了'创客'这么长时间。我没有工程学学位，也不知道如何使用工作坊中的大部分工具，并且说我'缺乏创造性'（uncreative）都算是轻描淡写了，我认为创客压根儿不是我的菜——创客属于别人，与我丝毫无关。然而，正如我在一开始做创客时就意识到的那样，创造本身是关于寻找他人的艺术，即寻找老师，建立和加入志同道合的团体，与陌生人合作以及共同创造。只要你有一个主动的开始，它很快就会演变成'一起做'，或者说'DIT'。"[2]

（2）征候二：跨学科与 PBL 并存

跨学科问题解决与项目式学习是创客教育的另外两个突出的过程性征候。

首先，从跨学科方面来说，创客教育基于创造（支持"基于创造的学习"是创客教育实施的基本途径）又面向创造（培养学生的创新意识与创造能力是创客教育的根本目标）[3]，而创造是一种天生具有包容性的活动，以无缝的方式结合了艺术、科学、技术、音乐、数学、戏剧、工艺、工程等多元学科，因此绝大多数创客项目倾向于融合科学、艺术和

---

[1] 美国 2016 年电视剧 *MacGyver*（《百战天龙》）中的英雄人物形象，善将普通生活用品当作工具来摆脱困境。

[2] David Lang, *Zero to Maker: Learn (Just Enough) to Make (Just About) Anything* (Sebastopol: Maker Media, Inc., 2013),p. 19.

[3] 钟柏昌:《创客教育究竟是什么——从政策文本、学术观点到狭义创客教育定义》,《电化教育研究》2019 年第 5 期。

人文科学等领域的内容。每一个创客项目在融合不同领域的内容时，都是希望学习者能够以跨学科的方式来应对挑战，而不仅仅依靠某单一的学科知识。美国哥伦比亚大学传播、媒体与学习技术设计助理教授内森·霍尔伯特（Nathan Holbert）追随美国麻省理工学院的西蒙·派珀特（Seymour Papert）的建造主义思想，将创客定位为一个强大的思想（powerful ideas）和观点的网络。[1]在派珀特那里，强大的想法是：①与其他想法高度相关；②对学习者来说是个人的、共鸣的（syntonic）；③是对解决个人重要问题有直接帮助的想法。霍尔伯特认为，创客们在制造过程中产生的这些思想和观点正是这样的强大的思想。由于强大的思想存在于知识网络中，创客中的建造和制作将这种强大思想的跨领域性质带到了最前沿，这是单一的"学科"或"领域"所不能企及的。

其次，创客项目是创造实践的载体。项目是创造的基本单位，是体验和参与创造性学习体验的全新途径。[2]创客项目常常指向解决现实生活中遇到的真实问题，要求学生综合应用多学科知识、技能与思维方式，积极利用一切可以利用的资源，主动构建与他人的和谐对话关系，参与协同实践。在项目实践过程中，学生的思维、视野、活动突破学校的围墙面向真实的世界，学生能够感受到学习和真实生活，与自己的兴趣意向、文化背景、社区生活的关联；学生不再只是假想自己是科学家或工程师，而是像真的科学家那样去思考问题并设计问题解决方案，像一个工程师那样将自己的设计付诸行动，在真实的实践过程中形成、验证、完善自己的设计。可以说，正是创客项目为学生提供了面向真实问题、回归现实世界、融入多维互动的实践平台与情境，学生则在具体的项目

---

[1] Nathan Holbert, "The Powerful Ideas of Making: Building Beyond the Curriculum," *Journal of Innovation and Entrepreneurship* 5, no. 30(2016):1-7.

[2] Mitchel Resnick and Ken Robinson, *Lifelong Kindergarten: Cultivating Creativity through Projects, Passion, Peers, and Play*(Cambridge: The MIT Press, 2017),p. 11.

实践过程中生成并利用实践智慧。[1]

（3）征候三：游戏性与挑战性并存

游戏性可以说是创客过程中一个极为显著的征候。这种游戏性嵌于其丰富的实验性游戏（experimental play）、计算式游戏（computational play）、想象性游戏（imaginative play）等游戏性探索（playful exploration）学习活动之中。无论是裴斯泰洛齐（Johann Heinrich Pestalozzi，1746–1827）、福禄贝尔（Friedrich Wilhelm August Fröbel，1782–1852），还是蒙台梭利（Maria Tecla Artemisia Montessori，1870–1952）、杜威（John Dewey，1859—1952）甚至卢梭（Jean-Jacques Rousseau，1712—1778）等历史上的理论家们都试图让我们看见，游戏是一种意义建构（meaning making）的重要形式，是儿童在成人的帮助和指导下，通过知识的认知建构来认识世界的一种方式。[2]正是为了发挥游戏在今天这个数字时代的学习（包括儿童的学习与成人的学习）中的强大力量，美国麻省理工学院媒体实验室（MIT Media Lab）的教授、少儿编程语言 Scratch 的缔造者、开发历代乐高机器人的主导者米切尔·雷斯尼克（Mitchel Resnick）集自己 30 年的研究成果，著就了《终身幼儿园》一书，他认为应延伸幼儿园教育，终身以幼儿园式的创造性学习方式进行学习，并提出了创造性学习螺旋（如图 1–2 所示）。[3]这也是雷斯尼克重视“游戏”精神对于创客活动重要性的直接体现。由此，我们也可以认为，游戏性是创客教育帮助学习者发展好奇心、兴趣、能动性与创造力的重要因素。

[1] 郑燕林、李卢一：《培育实践智慧：创客教育的本质目标与实施策略探析》，《电化教育研究》2017 年第 2 期。

[2] Christiane Wood, *The Literacy of Play and Innovation: Children as Makers*(New York: Routledge, 2019),p. 16.

[3] Mitchel Resnick and Ken Robinson, *Lifelong Kindergarten: Cultivating Creativity through Projects, Passion, Peers, and Play*(Cambridge: The MIT Press, 2017),p. 11.

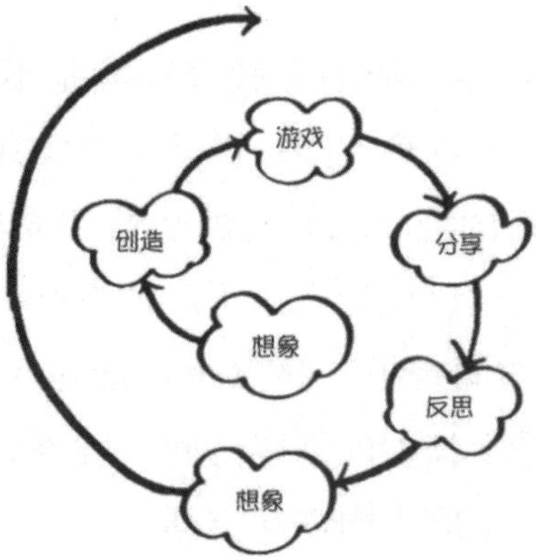

图 1–2　创造性学习螺旋

就挑战性而言，创客项目为学生提供了适当的、有挑战性的、有吸引力的实践情境。创客实践通常始于真实的问题解决，而这一问题解决过程所蕴含的挑战性为认知的“失衡感”创造了重要条件。所谓的失衡感即认知上的不平衡状态，它是一种有问题或被搅乱的感觉，这对心智成长而言是一种潜在的积极条件。杜威曾从人本观念和生物学观念出发指出，人类作为有生命的创造物，既在环境中也在因缺失而造成的刺激中寻求平衡。[1] 对于创客教育来说，把创意想法转化为现实的挑战将创客们置于一个暂时失衡的状态之中，此时正是学习开始之时。用杜威的话来说，所有的学习都始于我们舒适的想法被证明是不充分的时候。正是失衡的感觉，为孩子提供了探究的动机，而探究重建平衡的过程则使孩子产生了对生长历程的满足感。[2] 从这一意义上来说，创客教育中的挑战性征候其实是为孩子生长（growth）提供的重要条件。这里的生长，不仅是生理意义上的生长，更是杜威所指的孩子形成和追求自己的目的之能力的提高。

[1] 埃利奥特 · W. 艾斯纳:《教育想象——学校课程设计与评价》，李雁冰主译，教育科学出版社，2008，第 13-14 页。
[2] 同上书，第 14 页。

3. 环境特征群

创客学习与学习者参与的创客教育环境是不可分的。创客教育环境——创客空间既是一个物理空间，更是一个实践社区，因此其创设对学生在制作和实现他们的项目愿景时的热情和成功程度有着重要影响。然而，创客教育环境要建设成什么样子，并没有一个统一的模型或特定的标准，而且一刀切的固定模式显然也不能适应所有的情境、机构和人。即便如此，无论是学校中的创客空间、各类场馆中的创客空间、社区中的创客空间，还是家庭中的创客空间，一般都还是体现出了包容性（inclusive）、可通达性（accessible）、资源丰富性等征候。

（1）征候一：包容性

“创造是通过与其周遭文化之间的动态辩证而形成的，而非仅仅是在其本身物理空间中。”[1]从世界各地创客实践来看，包容性是创客空间设计的一个重要原则。创客空间不是某一特定群体的专属之地，不是属于某一种族、民族、性别、年龄、专业群体的创客空间，而应面向该空间所属组织内外所有对创造感兴趣的人。例如，创客空间并非男孩子的专属空间，也并非会编程或熟悉使用所谓“高技术”者的专属空间。正因如此，许许多多的创客空间不仅有机器人、激光切割机，也常配有缝纫机。这在某种程度上是在向人们展示，创客空间不仅仅指向所谓的“高技术”，也不仅仅是指向某一性别。更何况，编织或缝纫本身也不是女性专属的事。为此，我们赞同艺术家兼教育家、莱斯利大学 STEAM 教育实验室（STEAM Education Lab）助理主任奈特丽丝·加斯金斯（Nettrice R. Gaskins）有关“文化回应的创客空间”的主张：权力的微妙转变可以为更广泛的年轻人提供机会，让他们将自己视为创客；通过创造具有文化响应性和文化定位的空间和活动，可以让那些在 DIY/ 创客空间 / 黑客文

[1] Angela Calabrese Barton and Edna Tan, *STEM-Rich Maker Learning: Designing for Equity with Youth of Color*(New York: Teachers College Press, 2018),p. 2.

化运动中代表性不足的群体参与进来。[1]

（2）征候二：可通达性

创客空间绝不仅仅是场地和设备，而是支持创客进行各种设计、制造和分享的开放性、创造性社区。这不是说创客空间必须是 24 小时开放的，而是强调创客空间及其资源不能是封闭的、难以进入、难以利用的专特之地。试想若是一个创客空间配备各类“高技术”数字化加工工具，也购买了大量用以培养学生动手能力、创造力的创客学习套件，但是出于管理便利等多方面原因，注重空间、资源的保护胜过了创客的使用与参与；或者由于创客空间的整体设计与布局均由企业规划完成，学校相关师生在前期建设阶段参与率不高，导致建设完成的创客空间不能很好地满足校园师生的个性化需求，进而大大降低了其利用率，也影响了其“可通达性”，那么建设如此高端的创客空间本身的意义何在？在考虑创客教育的环境特征时，也需要考虑如何让创客们或对创造感兴趣者能够在遵守创客空间使用原则的前提下，具有灵活进入空间、充分使用资源，以及参与到高质量的制作、设计和工程体验中的机会。

（3）征候三：资源丰富性

无论是设计还是制作，都需要借助于一定的材料、工具，让创意物化——让想法成为具体化、材料化的事物，获得其形式与外表，可以被人们所经历。这个过程既需要必要的技术和工具，还需要对工艺和材料做出选择。为此，创客空间的运营需要提供丰富的开放资源。但还需要指出的是，创客教育的开展与具体的实践情境和活动相关，并不是一定要依赖于高新尖技术或数字化工具。我国创客教育界的 20 余位研究者和实践者曾在 2016 年 2 月开展过一场“头脑风暴式的研讨”，并尝试着对创客教育做出了一个描述性的定义：“创客教育是创客文化与教育的结合，

[1] Nettrice R. Gaskins, “Recontextualizing the Makerspace: Culturally Responsive Education,” accessed October 1, 2020, https: //netarthud.wordpress.com/2014/08/29/recontextualizing-the-makerspace-culturally-responsive-education/.

基于学生兴趣，以项目学习的方式，使用数字化工具，倡导造物，鼓励分享，培养跨学科解决问题能力、团队协作能力和创新能力的一种素质教育。”该定义对“数字化工具”的强调，在突显数字时代创客教育特征的同时，也在一定程度上限定了创客教育的内容与形式。针对这一不足，“中青创奥活动”将创客教育定义为“以创意制作与开源分享为特征的综合性实践教育”。可以看出，该定义将“创意制作”与“开源分享”作为创客教育的核心特征，没有限定制作工具和作品形式。[1]从这一角度来说，在强调资源丰富性之环境征候时，需要注意保持更加开放的态度，既要包括各类数字化材料、开源软硬件制作工具，也要包括各种传统的工具和非数字化材料。

在梳理出这些基本征候之后，另一个随之而来的关键问题是：这些征候之间是什么关系？古德曼一再强调，五大“审美征候”既不是判定一件物品是否为艺术品的充分条件，也不是必要条件。但总体来说，这是就五大“审美征候”中每一条分别来说的（severally）。然而古德曼同时还指出，如果它们联合起来（conjunctively）则可能是充分的，而分离开来（disjunctively）则可能是必要的。亦即，或许我们可以说，如果一种经验具有如上所有的属性，则是审美的；同时，一种经验只有至少具备以上一种属性，才能称为是审美的。[2]与此相仿，不是具备上述三类特征群的制作都是创客教育，也不是所有的创客教育必须具备上述所有的特征及其征候。但是我们认为，如果一种学习经验具有如上三类属性，则很可能是基于创客的；同时，一种基于创客的经验，至少需要具备以上一种属性。

可以看出，通过采取“基于征候”的方法，我们能以更加开放、多元和包容的视角来理解创客教育。就如古德曼既不寻找也不试图发现艺

[1] 李亦菲:《创客教育的概念辨析与目标建构》,《福建基础教育研究》2017 年第 12 期。
[2] Nelson Goodman, *Languages of Art: An Approach to a Theory of Symbols*(Cambridge: Hackett Publishing Company, 1976),p. 254.

术的本质（他认为压根不存在）[1]，不去追问艺术品区别于生活物品的恒久属性，而是认识到艺术是动态的，即强调在特定情况下一件物品能起到艺术的作用一样，创客教育也是一个综合而动态的概念。从“何时”的视角来理解创客教育，可以更好地将创客教育置于“当下”来考虑，也可以更加充分地考虑创客教育的复杂性和动态性。

（二）何时不为创客教育?

随着创客教育的风起云涌，创客教育在短短几年之间的确呈现出了各种喜人景象。然而，在这种蓬勃发展的背后，也潜藏着种种问题。当然，困扰学校教育的问题，大多不是由任何单一团体的行为所造成的。[2]由于理论研究上的不成熟、参与其中的各社会组织团队与个人对于创客教育内涵和根本特性把握偏颇，以及受功利主义、技术理性等诸多因素的影响，各种与创客教育相关的实践误区、行业乱象甚至“商业陷阱”渐渐浮现出来。对于学校实践者来说，如果我们以口号来代替分析，将创客作为一种潮流引入实践，那么就容易导致一种“缺乏最基本的分析形式或批判性审视的空想”[3]。虽然我们不去追问创客教育的恒久本质属性，但是根据其基本征候，我们知道创客教育区别于单纯技术教育、区别于单纯的学科教育，更不是单纯的手工技能训练或创客空间建设。为更深刻地理解创客教育，以避免创客教育陷入困境所带来的负面影响，有必要从创客教育的基本征候出发，对创客教育中的一些典型迷思现象，或者说对“何时不为创客教育”做出进一步的审视。

1. 迷思一：创客教育就是 STEM 教育

STEM 由科学（Science）、技术（Technology）、工程（Engineering）和数学（Mathematics）四门学科的英文首字母组成，是指基于这四门学

---

[1] Catherine Z. Elgin, “The Legacy of Nelson Goodman,” *Philosophy and Phenomenological Research* 62, no. 3 (May, 2001):679-690.

[2] 埃利奥特 · W. 艾斯纳:《教育想象——学校课程设计与评价》，李雁冰主译，教育科学出版社，2008，第 401 页。

[3] 同上书，第 402 页。

科所形成的跨学科课程（interdisciplinary curriculum）。随着人们不断地扩充 STEM 的内涵与外延，艺术和更多学科的加入，衍生出了 STEAM、STEMx、STEM+ 等下位概念，STEM 和 STEAM 两个词在很多研究中还存在交叉使用的现象。从国际教育发展趋向来说，STEM 教育已经越来越多地成为各国 21 世纪的国家人才战略。

由于 STEM 教育和创客教育都强调让学生通过创造、设计、建构、发现、合作来完成他们感兴趣的项目或解决生活中的真实问题，又同为国内外基础教育培养数字时代学生核心素养及综合能力的重要途径，因此，两者之间有着千丝万缕的关系。许多学者认为创客对于 STEM 可以起到优化、支撑、促进等作用。创客教育由于充满了不少对 STEM 教育的承诺，或者说具有促进 STEM 教育的潜力而引起了众多教育工作者的兴趣，尤其是那些关切学生在正式教育环境中不够投入 STEM 相关学科学习的老师们。例如，迈克尔·沙德（Michael Schad）与蒙蒂·琼斯（W. Monty Jones）在一份系统综述研究中总结道，不少研究表明，基于创客的学习活动可能会吸引更多的学生在 STEM 内容领域寻求机会。[1] 类似的，北京师范大学教授傅骞发现创客对 STEAM 教育起到了优化的作用，为 STEAM 教育的实施提供了工程案例和创新思想。[2]

归结起来，对于两者之间关系的认识主要有如下几类：①两者实属一体。温州中学的谢作如老师认为，创客教育和 STEM 教育彼此指向的是同一类学习领域，只不过是命名的维度不同，两者不仅唇齿相依而且融为一体。[3] ②两者有差异，但可以相互结合。例如，杨晓哲、任友群在《数字化时代的 STEM 教育与创客教育》一文中对 STEM 教育与创客教育

[1] Michael Schad and W. Monty Jones, "The Maker Movement and Education: A Systematic Review of the Literature," *Journal of Research on Technology in Education* 52, no. 1(2020):65-78.
[2] 傅骞、王辞晓:《当创客遇上 STEAM 教育》,《现代教育技术》2014 年第 24 卷第 10 期。
[3] 谢作如:《创客教育和 STEM 教育关系之辨析》,《中国现代教育装备》2017 年第 4 期。

的异同做出了比较（如表 1–2 所示）。[1] 本研究也更倾向于这一观点。

表 1–2　STEM 教育与创客教育的比较

比较要点	STEM（或 STEAM）教育	创客教育
主要来源	教育系统发起，社会参与	社会文化发起，教育参与
是否需要引入社会参与	需要	需要
是否跨学科	强调跨学科	创作过程经常需要跨学科
是否解决真实情境的问题	强调真实情境的问题；多数来自教师预设	强调真实情境的问题；学生自己发现问题
学生是否要有产出	并非必须	一定要有
是否需要使用数字化工具	并非必须	大部分情况下需要
主要培养的素养品质	跨学科的思维能力；解决问题的综合能力	独立的创造思维；解决问题的综合能力
教师的主要角色	设计者、组织者、讲授者、引导者	支持者
学生的主要角色	参与者	创造者

（1）相似之处

除了类似的内在价值之外，创客教育和 STEM 教育在目标、实施路径、评价理念、社会参与等方面，都体现出诸多相似之处。

从目标取向来说，创客教育和 STEM 教育均指向学生的创新精神与能力。实践创新能力、开发高质量产品的能力或生产力是 21 世纪核心素养的重要内容。对于如何实现这一素养的发展，心理学研究提供了三种思路：其一是在教学中注重与创造力相关的思维方式和行为倾向；其二是在课程设置和教学中为学生创造空间，鼓励他们根据自己的特长和兴趣对现实、知识和意义进行独特的建构；其三是通过参与特定领域（艺术、科学、商业、技术等）共同体的创造实践，培养与之相关的习惯、

[1] 杨晓哲、任友群:《数字化时代的 STEM 教育与创客教育》,《开放教育研究》2015 年第 21 卷第 5 期。

性情、知识结构等，从而形成专长，并跃升到创造新的理念、方法和产品的新水平。[1] 从这一意义上来说，创客教育和 STEM 教育都体现了以上三种思路。

从实施路径来说，创客教育和 STEM 教育均强调从生活世界中发现并解决真实的问题，均强调以 PBL、体验学习为基本的学习方式。这些实施路径在很大程度上体现了杜威在进步教育时期鼓励儿童通过“做中学”将游戏（play）和工作（work）结合的思想——主动作业（occupation）[2]，都需要经历创造、设计、建构、发现、合作并解决问题等过程。

从评价理念来说，创客教育和 STEM 教育均强调以学生发展为指向的形成性评价，提倡使用质性评价方法来考查学生丰富多彩的学习体验和个性化的创造性表现等等。项目的完成都基本上符合基于设计的学习所强调的“设计——评价——再设计——再评价”的过程循环思想。当然，两者都没有对具体的评价方式进行严格规定。

从社会参与来说，创客教育和 STEM 教育都需要社会的共同参与。两者的顺利实施与开展离不开全面的政府组织保障、校企合作、民间团体与政府协同实施。[3] 从创客教育方面来说，无论是中国，还是其他国家，除了学校的创客空间，社会上都相继出现了家庭创客空间、社区创客空间、创业孵化中心等各类创客空间。STEM 教育也是非常类似的。以美国为例，目前呈现出全民 STEM 的发展局面，许多社区图书馆、非营利性组织都为学生、社会大众的 STEM 学习提供了机会。

（2）差异之处

虽然 STEM 教育和创客教育有着许多共同之处，但从发展起源、学

---

[1] Anna Craft:《创造力和教育的未来：数字时代的学习》，张恒升译，华东师范大学出版社，2013，总序 9。

[2] John Dewey, *The School and Society & The Child and the Curriculum* (New York: Dover Publications, Inc.,2001),pp. 83-88.

[3] 陈强、赵一青、常旭华:《世界主要国家的 STEM 教育及实施策略》,《中国科技论坛》2017 年第 10 期。

科关联、活动形态、结果产出等方面来说，二者还是存在不少差异的。

从发展起源来说，STEM 教育比创客教育多了近 30 年的历史积淀。如前所述，STEM 教育起源于国家需求，推动着国家在科学、技术、工程和数学领域的发展，是美国政府为提升国力采取的举措，是国家需求映射到教育系统中的产物，其初衷是重拾美国学生对理工科的兴趣。自 20 世纪 80 年代以来，美国制定发布（实行）了近二十项与 STEM 教育相关（包含全部相关和部分相关）的政府报告及政策，对 STEM 教育的关注度越来越高。[1] 从这一意义上来说，在创客教育兴起之前，STEM 教育从理论到实践，已在美国“站稳脚跟”。与美国政府自上而下推行的 STEM 教育不同的是，创客教育是随着创客运动的兴起和创客文化的传播，以及新技术出现而兴起的一种自下而上的教育新诉求，是社会驱动的结果，是美国民间对 STEM 育政策的正面响应。杨晓哲、任友群因此认为，STEM 教育是教育改革的组成部分，而创客教育起源于社会文化。[2]

从学科关联来说，无论是创客教育还是 STEM 教育，学生在学习过程中都会涉及科学、技术、工程、数学、艺术等多个学科的学习，都属于跨学科学习，但两者在学科整合的重心上各有侧重。STEM 教育旨在打破学科之间的边界，培养学生跨学科思维和解决问题的综合能力，而创客教育虽然涉及多学科知识的应用，但其本身不强调学科，它旨在培养学生的独立创造思维和问题解决的综合能力，核心在于创造。可见，虽然创客教育和 STEM 教育都注重解决问题的综合能力的培养，但侧重点有所不同。

从活动形态来说，创客教育和 STEM 教育都是以项目为依托开展学习活动的，但两者的活动本质不一样。创客教育侧重创新性活动，通过设计或制作物品去建构知识，体现了建造主义理论的核心思想。此外，

[1] 祝智庭、雷云鹤：《STEM 教育的国策分析与实践模式》，《电化教育研究》2018 年第 1 期。
[2] 杨晓哲、任友群：《数字化时代的 STEM 教育与创客教育》，《开放教育研究》2015 年第 21 卷第 5 期。

创客教育具有开源性，学生可以通过分享作品和经验来改进自己的作品，还可以利用互联网获得更多创客的支持和指导，最大化地分享自己的创造。相较而言，STEM 教育则提倡探究性活动。如美国乔纳森 · 布雷纳（Jonathan M. Breiner）教授等所强调的，STEM 教育通常以探究性的项目为基础，而不仅仅是多种活动的堆砌。[1]

从结果产出来看，我们都知道，两者都注重学生动手实践，但在结果产出维度上来说，两者是不同的。创客教育注重通过动手实践将创意生成可视化成果，[2] 或以《中小学综合实践活动课程指导纲要》中的术语来说，即“创意物化”。与创客教育不同的是，STEM 教育注重融合和运用多学科知识来探究问题、解决问题，虽然关注学生动手实践，但不要求一定有物化作品的产出。

由以上分析可见，我们并不能离开情境，简单将其作为两个可以互换的概念进行谈论。鉴于两者均为方兴未艾的发展领域，其关系仍将处于不断变化之中。

2. 迷思二：创客教育就是动手做

创客教育与动手做密切相关，但又不完全等同。当前创客教育中存在的将创客教育解读或“转换”成简单的动手做之现实问题提醒我们，不但要深刻理解这两者之间的关系，还需要对这背后所潜藏着的“新物质主义”（new materialism）有所警惕。

一方面，动手做是创客教育的核心。“动手做”在国际教育领域中通常与 Hands-On Learning 对应，也译为“操作学习”。它是指学习者通过动手操作，而非课堂讲授的方式进行学习。该术语自 20 世纪 60 年代以来一直在使用，而概念本身业已被讨论了一个多世纪。从当前国际教

---

[1] Jonathan M. Breiner, Shelly Sheats Harkness, Carla C. Johnson and Catherine M. Koehler, “What Is STEM? A Discussion About Conceptions of STEM in Education and Partnerships,” *School Science and Mathematic* 112, no. 1(2012):3-11.

[2] 钟柏昌:《创客教育究竟是什么——从政策文本、学术观点到狭义创客教育定义》,《电化教育研究》2019 年第 5 期。

育研究与实践来看，“动手做”仍然是从课堂学习、博物馆教学到科学研究，从幼儿园到大学阶段都广为讨论与采纳的学习策略。[1]需要注意的是，当我们强调“动手做”是一种学习策略时，强调的是学习者通过对一个概念进行基于身体的操作，通过感官知觉来获得身体体验，从而促进认知过程，它区别于简单的、机械的操作。在派珀特看来，这是一个以“世界中”（in the world）的建构支持、促进“头脑中”（in the head）的建构的过程。[2]的确，若要体现“创意物化”，不经过“动手做”几乎不太可能。事实上，从国外创客教育实践来看，创客教育中的核心活动，包括改造（tinkering，又称捣鼓）、创造（creating）、材料与技术再利用（reusing），无不建立在“动手做”的基础之上。概而言之，“动手做”的确是创客教育的一个关键特征。

另一方面，“动手做”并不等同于创客教育。正因创客教育与动手做之间的密切关系，同时数字制造使得学习者的确可以在短时间内创造出令人印象深刻的物体，这就容易给人一种错觉：只要“动手”了，有可视化的“物化”结果了，便是创客教育了，即使所“创造”的这个物体非常微不足道。例如，孩子们可以直接从网上下载现成的模型，用3D打印机打印出三维物体，而不加入自己的设计。然而，无论是做项目还是动手实践都只是创客的表面特征，而并非创客教育是什么。[3]再如，将创客教育与“传统手工艺”相结合的理念本身也是很有意义的。但是，若学习者在没有对某一特定的“手工艺”背后的工程原理、材料特性、文化意蕴等进行了解，更没有根据自身兴趣、经验、理解进行设计与创造，而只是跟随现成的步骤机械地“动手做”。在这种情境中，“做中学”就

[1] Chris Clarkson and Ceri Shipton, “Teaching Ancient Technology Using ‘Hands-On’ Learning and Experimental Archaeology,” *Ethnoarchaeology* 7, no. 2(2015):157-172.

[2] Seymour Papert, *The Children's Machine: Rethinking School In The Age Of The Computer*(New York: Basic Books, Inc.,1993),p. 143.

[3] Margaret Honey and David E. Kanter(eds.),*Design, Make, Play: Growing the Next Generation of STEM Innovators*(New York: Routledge, 2013),p. 10.

悄然地转变成了“做即是学”。这正是保罗·布里克斯坦所担忧并批判的——“钥匙扣综合征”（keychain syndrome）现象，[1]即孩子们不断地做着钥匙扣、名字牌等简单、琐碎的事情，而从不转移到复杂的项目上。遗憾的是，在简单机械化的“动手做”过程中学生即使顺利地完成了创客“项目”，也未必能对他们所做之事形成概念上的理解。更糟糕的情况是，由于缺乏逻辑思维、工程思维、创新思维运用和提升的时间和空间，简单机械化的“动手做”不但不能解除传统课堂所带来的约束，不能促进创新意识、创新思维和创新能力的形成，反倒可能带来反作用——以“创客教育”的名义重新约束了儿童的创造与发展，正如美国亚利桑那州立大学教授巴格托（Ronald A. Beghetto）和知名心理学家考夫曼（James C. Kaufman）所言：反倒带来了认知约束、课程约束、才能约束、领域约束和变化性约束。[2]恰如马丁内斯警示我们的，“如果有人开始用设计、发现或计算等词来修饰学习或思考时，你应当谨慎，因为这种行为通常是在拿新瓶装旧酒，同时向学生提出了狭隘的预包装的学习经验”[3]。

3. 迷思三：创客教育就是编程

数字技术对于当前如火如荼的创客运动、创客教育来说都是至关重要的。在这些数字技术中，编程是数字制作（digital fabrication）的根本基础，也因此在创客教育中获得了举足轻重的地位。从创客教育的发展来看，创客与编程之间有着重要的渊源。从最直接的关系来看，创客运动诞生的一个标志性事件便是被尊称为“创客运动之父”的派珀特与其同事在 1966 年开发了 LOGO 语言，以使儿童能够使用计算机通过编程来制作自己想做的东西，并在此过程中主动建构知识。这也正是本书第三

---

[1] Paulo Blikstein, “Digital Fabrication and ‘Making’ in Education: The Democratization of Invention,” in *FabLab: Of Machines, Makers, and Inventors*, ed. Julia Walter-Herrmann and Corinne Büching (Bielefeld: Transcript Publishers, 2013),pp. 203–221.

[2] Ronald A. Beghetto and James C. Kaufman：《培养学生的创造力》，陈菲、周晔晗、李娴译，华东师范大学出版社，2013，第 86-89 页。

[3] Sylvia Libow Martinez and Gary S. Stager, *Invent to Learn: Making, Tinkering, and Engineering in the Classroom*(*2nd Edition*)(Torrance: Constructing Modern Knowledge Press, 2019),p. 36.

章将要介绍的“建造主义”思想。自派珀特之后，麻省理工学院媒体实验室的众多研究者不但坚定地传承了这一理念，还在此基础上进行了不断的发展。从 Scratch 到 Python，儿童编程语言无疑是推动创客教育迅速崛起的重要技术支撑。

然而，这并不是说创客教育就等同于编程。今天的创客教育的确如教育实践者吉姆·卡什（Jim Cash）所担忧的：现在“编码”再次流行，我又一次担心，我一直担心的是教育界会把注意力集中在纯粹的编码和编程上。[1] 我们应看到，首先，计算机本身无法带来教育上的进步。[2] 其次，派珀特强调的将技术作为建造材料，是更加广泛意义上的计算机技术，而并非今天常被局限甚至误解为“编程”的狭义技术。在《头脑风暴：儿童、计算机和强大的思想》一书中，派珀特并没有说编程本身就是高质量思考和学习的答案，而是勾勒出了一个被称为微观世界（microworld）的环境。在这个微观世界里，儿童可以发展出强有力的思想和战略思维。创客教育不仅仅包含了编程，还包括机器人、3D 打印、人工智能、物联网、无人机、可穿戴设备等，但即使这些数字技术也只是创客教育的载体，不是全部。再次，创客教育的精髓在于学习者参与“造物”、问题解决，在社会实践的过程中发展问题解决能力、自主创新能力、协作研究能力、批判思维能力等，因此创客教育的内容自然也不能停留于技能训练、编程训练上。如果创客教育沦为技术培训、硬件宣传，加之资本的介入，创客教育会越来越走向技术化、商业化。东北师范大学的郑燕林教授认为，在实践智慧的视角下，创客教育对学生的培育不止于技术的训练，而在于比理论原理更深的实践理性，比制作技能更向善的技艺，比适应与改造外部世界更难的自我创造。[3]

[1] Jim Cash, “Kids and Coding: What Might Seymour Papert Say?” accessed August 31, 2020, https://makelearn.org/2015/04/08/kids-and-coding-what-might-seymour-papert-say/.
[2] 许惠美:《美国初等教育中建造主义实践之初探》,《网络社会学通讯》2011 年第 97 期。
[3] 郑燕林、李卢一:《培育实践智慧：创客教育的本质目标与实施策略探析》,《电化教育研究》2017 年第 2 期。

由此，我们需要强调，创客教育是以人为本的教育，而非以技术为中心的教育。李·马丁严肃地指出，“我认为，以工具为中心的方法肯定会招致失败，因为它会忽略共同体和思维方式等关键要素”。为此，他提醒我们，当我们考虑创客运动对教育的承诺时，我们必须积极抵制这种过于简化的趋势。[1]

4. 迷思四：创客教育就是创客空间建设

创客教育的开展有赖于创客空间等平台的建立，但创客空间的建设本身并非创客教育。一方面，创客空间是创客教育的基础设施和环境支撑。创客教育无疑需要创客空间作为实践场域。多尔蒂表示，“我所关注的是为学生创造一个场所，让他们能在这里使用一些工具、材料及专业技能进行创造——这种场所就是创客空间”。另一方面，创客空间并不等同于创客教育。创客空间并不是一个仅仅用来存放创造工具与材料的物理空间，也并不是一个单纯的趣味空间或游乐空间，而是一个承载创造活动、支持创意生产与现实转化、鼓励互动与协作，蕴含育人目标、担负教育责任的教育空间。[2]我们需要对形式主义倾向保持警惕。

需要再次强调的是，转向基于征候的方式并不是试图彻底解决“何为创客教育”的实践难题，也不是希望以基本征候为依据就能把创客教育从各类其他教育实践中分辨出来，而旨在更好地阐明当一种基于制作的活动成为学习者的体验时所具备的理论内涵。

[1] Lee Martin, “The Promise of the Maker Movement for Education,” *Journal of Pre-College Engineering Education Research* 5, no. 1(2015):30-39.
[2] 李卢一、郑燕林：《中小学创客空间建设的路径分析——来自美国中小学实践的启示》，《中国电化教育》2016 年第 6 期。

第二章

创客教育价值

创客教育的价值问题是创客教育研究与实践的根基所在。作为一种参与性社会实践，创客由于能够为学习者的理智发展、身份建构和意义建构提供机会，而具有了丰富的教育意义。虽然创客在促进学习者精通科学、技术、工程、艺术、数学等学科（STEAM）方面的价值，尤其是在提高跨学科素养以及提高对 STEAM 专业的认识和兴趣等方面的价值，被许多研究者认为是创客教育的首要价值，但是我们应当看到，这些价值仍是工具性或次要性的价值。创客教育的根本内在价值是其对人的发展价值，主要体现在培养个体的健全人格、促进个体的自我实现上。创客教育的工具价值是创客教育作为一种教育策略对教育发展乃至社会发展的价值，体现于教育变革方面的价值，以及经济和文化方面的潜在价值。

创客教育的价值问题是创客教育研究与实践的根基所在。作为一种参与性社会实践，创客由于能够为学习者的理智发展、身份建构和意义建构提供机会，而具有了丰富的教育意义。在被广泛引用的《创客运动的教育承诺》一文中，李·马丁根据已有研究，归纳总结了创客运动给教育带来的七大方面的“承诺”：①创客与学校的课程要求保持一致，尤其是 NGSS（Next Generation Science Standards，即美国“新一代 K–12 科学教育标准”）中的工程实践。②创客使年轻人能够使用复杂的工具进行构建和思考。③创客涉及创造事物，了解它们的表现并与他人共享。④创客是游戏性的，并且对错误具有高度的包容性。⑤创客倡导成长型思维。⑥创客环境通常使青年人对他们制作的内容和方式有充分的发言权。⑦创造发生在彼此联结的学习共同体中，跨越人际和在线环境，让不同年龄和知识层次的人参与其中。这样的环境可以帮助年轻人将他们的兴趣与强大的社会支持相结合，从而创建强大的学习环境。[1]

可以看出，以上创客运动的“教育承诺”中有指向儿童发展的，也有指向学科素养发展的，亦有指向儿童与社区之间的联系的。其中，创客在促进学习者精通科学、技术、工程、艺术、数学等学科（STEAM）方面的价值，尤其是在提高跨学科素养以及提高对 STEAM 专业的认识和兴趣等方面的价值，被许多研究者认为是创客教育的首要价值。正如美国政府在创客教育发展之初对其给予了大量支持，同时一再强调创客活动与 STEM 之间的关系，STEM 包含着创新能力和国家经济竞争力之间的潜在联系。然而，哈佛大学教育学院的创客教育项目——AbD 项目则表明，这些价值虽然极其重要，但我们应当清晰地看到，这些价值仍是工具性或次要性的价值，创客教育的首要价值在于发展能动性和塑造品格。[2]

[1] Lee Martin, “The Promise of the Maker Movement for Education,” *Journal of Pre-College Engineering Education Research* 5, no. 1(2015):30-39.

[2] Edward P. Clapp, et al.,*Maker-Centered Learning: Empowering Young People to Shape Their Worlds* (San Francisco: John Wiley & Sons, Inc.,2016),p. 18.

亚里士多德始终为所有的社会、政治或道德机构保留着一个最基本的问题：对于人来说什么是善的？对这一问题的回答限定了各机构寻求促进善的范围，也为其发展提供了取向与定位。[1] 美国哈佛大学教育哲学家凯瑟琳·埃尔金（Catherine Z. Elgin）的这一判断对于我们理解当前创客教育的价值具有重要启示意义。她提醒我们，把教育的目的看成为学生准备工作能力的这种普遍存在的信念遮蔽了一系列更加深刻的问题。在讨论创客教育的价值时，我们也需要看到，把创客教育看成为学生准备成为21世纪跨学科素养人才的能力或其他工作能力时，反倒会极大地阻碍学生将自己视为当前科学实践的参与者或至少是合法边缘性参与者，或者阻碍他们把自己看成知识的创造者、变革的能动者等。创客教育的根本内在价值是对人的发展价值，主要体现在培养个体的健全人格、促进个体的自我实现上。创客教育的工具价值是创客教育作为一种教育策略对教育发展乃至社会发展的价值，体现于教育变革方面的价值，以及经济和文化方面的潜在价值。

第一节　人的自我创造价值

“在创客空间中，我不仅是在创造东西，也是在创造自我。”[2] 教育要能够让儿童不断地认识到“我们要成为谁”，而不只限于知道“我们是谁”。只有这样，“我”才会知道“我”该如何表现改变（mutations）、变化（changes）和转变（transformations）。类似的，创客教育也试图通过

[1] 凯瑟琳·埃尔金：《为了知识而教和/或为了理解而教》，钱旭鸯译，《全球教育展望》2013年第5期。

[2] Grace Wingo and Kimberly M. Sheridan, “Beyond the Manifestos Equity and Learning in Makerspaces,” in *Makers, Crafters, Educators: Working for Cultural Change*, ed. Elizabeth Garber, Lisa Hochtritt and Manisha Sharma(New York: Routledge, 2019),pp. 77-79.

突破传统教育模式的窠臼，让儿童通过亲历、基于身体的创造发现自己的潜能，体验到这样的趋向、倾向，进而能够实现自我的创造。也就是说，表面看来，创客教育的确是以产品制造（product making）为表现形式，但从更加深层的意义来说，创客教育是学习者凭借创客项目进行自我创造（self-making）的过程。

一、品格塑造

修身成德的过程不是“信念的跃迁”（leap of faith），而是在“存有的连续”（continuity of being）基础上不断的内在超越。[1] 用何种方法才能挖掘出年轻人身上对自身作为一个“道德行动者”（moral agent）的敏感性和潜能，即意识到自己是自由的人，能够作为一个可以选择自己行动方案的人来考量当前的处境，是玛克辛·格林所认为教育面临的关键问题之一。[2] 它无疑也是我们今天指向立德树人的创客教育所要面对的重要议题。

（一）与环境建立联结

众所周知，良好的品格是难以通过教授来达成的，尤其是随着我们的环境所发生的巨大变化，如玛克辛·格林曾敏锐察觉到的，年轻人接受的品格教育已不再能够保证他们成长为正直善良的人。格林因此提醒我们需要意识到，教授规则、布道式的说教或提出善的概念都是那么苍白无力。[3] 格林所提供的策略是：每个人都应该和所处的环境建立起联结，与其自身的经验取得联系。每个人都应该利用自己的一切能力来了解行动可能产生的后果。[4] 从这一角度来看，今天的创客教育在形塑儿童的品格、道德自主性方面最为重要的价值在于它可以为儿童与其所处的环境建立联结提供机会，并且通过了解自己的创造行为所带来的后果、

[1] 张兵:《身体观研究视野下的“体知”述议》,《哲学动态》2010 年第 11 期。
[2] 玛克辛·格林:《学习的风景》，史林译，北京师范大学出版社，2016，第 60 页。
[3] Maxine Greene, *Landscapes of Learning*(New York: Teachers College Press, 1978),pp. 47-48.
[4] 玛克辛·格林:《学习的风景》，史林译，北京师范大学出版社，2016，第 61 页。

所创造的新的可能性而认识到自身在做出“行动选择”时的目的性指导。当儿童整合了自己的资源，为其设计、制作采取必要的“行动选择”时，他们也就踏上了“自我形塑”（self-formation）的旅程。我们可以以致力于服务学习项目的美国长颈鹿教育计划（The Giraffe Education Programs）的一个帮助盲人的服务项目为例来理解这一点。[1]这个项目是于2017年在阿根廷一所特殊教育学校开展的。

2017年，胡安娜曼索（Juana Manso）特殊教育学校的学生收到镇上康复中心的一封信，信中表示，该中心为许多盲人、视力低下者提供治疗，但是遇到了盲人患者所需手杖供不应求的问题。为此，学生想要解决手杖缺乏的问题，帮助他们正常方便地生活。参加这次学习的是四、五、六年级的学生，他们擅长木工方面的制作。他们将自己的专业知识与科技相结合，亲自动手设计了能够精确折叠材料的机器，并制作出了一体式铝制折叠手杖。除此之外，他们还加入了一些巧妙的设计，应用了一些新材料，使得设计制作出的手杖更适于盲人使用。具体项目内容与实施见表2–1。

表2–1 服务盲人创客项目

创客项目内容	具体实施
制作一体式铝制折叠手杖	·上网搜索信息，咨询专家，了解到盲人使用的手杖不同于普通的木制手杖，是铝制可折叠的。 ·实地考察，调查镇上几家骨科用品商店。 ·对要使用的铝材料进行分析。 ·对手杖使用者进行访谈，了解到手杖的不同颜色对应不同程度的视觉障碍。 ·做了充足准备后，根据搜集的材料设计能够精确折叠的手杖，然后由项目合作的工作室负责生产。 ·设计制作出来的手杖内有一根松紧带，底端材料设计采用了一种工程塑料，具有高韧性、良好的抗磨损性和表面防滑的特点。

首先，通过创客实践将学习者与其所在的社区联结在一起。如果创

[1] 朱纯艳、钱旭鸯:《美国的长颈鹿教育计划》,《上海教育》2019年第29期。

客教育仅仅指向培养制作技艺，则容易脱离培育实践智慧的目标定位。[1]如杜威曾认识到的，儿童到了一定的时期，必须扩展和更精确地认识现存事物；必须充分地设想目的和结果，以作为行动的指导；必须获取某些熟练的技巧，来选择和支配各种方法，用以达到这些目的。[2]创客教育作为一种参与性社会实践，其首要价值正在于它能够为学习者连接社会提供一条通道，尤其是为学习者实践“充分地设想目的和结果，以作为行动的指导”提供了机会。在该案例中，真实的创客项目将学生置于真实的社会环境之中，充分地关注到儿童在社区中的自我认同。这些特殊教育学校的学生作为社区成员，开展了富有挑战性且充满目的性的工作。何谓工作？在杜威看来，儿童的工作即“受目的指导的活动”，“在这一活动中，人们要完成某些事情，须有思维的加入才行；它意味着选择合适的方式、制订正确计划时，表现出来的机智和创造性；而且，最后也意味着期望和观念要由实际结果来验证”。[3]在这一服务盲人的创客实践过程中，学生为了完成盲杖的设计制作，不仅学习了有关金属材料使用的知识，更重要的是，经历了一个系统的选择合适的方式、制订正确计划的过程。由这一点来说，创客实践所涉及的道德选择不仅涉及行动，还涉及思考。[4]同时，受到学校、社区人士甚至政府的肯定和激励，也是对他们实践成果的最好验证。他们发现了自己的创造能力，发现了使用科学技术能够为社区带来积极的结果和希望。这也正是杜威和玛克辛·格林所共同强调的，学习者利用自己的一切能力来了解其行动可能产生的结果所具有的强大的道德教育价值。

其次，通过当前的创客实践经验激发未来的经验。杜威曾就经验的

[1] 郑燕林、李卢一:《培育实践智慧：创客教育的本质目标与实施策略探析》,《电化教育研究》2017 年第 2 期。
[2] 约翰·杜威:《我们怎样思维·经验与教育》，姜文闵译，人民教育出版社，2005，第 176 页。
[3] 同上书，第 174 页。
[4] 玛克辛·格林:《学习的风景》，史林译，北京师范大学出版社，2016，第 63 页。

两方面重要性质提出了深刻见解。他表示，任何经验都有两个方面的性质。一个方面是直接的，即适意的和不适意的，它能影响以后的经验。另一方面是当前经验可以激发学生渴望获得未来经验的愿望。杜威以人的生死为对照，对经验的这一性质进行了说明。他指出，正如人的生死是不由自主的，经验的生死也是不由自主的。每种经验完全不受愿望或意图的影响，每种经验都在未来的种种经验中获得生命力而生存下来（survived）。因而，以经验为基础的教育，其中心问题是从各种现时经验中选择那种在后来的经验中能够丰满而具有创造性的生活的经验。[1]参与盲杖的设计制作的经验对于儿童体验到自身的行为意义与价值无疑是弥足珍贵的，如项目所称，这个过程中所学到的东西将会影响他们的未来。这是因为在这个将自身与环境相联结，以及在真实环境中做出行动选择的过程中，学习者需要对自己行动可能产生的结果做出持续性的反思，并且还要通过反思对先前的体验展开更深层次的诠释，以为后续实践提供身体力行之依据。

在上述案例中，学习者不再是被动麻木的，而是积极主动的、具有改变现实能力的道德能动者。这也很好地回应了格林的判断，即问题不在于告诉年轻人应该怎么做，而在于帮助他们弄清楚自己应该做出什么样的选择，以及应该如何做出决定。[2]概言之，这种实践的价值在于它可以促进儿童与其所处的环境、与其经验建立起联结，即杜威所强调的经验的连续性（experiential continuum）。

（二）学会关心

"我认为，如果想要过上道德生活，人们显然需要一直具备一种能够在所处环境中识别出潜在的道德问题的意识。人们在今天不得不将日常生活的特定环境定义为道德情境，同时识别出其中可供选择的其他可能

[1] 约翰·杜威:《我们怎样思维·经验与教育》，姜文闵译，人民教育出版社，2005，第249-250页。

[2] 玛克辛·格林:《学习的风景》，史林译，北京师范大学出版社，2016，第62页。

性”[1]，玛克辛·格林如此表示。创客教育给了孩子发展关心、识别周遭环境中潜在道德问题的机会。它引导学习者将目光转向身边的他者，有生命的和无生命的、认识的人甚至不认识的人，并去留心他们的需要，思考是否可以通过自己的创造行动解决他们的问题、满足他们的需要。这体现了美国教育哲学家内尔·诺丁斯（Nel Noddings）所追寻的“一个崇高的道德目的”——“学会关心”，即关心自我，关心身边的人，关心陌生者和远离自己的人，关心动物、植物和地球，关心人类创造的物质世界，关心知识。诺丁斯的伦理性关心被作为一条伦理和道德教育的女性主义、关系路径。[2]这也为我们理解创客教育中的道德教育价值提供了一个关系伦理学（relational ethics）视角。

一方面，关怀与责任感有关。诺丁斯引证了字典中对“关怀”一词的解释——一种“专注”或“全身心投入”（engrossment）的状态，即在精神上有某种责任感，对某事或某人抱有担心和牵挂感。这是诺丁斯所指出的关怀的两种基本含义之一。拿创客教育来说，创客实践的目的是什么？创客们关心谁？想要解决的问题是什么？以美国最大的非营利性青少年发展组织 4-H 的一个创客项目为例，可以对此做出理解。2014 年夏天，纽约州约翰逊城市梦想中心的 4-H 的技术奇才们要为布鲁姆县的一个残疾居民建造轮椅坡道。参与项目的六名青年志愿者在经验丰富的木匠罗恩·温辛的指导下，花了三天的时间为一个居家养老的残疾人建造了一条 37 英尺长的坡道（见图 2-1）。项目结束之时，他们自豪地展示所学到的东西：他们不仅学会了基础的木工技能，还理解了项目施工中的工程原理，如测量、钻探、建造，但更为重要的是，他们体验到了关心他者、服务社区及为自己的社区开展有意义的行动所带来的满足感。“……我们能再做一次吗？”也就成了他们真实内心感受的写照。显然，

[1] 玛克辛·格林:《学习的风景》，史林译，北京师范大学出版社，2016，第 57 页。
[2] Nel Noddings, *Caring: A Relational Approach to Ethics and Moral Education*(California: University of California Press, 2013).

该案例中六位志愿者关心的是社区中的残疾人士，关心他们在出行中的安全与便利问题。

图 2–1　4–H 轮椅坡道项目

另一方面，关怀与了解被关心者的真实需要有关。这是诺丁斯所强调的关怀的第二个含义。“如果一个人对某人有期望或关注，他就是在关怀这个人。”我们知道，关怀一般是通过行为来表达的。用诺丁斯的话来说，“关怀行为就是根据具体情境中的特定个体及其特定需要做出的旨在增进其福祉、有益于其发展的行为”。这就意味着，关怀者在采取关怀行动之前，需要充分了解被关怀者的需要。在 4–H 轮椅坡道项目案例中，当六名志愿者在导师的指导下设身处地地考虑他者的需要，体现出了明显的他者性。类似的实践，在我国的中小学也有许多，杭州市保俶塔实验学校的创客课程就是其中一个典型代表。自 2015 年以来，保俶塔实验学校一直致力于实践其“CCTSS 课程”（关怀与创造种子课程），即关怀（Care）、跨学科（Cross）、技术与工程（Technology）、问题解决

（Solve）、种子（Seed）英文首字母的缩写。[1] 该课程强调让学生通过设身处地地站在别人的立场上，去洞察别人的困难和需求，提出一些创造性的项目，然后通过自己的聪明才智动手实践，提出解决方案并解决问题，以培养学生人文关怀与创造革新的品质。[2]

最后，诺丁斯认为，关怀需要得到被照顾者某种形式的承认，即关怀的人付出关心，只有当被照顾者意识到并做出回应时关怀才成立，诺丁斯将其描述为“在另一个人身上完成”（completed in the other）。从这个角度来说，关怀虽然不是功利性的，却显然是要考虑效果的。

如果学习的焦点在于鲜活的生活，那么它应该能使人们认识到向前发展的环境当中的缺失。在识别缺失和不足的过程中，他们可能会学会如何修复和超越。[3] 玛克辛・格林的这一判断可以作为创客教育研究者在发掘创客教育价值时需保持的一种反思意识。我们需要看见，如果说传统学校里普遍实行的那种外部灌输阻碍了而不是促进了儿童智慧和道德的发展，[4] 其原因之一就在于它割裂了儿童与真实的生活世界及其社会实践之间的关系，从而剥夺了儿童经验生长的机会；而在创客空间等与实际工作场所相似的创客实践场（practice field）中所开展的有目的性的工作，则试图修复儿童与真实生活世界之间的联结。杜威反对通过训练获得孤立的技能和技术，主张把技能和技术当作达到直接的切身需要的手段。[5] 创客教育虽然涉及诸多技能和技术的学习，但从创客实践的性质来说，它并非目的，而是手段，是儿童借以完成关心他者、关心世界的实践行动的手段。从这一意义上来说，创客教育首先是道德教育、品格教育。郑燕林、李卢一也主张，创客教育的目标不是培养有制作技能的

[1] 杭州市保俶塔实验学校:《关怀与创造种子课程——杭州市保俶塔实验学校的 STEAM 探索》,《浙江教学研究》2017 年第 1 期。
[2] 王理:《让关怀成为每个孩子的习惯》，腾讯视频，https: //v.qq.com/x/page/q01920cre80.html，访问日期：2020 年 12 月 5 日。
[3] 玛克辛・格林:《学习的风景》，史林译，北京师范大学出版社，2016，第 20 页。
[4] 约翰・杜威:《我们怎样思维・经验与教育》，姜文闵译，人民教育出版社，2005，第 245 页。
[5] 同上。

个体，而是通过支持学生参与创造实践，将学生培育成为有生存性实践智慧的社会化全人。[1]由此，创客实践既具有重要的理智发展价值，也具有独特的道德发展的意义。用皮亚杰的话来说，它能为儿童的道德自主（moral autonomy）和理智自主（intellectual autonomy）发展创造条件。[2]

二、能动性发展

学习过程中包含着身份建构，这是我们在理解创客教育价值时不可忽视的事实。玛克辛・格林曾感叹，今天的世界中，我们很难体会到自身的主观能动性；我们每天经历的日常生活似乎在持续地阻碍着我们发挥解放的能动性。[3]玛克辛・格林对自身能动性的一种“全面觉醒”（wide-awakeness）怀有极大的兴趣。在她看来，个体可以通过有意识的努力保持清醒，思考自己在世界中所处的环境。人们只有学会从日常生活中获得意义，才能发现自己具备了独立自主的能力。那时，他们才能培养出实现道德生活所必须具备的“主人翁意识”。[4]

从当前有关创客教育的研究、实践来看，“创客赋能”（maker empowerment）可以说是人们对创客教育价值的讨论中最重要的一个方面。如 ExCITe Center 的金博士等人所肯定的，“创客文化本身是一种赋能文化”，“它可以让人产生更高的自我效能感，并强烈渴望在社区中应用自己的技能”[5]。根据 AbD 项目组的理解，创客赋能就是一种对对象和系统的设计敏感性，并具有通过构建、修补、重新设计或黑客来塑造自己的世界的倾向和能力。这就要求我们不能仅把学习者看作“认知

[1] 郑燕林、李卢一:《培育实践智慧：创客教育的本质目标与实施策略探析》,《电化教育研究》2017 年第 2 期。
[2] Constance Kamii, “Autonomy: The Aim of Education Envisioned by Piaget,” *The Phi Delta Kappan* 65, no. 6 (Feb.1984):410-415.
[3] 玛克辛・格林:《学习的风景》，史林译，北京师范大学出版社，2016，第 24 页。
[4] 同上。
[5] Youngmoo E. Kim, Kareem Edouard, Katelyn Alderfer and Brian K. Smith, “Making Culture: A National Study of Education Makerspaces,” accessed September 22, 2020, https: //drexel.edu/~/media/Files/excite/Making-Culture-full-report.ashx.

实体”，还要从社会实践的视角看到学习者是参与实践、创造实践的能动者。

（一）学习者能动性

广义上讲，能动性是指个人做出选择并以改变生活的方式对这些选择采取行动的能力。[1]德国 20 世纪的伟大思想家汉娜·阿伦特（Hannah Arcndt）把人类理解为行动存在（active being），并将人类的行动生活（active life）概括为三类：劳动（labor）、工作（work）和行动（action）。对阿伦特而言，行动首先意味着主动性，意味着开始新的事物，并且把新的事物带到世界中来。[2]在阿伦特看来，我们每个人都是独一无二的，不是因为我们拥有一个身体并且需要用劳动来保持我们身体的事实，也不是因为我们通过工作来改变我们的居住环境；我们每一个人之所以是独一无二的，是因为我们拥有做之前未曾做过之事的潜力。[3]以此观之，今天学习者所采取的创客行动亦具有重要的发挥与发展儿童主动性、能动性的价值。

事实上，学习者能动性（leaner agency）是近些年国际教育领域中的一个热点议题。虽然不少人认为这一概念是德里克·温墨斯（Derek Wenmoth）在核心教育论坛（CORE education）发布的 2014 年十大教育发展趋势中首次提出的。但事实上，就连温墨斯本人也说，“几个世纪以来，能动性的概念一直都是教育思想和实践的核心”[4]。在这之前的数十年间，大量有关“自主学习”等的心理学研究中都或直接或间接地包含着“学习者作为能动者”的观点。其中，心理学家班杜拉（Albert Bandura）在社会认知理论基础上发展起来的“自我指导”（self–regulation，又译

[1] Jack Martin, “Self-Regulated Learning, Social Cognitive Theory, and Agency,” *Educational Psychologist* 39, no. 2(June. 2004):135-145.

[2] Hannah Arendt, *The Human Condition*(*2nd Edition*)(Chicago: The University of Chicago Press, 1998),p. 7.

[3] Ibid., p. 117.

[4] Derek Wenmoth, “Ten Trends 2014,” CORE Education, accessed November 20, 2020, https: //core-ed.org/research-and-innovation/ten-trends/2014/learner-agency/.

“自主”）理论就特别强调学习者的能动性。对于班杜拉而言，自我指导旨在“扩大行动自由，使人们能够通过选择、影响和构建自己的环境来成为自己生活历程的因果贡献者”[1]。温墨斯则从更具体的层面归纳了学习者能动性的三大核心特征：学习者的主动性或自我指导；能动性是相互依存的；能动性包括对自己的行为、对环境和他人所负责任的认识。以此为框架，我们可以对创客教育中赋予学习者能动性的重要价值做出考察。

1.“我能做到”品性的形成

能动性是指学习者在可以行使其能动性之前，必须先相信自己的行为和学习方式能够给特定学习环境中的自己带来改变，即有一种个人能动意识。由于创客过程同时强调行动力和目的性，根据巴黎笛卡儿大学的卡罗拉·米克（Carola Mick）对教育体系中能动性的维度分析可以发现，创客教育可以让学习者的能动性得以实践与发展。

首先，从行动力方面来说，创客对于自己“能做什么”和“能学会做什么”有着明确的认识。如希亚·拉博夫（Shia LaBeouf）所说，“不要让梦想成为梦想”，创客们不是将梦想停留于梦想，而是具有一种坚定的行动力。哈佛大学零点项目的 AbD 项目通过大量对创客教育实践者的访谈发现，创客教育最重要的影响并不是学习相关的知识和技能，而是塑造品性，发展学生学习和创造的动力，尤其是培养一种“我能做到”（I-can-do-it）的态度，以及面对不确定性的品性。项目组发现，创客教育的这种创客赋能可以帮助学习者发展出从设计的角度来看待事物和系统的敏感力，把世界看成可改造的，并且拥有通过不同途径来改造世界的热情与能力。这也正是项目组取名“以设计促进能动性”（Agency by Design）的重要原因。行动力意味着在创客实践过程中，学习者受内部目标而非外部目标的驱动；他们从不坐等将来的创造和制作，而是感知立

[1] Albert Bandura, “Toward a Psychology of Human Agency,” *Perspectives on Psychological Science* 1, no. 2(2016):164-180.

刻付诸行动的紧迫感——否则就可能永远丧失行动的机会。

其次，从目的性来说，学习者根据特定的目的，将可用的各类资源进行情境化使用，并且将自己作为社会主体置于周遭社会环境中，通过自己的创造性学习活动，带来个体和社会机构的转变。[1]如石晋阳、陈刚所述，作为行动者的创客，不是机械盲目的模仿者，而是积极自觉的行动者。在创造实践过程中，创客有意识地提升并有效应用默会能力，才能丰盈个体心灵，发展人类文化。[2]

这种“我能做到”的意识与个人的自信心密切相关。在创客实践共同体中的参与，富有挑战性的创造实践要求学习者开展自我主导的学习、向他人学习。此时，学习者有能力感知自己的学习状态并有能力主导学习的过程。这一学习与实践的过程允许学习者获得自身的专业发展，也因而获得对自己的专业知识、对改变个人生活的信心。事实上，许多创客教育研究与实践都将“通过创客教育培养学生的综合能力、创造性和自信心，赋能他们成为个人生活和社区中的变革能动者（agents of change）”作为创客教育的核心价值。譬如，美国旧金山著名创客空间探索馆（Exploratorium）中的修补工作室（Tinkering Studio）主任威尔金森（Karen Wilkinson）及其同事们将这样一种倾向称为“修补匠品性”（tinkerer’s disposition）。他们认为，这种自信心和素养的发展可以帮助学习者更加自在地面对修补过程中的不确定性。

2. 意识到自己的决定与所采取的行动会带来的后果

能动性是相互依存的，意味着学习者的能动性并非只是有关一个学习者孤立地做着自己喜欢的事情。最为关键的是，学习者必须意识到自己的决定和所采取的行动会带来的后果，而且在他们行使自身能动性时能够考虑到这一点。当学生的知识、经验和愿景成为课程时，他们的学

[1] Dale Dougherty, “The Maker Mindset,” in *Design, Make, Play: Growing the Next Generation of STEM Innovators*, ed. Margaret Honey and David E. Kanter(New York: Routledge, 2013),p. 8.

[2] 石晋阳、陈刚:《论创客教育的默会知识论基础：反思与重构》,《电化教育研究》2017 年第 4 期。

习可能会为社会变革创造行动。[1]这正是多尔蒂对创客教育的期待。他鼓励年轻创客突破传统路径，通过自身的探索、创造、发现，寻找到自己的道路。[2]从这一意义来说，创客实践让学习者成为自身学习的能动者的同时，也让他们成为所属教育机构、社会机构潜在的变革能动者。

当学习者在创客过程中以“学生”之外的身份参与社会实践时，它为学习者提供了“真正有意义的角色或参与纵向项目的机会，这是正规的学习环境不能轻易为年轻学习者群体提供的”[3]。这也正是希思（Shirley Brice Heath）特别强调我们要在学习者身份发展过程中给予他们扮演“学生”以外其他角色的机会的原因。当学习者以“学生”之外的身份进行工作并创造出价值的时候，可以更真实地感受到自身决定和行动所带来的可能后果。杜威曾严肃地警告我们：成年人决不能以普通成年人工作的结果作为价值标准，去判断儿童活动的价值；如果以成人的工作来衡量，成年人一定会认为儿童的活动近乎没有什么价值。成年人必须从儿童亲自去进行计划、发明、机智、观察的角度来判断其价值，同时还必须时时记住：即便是成年人极熟悉的事情，也会引起儿童的激情和思维。[4]杜威认为，从智力活动的意义上来看，儿童的“工作”具有极大的教育价值，因为这些“工作”在把各种意义应用于现实条件并加以验证的同时，也继续创造了一些意义。

3. 社会责任感的形成

能动性包括对自己的行为、对环境和他人所负责任的认识。这体现了能动性之社会联结性（social connectedness）的维度，意指学习者做出

---

[1] Ken Osborne, *Teaching for Democratic Citizenship*(Toronto: Our Schools/Our Selves Education Foundation, 1991).

[2] Dale Dougherty, “The Maker Mindset,” in *Design, Make, Play: Growing the Next Generation of STEM Innovators*, ed. Margaret Honey and David E. Kanter(New York: Routledge, 2013),p. 8.

[3] Shirley Brice Heath, “Seeing Our Way Into Learning Science in Informal Environments,” in *Research on Schools, Neighborhoods and Communities: Toward Civic Responsibility*, ed. William F. Tate IV (New York: Rowman& Littlefield Publishers, Inc.,2012),pp. 249–267.

[4] 约翰·杜威:《我们怎样思维·经验与教育》，姜文闵译，人民教育出版社，2005，第 175 页。

的每个决定及其所采取的行动都会影响他人的思维、行为或决定。根据创客空间中的实证研究发现，许多人经历了创客的赋能文化，从而提高了自我效能感，并强烈渴望在社区中运用自己的技能。他们也的确经常使用在创客空间中学到的设计知识和技能来改善学校和当地社区的其他方面，例如教室和体育设施的维护。[1] 布卢姆－罗斯（Alicia Blum-Ross）等人对儿童医院里的创客空间的研究表明，创客空间具有解放和治疗的价值，它有助于让年幼的患者在管理环境、学习和健康方面感到更有能动性。[2] 这与卡罗拉·米克根据"关系社会学"对教育体系中的能动性做出的理解有着共通之处。米克认为，"能动性是基于社会化与主体化之间相互关系的一个三维过程"。在这个过程中，个体"通过对可用的、已存档的社会资源（迭代性）的情境化使用（实际评估要素），将自己作为社会主体，对未来的行动进行预测（预测性）"。米克在其实证研究的基础上表示，教育中同时进行的社会化和主体化可以为行动者提供重新 / 共同建构他们所处社会的可能性。[3]

与此相仿，创客教育的价值也体现于通过创造这一有意义的社会行动让学习者成为自己学习、创造的主体，并以能动者、行动者的身份投入社会行动，开展持续性的社会实践、科学实践、文化实践，进而建构其安身的社会。加拿大卡尔加里大学的亚内斯（Gabriela Alonso Yanez）、约克大学的苏姆勒特（Kurt Thumlert）等人在他们有关"生产教育学"（Productive Pedagogies）的论述中表示，指向创造真实的文化性人工制品（cultural artifacts）的生产教育学之"成果"不仅仅是潜在的更丰富的能力的获得，更重要的是，学习者对正在做的事情的过程和产品的真实的

[1] Youngmoo E. Kim, Kareem Edouard, Katelyn Alderfer and Brian K. Smith, "Making Culture: A National Study of Education Makerspaces," accessed September 22, 2020, https: //drexel.edu/~/media/Files/excite/Making-Culture-full-report.ashx.

[2] Alicia Blum-Ross, Kristiina Kumpulainen and Jackie Marsh(eds.),*Enhancing Digital Literacy and Creativity: Makerspaces in the Early Years*(London and New York: Routledge, 2020),p. 4.

[3] Carola Mick, "Learner Agency," *European Educational Research Journal* 10, no. 4(2011):559–571.

情感投入。之所以说是真实的情感，是因为这种生产性行动是服务于学生自己的社会世界和生活的。当学习者扮演研究者、设计师和创造者的角色时，他们需要负责任地、批判性地参与问题和利害关系，因此也具有了识别、解释和共同定义这种利害关系和需求的能动性，也因而能够以不同的方式来“做”（do）科学研究，即开展实践并且叙述他们自己的科学和科学实践。[1]

我们都意识到，很少有人会问自己对生活做了什么，是否充分利用了自己所有的自由，是不是默许模式化的行为和角色化的任务施加在自己身上。[2]从这一意义上来说，创客教育作为支持身份认同发展，尤其是能动性发展的实践活动之价值其实并不限于儿童学习者，也适用于那些渴求学会从日常生活中获得意义、渴求具备解放自身能动性的人。这也是戴尔·多尔蒂在最初发起创客行动时的一个重要期许。他更愿意从与创造气质相关联的人的角度，而不是从创造活动发生的方式或地点的角度来理解创造行动。

（二）由消费者到创造者

“如果那些与我们所栖居世界的交互可以促进、激发我们去创造的话，我们就是创客。”[3]通过强调创造性学习活动，让学习者成为主动的创造者，而不是被动的消费者，是创客教育的另一个赋能价值体现。这既包括由产品的消费者到产品的生产者，更包括支持这一转变发生的另一个层面的转变：由知识的被动消费者到知识的创造者[4]。

---

[1] Gabriela Alonso-Yanez, et al., “Towards a Production Pedagogy Model for Critical Science and Technology Interventions,” in *Critical, Transdisciplinary and Embodied Approaches in STEM Education,* ed. Pratim Sengupta, Marie-Claire Shanahan and Beaumie Kim(Cham: Springer Nature Switzerland AG, 2019),pp. 41-60.

[2] 玛克辛·格林:《学习的风景》，史林译，北京师范大学出版社，2016，第 55 页。

[3] Dale Dougherty, “The Maker Mindset,” in *Design, Make, Play: Growing the Next Generation of STEM Innovators*, ed. Margaret Honey and David E. Kanter(New York: Routledge, 2013),p. 11.

[4] Sang-Yeal Han, Jaeheung Yoo, Hangjung Zo and Andrew P. Ciganek, “Understanding Makerspace Continuance: A Self-Determination Perspective,” *Telematics and Informatics* 34, no. 4 (2017):184-195.

1. 由产品消费者到产品生产者

在美国国家研究委员会（National Research Council，NRC）委托的《确定并支持校外环境中的有效 STEM 项目》报告中，希琳·沃索（Shirin Vossoughi）和布朗温·贝文（Bronwyn Bevan）提醒我们有必要看到，当前风靡的创客行动可以分为三类：作为企业家精神和/或社区创造力；作为 STEM 途径和劳动力发展；作为基于探究的教育实践。[1]其中，第一类是创客运动发起之初便着力推动的。众多公司投资建立了各类供公众访问、使用的配有丰富创客工具、资源、设施的创客空间，诸如国外的各类 TechShop、Fab Lab、Makerspace 以及国内的各类创客空间、众创空间，如柴火创客空间、李大维在上海创立的“新车间”、浙江大学国家大学科技园管委会牵头建立的浙大 e-WORKS 等等。研究表明，这些环境下的活动和互动通常以合作和创新为特征，而这些空间背后的另一个驱动力是为个体企业家提供获得生产资料的机会。这些设施允许个人构建和测试在某些情况下可以推向市场的想法和对象。[2]

教育界将这一实践引入学校创客空间之后，也是期待学习者能够投身到社会实践、文化实践而创造富有个人意义和/或集体意义的人工制品。李·马丁与其同事科林·狄克逊（Colin Dixon）在 2013 年时曾对 17 名年轻创客（年龄在 12—18 岁）开展了一项有关创客、创客运动以及对自身作为创客的认知的访谈研究。研究发现，这些年轻创客通常将创客与消费相对应，并且将创客喜欢生产的产品定位为“典型的创造性产品”，而非“普通的产品”。如马丁和狄克逊所说的，年轻人在日常生活中遇到的许多技术都有一个“黑匣子”性质：它正常工作，但它的工作原理是隐藏的。[3]在创客活动中，由于生产和消费是融为一体的，这也

[1] Shirin Vossoughi and Bronwyn Bevan, “Making and Tinkering: A Review of the Literature,” *National Research Council Committee on Out of School Time STEM*.

[2] Ibid..

[3] Lee Martin and Colin Dixon, “Youth Conceptions of Making and the Maker Movement” (paper presented at the Interaction Design and Children Conference, New York, June, 2013).

有助于学习者了解一件商品是如何生产的，以及与之相关的资源、工具、材料等方面的知识，他们也因此打开了商品制造与生产的“黑匣子”。

2. 由知识消费者到知识创造者

创客空间除了为青年人的知识和技能发展提供一个环境之外，还为他们提供了一个探索和弄清楚自己作为思考者和学习者之身份认同的空间。[1]美国新媒体联盟发表的《地平线报告（2016 基础教育版）》显示，学生正在从消费者转变为创造者，越来越多的学生不再仅仅简单消化和吸收不同学科的教学内容，而是通过实践和创造来学习。[2]

正如保罗·弗莱雷（Paulo Freire）所称，“知识只有通过发明与再发明，通过人类在世界中、与世界一道以及与彼此之间追求的永不满足的、不厌其烦的、持续性的、充满希望的探究才能涌现”[3]。创客教育允许学习者有时间和空间进行有趣的探索和实验，通过游戏性的、实验性的设计、制作、修补、捣鼓等探究问题，获得概念上的理解，并发展其创客素养。在这一创客实践中，每一个人均有机会展示自己的聪明才智，作为一个学习者、一个创造新手或一个专家、一个多元的意义创造者。我们知道，学习必须是一个发现和再发现的过程，以回应具体情境下生活中产生的有价值的问题。如玛克辛·格林所说，“学习必须以某种解放的方式进行”[4]。基于创客的学习正是学习者致力于回应、解决在具体情况下意识到的生活中的问题，这一发现和再发现的过程允许学习者以“解放的方式”改变被动知识接收者的状态，打破惯例束缚，释放自己的想象力、创新性、创造力，还有至为重要的创造热情，甚至发现自己先前尚未发现或

[1] James G. Greeno, “Framing Intellective Identities, Intellective Characters, and Epistemic Values,” in *Educating Comprehensively: Varieties of Educational Experiences*, ed. Linda J. Lin, Edmund W. Gordon and Herve Varenne(Lewiston: The Edwin Mellen Press, 2010),pp. 19-42.

[2] Samantha Adams Becker, Keith Krueger and Michele Cummins, *NMC/CoSN Horizon Rport: 2016 K-12 Edition*(Travis: The New Media Consortium, 2016),pp. 1-52.

[3] Paulo Freire, *Pedagogy of the Oppressed*(*30th Anniversary Edition*),trans. Myra Bergman Ramos(New York: Continuum, 2014),p. 72.

[4] 玛克辛·格林:《学习的风景》，史林译，北京师范大学出版社，2016，第 20 页。

发掘的可能性。

需要指出的是，这样的赋能价值并非成人创客或年龄较大的青少年创客所独有。由欧盟委员会 Horizon 2020 项目研究资助的“MakEY”（Makerspaces in the Early Years，即早期教育中的创客空间）就以长达两年的实证研究向我们展示了创客教育是如何赋能年龄较小的儿童（如 3—8 岁的儿童），使其成为知识创造者的。MakEY 项目是一个由丹麦、芬兰、德国、冰岛、挪威、罗马尼亚、英国和美国等国家的研究者、教育工作者、图书馆工作者、博物馆教育工作者、艺术家及创客空间工作者所共同参与的一个国际跨区域协作创客教育研究项目。在该项目中，研究者通过让 3—8 岁的儿童参与创造性活动，使他们可以使用各类专业工具和资源创建一系列人工制品，以发展其数字素养和创造性技能。其中，英国 MakEY 项目由谢菲尔德大学的杰基·马什（Jackie Marsh）教授领衔，他主要依托谢菲尔德的两个托儿所和两个小学来开展项目。在诺福克社区小学开展的一个以“游戏空间”为主题的项目中，MakEY 主要让孩子们反思自己在游戏社区空间的表现，并将这些反思作为想象力和创造性工作的刺激，在虚拟现实中开发自己的游戏空间。该项目以 7 岁和 8 岁的两个班级为对象，重点关注在虚拟场景中通过数字技术创建游戏以培养儿童的创造力。实验一开始，孩子们首先使用平板电脑的摄像头拍摄附近最喜欢的游戏空间，将图像打印出来，制作拼贴画，作为虚拟空间的基础；然后再使用黏土和其他材料创建一个包含在游戏空间中的物体模型；继而在平板上使用 Qlong 应用程序创建 2D 物理模型和 3D 数字图像；再接着，孩子们戴上头戴式设备，使用带有笔记本电脑的 HTC Vive 设备创建虚拟现实游戏世界。其中，黏土模型的虚拟形式由成人导入到 Google 虚拟现实应用程序 Tilt Brush 中，然后孩子们可以围绕虚拟模型创建一个虚构的游戏场景。

可以看出，该 MakEY 项目在整个活动过程中赋能孩子，让孩子们拥有学习的自主权——他们可以拍摄自己喜欢的场景作为游戏空间，充分发挥其想象力和创造力。同时，这一创造性活动虽然并不是十分复杂，但对于7—8岁的孩子来说仍是一个较大的挑战。孩子们在有限的时间内不但要掌握iPad、Qlong应用程序、VR设备的使用等技能，还需要将手工制作、色彩搭配、空间构造相结合而进行真实产品的创造。这样的实践活动对于儿童来说无疑是印象深刻的，正如一个孩子在讲述自己对这个过程的体验时惊呼道："我看到了天堂！"[1]

在这样的创造情境中，学习的重点在于参与性、文化实践——7—8岁儿童以创客新手的身份参与到实践共同体中，这也是他们逐步走向中心的必经途径。经由这样的参与，儿童作为知识创造者的身份发展和其知识化技能的发展非但不是分离的，而且还的确如莱夫和温格所说，是"在实践共同体的情境中通过合法的边缘性参与而交互作用"[2]。当然，若以杜威的儿童之制作本能（the instinct of making）来看，与其说是创客教育促进了学习者由消费者向创造者的身份转变，不如说是创客教育为学习者重新发现其创造的兴趣、发挥其创造的本能提供了环境。

三、创客思维培养

教育并不只是被动地吸收事实和文化传统，它还向思维挑战，使思维具备积极的、胜任的、彻底的批判力，去面对复杂的世界。[3]美国当代著名哲学家、公共知识分子玛莎·努斯鲍姆（Martha C. Nussbaum）的这一判断对于我们理解复杂性数字时代中的创客教育之价值尤具启示意义。对于创客教育来说，思维培养同样是其核心价值所在。"除非我们真正做到培养了创客思维，否则我们就不能说是成功地培养了创新性的思考者

[1] 王佑镁、宛平、赵文竹、杨刚：《从创客到创造性公民：智慧教育视野下的创客公民及其培养》，《电化教育研究》2019年第11期。
[2] J. 莱夫、E. 温格：《情景学习：合法的边缘性参与》，王文静译，华东师范大学出版社，2004。
[3] 玛莎·努斯鲍姆：《功利教育批判：为什么民主需要人文教育》，肖聿译，新华出版社，2017。

和实践者。”在《创客思维》一文中，戴尔·多尔蒂这样表示道。他认为创客思维是培养创新思考者和实践者的关键。[1]除了大量对创客思维进行讨论的理论贡献或实践研究之外，也有部分学者以严谨的研究设计为创客教育在培养创客思维方面的价值提供了实证证据。例如，美国佛罗里达大学“具身学习与交互实验室”主任莎伦·朱（Sharon Chu）及其同事就对小学生（3—5 年级）开展了一项有关创客对自我认知之影响的实证研究，试图通过培养创客思维帮助孩子建立“我是创客”的自我认同和自我概念。在这一基础上，莎伦·朱明确表示，“我们认为，将创客视为培养‘创客思维’的一种手段是至关重要的，这种思维方式的影响远大于小学阶段任何特定学科的教学”[2]。

什么是创客思维？在《培养创客：孩子、工具与未来创新》一书中，作者美国圣·托马斯工程学教授托马斯（AnnMarie Thomas）通过对年轻成人创客们进行访谈以了解是什么促使他们成为今天的创客的。她发现以下八个方面的特质对于培养年轻创客来说非常重要：①创客们具有好奇心，他们是探险家，追求自己感兴趣的项目。②创客们是爱玩的，经常做一些充满奇思妙想的项目。③创客们愿意承担风险，不害怕尝试以前没有做过的事情。④创造们具有责任担当，愿意承担能够帮助他人的项目。⑤创客们具有毅力，不轻易放弃。⑥创客们是足智多谋的，能在不可能的地方寻找材料和灵感。⑦创造们具有分享精神，分享他们的知识、工具和支持。⑧创客们是乐观的，相信自己可以改变世界。[3]

除了托马斯，其他研究人员和以创造者为中心的学习的倡导者也提出了创客经历支持的其他非认知技能，包括灵感、协作、成长型思维模

[1] Dale Dougherty, “The Maker Mindset,” in *Design, Make, Play: Growing the Next Generation of STEM Innovators*, ed. Margaret Honey and David E. Kanter(New York: Routledge, 2013),pp. 7-11.

[2] Sharon Lynn Chu, et al., “Making the Maker: A Means-to-an-Ends Approach to Nurturing the Maker Mindset in Elementary-Aged Children,” *International Journal of Child-Computer Interaction* 5(Sep. 2015):11-19.

[3] AnnMarie Thomas, *Making Makers: Kids, Tools, and the Future of Innovation*(Sebastopol: Maker Media, Inc.,2014).

式、动机以及对失败的积极态度。例如，ExCITe Center 2018 年发布的《创客文化：一份有关全国教育创客空间的调查研究》，首次对美国全国范围内 K–12 教育创客空间进行了深入调研。经调查发现，参与者将自己在创客空间中的经历与学校其他经历区别开来，认为创客空间培养出了一种明显更积极的心态。如图 2–2 的访谈结果显示，学生在参与创客空间后描述学校最常用的词发生了变化。同时，学生们还表示，参与创客空间后，他们找到了学校学到的知识与周围世界之间的新联系（即“不同的方式看待世界”），并且更愿意与朋友和家人分享他们的工作了。[1]

图 2–2　学生参与创客空间前后描述学校最常用的词（来自学生访谈）

下表是有关创客思维构成要素的几种代表性观点。

表 2–2　创客思维的要素

研究者	创客思维的要素
戴尔·多尔蒂	·是一种“能做到”的态度。 ·是请大家采纳想法并将其转变为各种现实的邀请。 ·是迭代项目以进行改进的过程。 ·是一个通过分享您的工作和专业知识来参与所有年龄段的创客社区的机会。

[1] Youngmoo E. Kim, Kareem Edouard, Katelyn Alderfer and Brian K. Smith, “Making Culture: A National Study of Education Makerspaces,” accessed September 22, 2020, https: //drexel.edu/~/media/Files/excite/Making-Culture-full-report.ashx.

续表

研究者	创客思维的要素
李·马丁	·游戏性（playful） ·面向资产和成长型的（asset or growth oriented） ·积极面对失败（failure positive） ·协作的（collaborative）
丽莎·瑞格拉（Lisa Regalla）等	·好奇心 ·用跨学科的方法来应对挑战 ·通过游戏获得社交情感能力 ·乐于分享和合作的性格 ·成长型思维 ·面对挫折时的韧性
妮科尔·梅尔斯（Nicole Myers）	·去做就对了！（Just Do It） ·停止，协作和聆听（Stop, COLLABORATE, and Listen） ·向观众提问（Ask the Audience） ·错误 = 学习（Mistakes = Learning） ·镜子，镜子（Mirror, Mirror）

由表 2–2 所示的创客思维的内涵或要素理解可以看到，不同的学者对于创客思维是什么有着不同的侧重。但总体来说，我们可以看到，创客思维既包括非认知的成分，如成长型思维；也包括认知的成分，如反思性思维。

（一）成长型思维

斯坦福大学心理学家卡罗尔·德韦克（Carol S. Dweck）在《思维模式》一书中提出了富有影响的“成长型思维模式”（growth mindset）和“固定型思维模式”（fixed mindset）的概念。[1] 其中，具有成长型思维的学习者相信，个人的智力是发展性的，可以随着时间的推移而提高。他们的能力可以通过成功、错误和坚持不懈的努力不断地发展、改进和完善。而具有固定思维的个人认为，智力是静态的、“天生”的，如有些人能够自然而然地擅长不同的科目。由于创客思维与“成长型思维模式”

[1] Carol S. Dweck, *Mindset: The New Psychology of Success*(New York: Ballantine Books, 2016).

有着许多共通之处，包括戴尔·多尔蒂在内的许多人都将创客思维模式作为一种成长型思维的具体表现。[1] 概括起来，创客教育中的成长型思维主要体现于面对挑战、错误、挫折等方面的心态。

首先，从面对挑战的心态来看，成长型思维欢迎挑战并将问题作为有趣的新障碍来解决。而具有固定型思维的人倾向于回避挑战，在事情变得艰难时较容易选择放弃，对批评反应不佳。然而，学习者在创客实践中势必将面临来自跨学科的复杂性任务的挑战。以下例子中这位 16 岁的男孩儿为了省钱，想买一把可以轻松升级的电吉他的故事就证明了这一点。在决定买电吉他的过程中，这位男孩儿很快意识到，大多数平价电吉他使用的是低质量的电子元件，具有相同的通用外观，但价格仍然很高。为了解决这个问题，他自己动手设计并制造了一把模块化吉他（见图 2–3）。这是一款价格实惠、可更换部件的吉他，允许用户根据需要进行动态配置。经过两年的时间和七次修改，他作为美国创客教育（Maker Ed）“青年创客计划”的一员，在 2014 年加州圣马特奥的创客嘉年华上展示了他的设计并获得了极大的支持。[2] 可以看到，这位青年创客不但注意到现实生活中的问题、愿意接受持续性的挑战，还将自己

图 2–3 模块化电吉他

[1] Dale Dougherty, “The Maker Mindset,” in *Design, Make, Play: Growing the Next Generation of STEM Innovators*, ed. Margaret Honey and David E. Kanter(New York: Routledge, 2013),pp. 9-10.

[2] Lisa Regalla, “Developing a Maker Mindset,” in *Makeology: Makerspaces as Learning Environments(Volume 1)*,ed. Kylie Peppler, Erica Halverson and Yasmin B. Kafai(New York: Routledge, 2016),pp. 257-272.

对音乐的热爱与STEM跨学科内容结合起来，完成了他想解决现实生活中问题的挑战，并设计了负担得起的解决方案。

其次，从面对错误的心态来看，成长型思维允许人们犯错误并从中吸取教训，而不会让错误阻止他们的进步。学校教育中有许多学习活动会被贴上“失败”的标签，如犯错误，这些词可能（合法地）带有负面的含义，而且不太容易被重新定义，尤其是在孤立的活动或背景下。但是，如美国“STEM头脑”（STEM MINDS）的课程开发主任妮科尔·梅尔斯所强调的，在创客教育中“错误＝学习”，即将错误视为学习和改进的机会。创客们谨记阿尔伯特·爱因斯坦（Albert Einstein）的教诲：“避免犯错误的唯一方法是没有新想法。”需要注意的是，由于在创客教育中教师的直接讲授和指导要少了许多，而学生的主动探索要多许多，这可能会导致学生有时会犯错误或走上可能导致意外结果的道路。这样的挫折是自然的，也是值得的。然而，这并不意味着我们需要人为地制造孩子们的失败经历。现在的许多书籍和论文都称赞错误和失败的价值，认为这是创新思维的关键。教育工作者也被告知，硅谷的口号是“早失败，常失败”，似乎是说对风险投资家有利的事情对孩子们来说也是有好处的。但是在马丁内斯和斯塔格看来，这在某种程度上是对失败的迷恋（Fetishizing Failure），“更像是口号而不是进步”。在他们看来，这其实是将创客教育中的“迭代”与“失败”混为一谈。[1] 其实任何一个迭代设计周期都是为了不断改进、保留有效的东西、处理无效的东西，这也是创客教育尤其注重“原型设计”的原因。因此，创客过程中的持续性迭代设计恰恰是学习，而非失败。

再次，从面对挫折时的心态来看，成长型思维注重面对挫折时的韧性。虽然作为人类，我们不喜欢挫败的感受，但是创客面对的通常是棘手的问题，挫折在所难免。研究发现，参与者的韧性得分与选择留在

[1] Sylvia Libow Martinez and Gary Stager, *Invent to Learn: Making, Tinkering, and Engineering in the Classroom*(*2nd Edition*)(Torrance: Constructing Modern Knowledge Press, 2019),p. 74.

创客空间之间有很强的正相关。这表明创客体验通常是一个令人沮丧的通过失败进行渐进式学习的过程。正如探索博物馆（Exploratorium）的“STEM 学习与创新”项目主任丽莎·瑞格拉提醒的，我们需要看到的是，有时，当年轻人制定出自己独特的策略来克服挫折时，“挫折时刻之美”也就出现了。当我们在挫折中挣扎的时候，我们其实是处于一个“无形”（invisible）的学习过程。虽然表面上什么都看不到，但“齿轮仍在转动，进展仍在发生”。为此，我们需要认识到并重视学习中所包含的虽然不那么明显但同样重要的一面。[1]

当学习者在创客实践中表达和实践这些思维特征时，他们会形成一种创客思维，培养出解决问题的灵活视角，适应尚且“不知道”的问题，并带着好奇心来开展行动。在创客实践中，好奇心最初可能是为了推进或完成项目，增强对某个领域的理解而产生的。但当创客们带着“下一步是什么？”“用这种材料还能做什么东西？”“这项工作怎么样？”“这需要多长时间？”“我应该从哪里开始？”“我完成后该怎么办？”等问题不断思考时，好奇心就帮助他们打开了探索未知的大门。可见，成长型思维不但与当前创客实践中的问题解决有关，也有益于学习者更好地面对贯穿他们一生的不确定性，让他们在不断变化的情境中变得更富有灵活性、具有更强的适应力，以及乐于接受未知的情况等。换言之，在创客教育中，不仅仅是让学习者学会不同领域的知识技能，更是希望他们能够拥有解决问题、面对未知的能力，以成长型思维影响当下及未来。

[1] Lisa Regalla, “Developing a Maker Mindset,” in *Makeology: Makerspaces as Learning Environments*(*Volume 1*),ed. Kylie Peppler, Erica Halverson and Yasmin B. Kafai(New York: Routledge, 2016),pp. 257-272.

（二）反思性思维

镜子，镜子（Mirror，Mirror）[1]

不，您不会问“谁是其中最公平的？”相反，您要问自己：

· 我该如何改善？

· 什么是有效的？什么不太奏效？

· 我成功在哪些地方？我将来如何利用它来帮助我？

· 我下一步要做什么？

· 我从这次经历中学到了什么？

以上这段话是妮科尔·梅尔斯在讨论“创客思维是什么”时提到的。这些问题的确也反映了创客实践过程中，学习者常常会问自己的一系列问题。玛克辛·格林认为，“基于背景意识提出的问题才真正具有相关性和价值”，因为“它们可能被导向经验的现实，因此能够激发重要的反思”。梅尔斯所提的这几个问题就是基于背景的，表现出明显的反思性倾向。它们如同镜子一样，让学习者反观自己的来时路的背景。玛克辛·格林据此判断，如果提出问题的人这样做的话，他们将很快变成学习者。教育者的目标是教会他人如何学习。[2]这种观点与杜威关于反省思维的思想有着异曲同工之妙。

杜威认为，就学生的心智而论（即某些特别的肌肉能力除外），学校为学生所能做或需要做的一切，就是培养他们思维的能力。如果所获得的技能没有经过思维，就不了解使用技能的目的。[3]对于创客教育来说，比掌握如何使用各类设计与制造技术更重要的是形成反省思维、设计思维、计算思维等。杜威曾一再提醒我们，我们不是从经验中学习，而是

[1] Nicole Myers, “What is a Maker Mindset?” April 3, 2017, accessed January 18, 2020, https: //stemminds.com/what-is-a-maker-mindset/.

[2] 玛克辛·格林:《学习的风景》，史林译，北京师范大学出版社，2016，第 3-4 页。

[3] 约翰·杜威:《民主主义与教育》，王承绪译，人民教育出版社，2001，第 167 页。

从反思我们的经验中学习。反思思维（reflective thinking，又称反省思维）是杜威所称的“思维的较好方式”。这种思维乃是对某个问题进行反复的、严肃的、持续不断的深思。[1]可以说，反思是思维以自身为对象反过来思之。智利著名理论生物学家、神经科学家、认知科学家与哲学家弗朗西斯科·瓦雷拉（Francisco J. Varela）与其同事主张，反思不仅是人生的自觉，也是理性思维的能力，不反思比问题本身更可怕。[2]反省思维与一般我们称之为思想的行动具有显著的不同，涉及以下两大方面：

首先，思维起源于某种怀疑、踌躇、困惑或混淆。杜威曾用一个生活中常见的例子来形象地说明这一点：一个在不熟悉的地区旅行的人，走到道路的岔口时，由于没有可靠的知识可以依靠，他陷入了犹豫和悬念之中。他站在那里，停步不前。此时的问题是，究竟走哪一条路才对呢？他的困惑该如何解决呢？也许他可以从下述两种方法中择一而行。一是盲目地、武断地选择一条路径，碰碰运气；二是寻求依据，得出结论，辨别方向，做出选择。例如，他可以爬上附近的一棵树去观察周边的环境，或先朝着某个方向走一小段，然后再朝另一个方向走一小段，看看在各种情况下，他能找到哪些标志、线索或迹象，作为支持他信念的依据。[3]在这个过程中，他不但需要记忆，还需要细心审查周遭事物，探究问题解决方案。类似的，在创客教育中，儿童的创造通常也起源于现实中的问题，如前文所述那位想给自己买一把电吉他的男孩儿的例子。当他对音乐的热爱和想要拥有一把经济实惠的电吉他之强烈愿望与现实中没有他能够负担得起的、具有一定品质的电吉他之间存在矛盾时，他被置于一个困境之中，这可以说是打乱了他的心理平衡。这种困境的切身经验正是激发他开始思维的重要诱因。如果用杜威的观点来看，一般

[1] 约翰·杜威:《我们怎样思维·经验与教育》，姜文闵译，人民教育出版社，2005，第 11 页。
[2] Francisco J. Varela, Evan T. Thompson and Eleanor Rosch, *The Embodied Mind: Cognitive Science and Human Experience*(Cambridge: The MIT Press, 2016),p. 27.
[3] John Dewey, *How We Think: A Restatement of the Relation of Reflective Thinking to the Educative Process* (Lexington: D.C. Heath and Company, 1933),pp. 13-14.

性地呼吁一个孩子（或一个成年人）去思考，而不管他自己的经历中是否存在一些困扰他、扰乱他平衡的困难，是徒劳的，杜威形象地将其类比于“如同建议别人用鞋带把自己抬起来一样徒劳”[1]。

其次，发现了困难之后，就要思考问题、分析问题，识别问题的性质，并着手正面回应、解决问题。这种劣构问题并没有现成的解决方案，但他可以从现有的资料、创客社区、指导老师那里获得一些解决问题的暗示，让他获得某些类似情境的相关经验，并开始建立联系，尝试提出自己的问题解决方案。需要指明的是，如果只是开始了思维，还并不必然是这里所说的反省思维。从更深层次来看，基于创客的学习是一种过程驱动的学习体验，而不是产品驱动的体验。当学习者在面对一个更为真实而复杂情境中的劣构问题时，需要不断地试验（也包括试错）、探索、迭代最初的设计，而不是满足于第一次出现的答案或解决方案。若按杜威的认识来看，“只有人们心甘情愿地忍受疑难的困惑，不辞劳苦地进行探究，他才可能有反省思维”，“我们要想富有真正的思想，就必须愿意坚持和延续疑虑的状态，以便促进彻底的探究”[2]。给自己制作电吉他的男孩儿所做的便是一个很好的例证。在他完成原型设计后的两年时间中，还持续地对实践过程中的行动及其结果开展反省——这个过程通常涉及提示创客评估自己的工作以及问题解决方案的适切性，并思考是否有更好的方式来解决问题、实现目标；他同时还持续地探究使行动及其结果更趋完善的策略，因而对设计共做了七次大的改进——所谓改进是指他考虑如何以更好的方式来解决问题，并对新设计再一次进行测试的过程。这个过程无疑是一个连续的反省过程。一方面，这让我们看到杜威所强调的反省思维受目的调节（regulation）之特性，即解决疑惑的实际需求是整个反省思维过程中的稳定和引导因素。[3] 另一方面，这叫我们

[1] John Dewey, *How We Think: A Restatement of the Relation of Reflective Thinking to the Educative Process* (Lexington: D.C. Heath and Company, 1933), p. 15.
[2] Ibid., p. 16.
[3] Ibid., p. 14.

看到男孩儿通过不断否定自身的辩证过程而对事物存在本质的内在规定性有了更好的把握。

从这一意义上来说，作为一个持续的探究过程，创客蕴含着培养反省思维的重要价值。这种“行动中反思”的实践经验与反省思维的形成有益于让学习者成长为反思性实践者。在这里，与其说反思是对经验的反思，不如说反思即经验。虽然学习者沉浸在创客项目中是重要的，但是从长远来看，他们形成退一步思考正在发生的事情，尤其是思考自己经历了什么之思维方式也许更为重要。凯瑟林·埃尔金曾提醒我们，“不要期望一个健全的教育体系可以为亚里士多德的‘什么对于人来说是善’之间形成、预设、提供一个固定的最终答案，我建议教育体系要做的就是装备每一个个体，使他们能够提问、回答并且重思自身对下述问题的答案：根据我当前的情况，什么对我来说是好的？”[1]

可以说，促进学习者实现自我在广度和深度上的创造性转化，形成皮亚杰所期待的智力自主与道德自主，既是创客教育的根本诉求，也是创客教育的重要价值所在。易言之，创客教育不仅指向人工制品的创造，也包括意义的创造，更为重要的是——自我的创造。若非能真正促进学习者的自我创造，创客教育纵使承载着诸多社会、经济、文化方面的价值，我们也很难宣称它是成功的。回到玛克辛·格林的善意提醒：如果他们能够与知觉风景（perceptual landscape）保持联系，如果他们能变得具有批判性和自觉性，他们或许能够克服被动性和退缩的诱惑。我们都必须选择成为学习者，对永远无法完全了解的世界表现出开放的姿态，愿意在“现实面前”生活。[2]

[1] 凯瑟琳·埃尔金：《为了知识而教和 / 或为了理解而教》，钱旭鸯译，《全球教育展望》2013年第5期。
[2] 玛克辛·格林：《学习的风景》，史林译，北京师范大学出版社，2016，第21页。

第二节　教育变革价值

创客教育具有无限的价值潜能，将对个体发展、课程改革、教育系统变革以及国家人才战略产生重大影响。[1] 在 20 世纪末，“创客教育之父”派珀特在倡导将计算机作为变革能动者时曾做出如下评论：100 年前，约翰·杜威就开始主张进行一种变革，让学校从带有抽象概念的专制教室，走向通过实验、实践和接触真实世界来实现学习的环境。就我个人而言，我认为计算机使杜威的观点在认识论上更容易实现了，这也使它在政治上更有可能发生，因为杜威除了哲学论点外别无他法，而今天的变革运动有了一群能动者。变革的最终压力将来自儿童力量。[2] 二十余年后的今天，人们可以更加清晰地看到派珀特所描绘的教育变革愿景。今天，人们希冀创客教育成为现时教育变革的一个能动者。戴尔·多尔蒂在回答创客教育的模式时认为，虽然起初创客教育通常是在一些非正式的教育场所进行的，但当创客空间被引入学校后，人们都期待“它会对教育起到改革的作用”[3]。相较于派珀特当年的现实条件，今天的创客教育不但以更有机的方式使用派珀特所强调的计算机，尤其是编程技术，而且还整合了诸多新兴技术与材料，如可视化数字设计、激光切割机、开源软 / 硬件等。然而，恰如派珀特一再强调的，真正变革的动力其实不在于技术，而在于儿童。戴尔·多尔蒂也提出，“对于创客运动来说最大的挑战和最

[1] 杨现民、李冀红：《创客教育的价值潜能及其争议》，《现代远程教育研究》2015 年第 2 期。

[2] Seymour Papert, “Computers in the Classroom: Agents of Change,” *The Washington Post Education Review*, October 27, 1996.

[3] 中国教育学会：《戴尔·多尔蒂：创客的使命是什么？》，https: //m.sohu.com/a/169695805_387107，访问日期：2020 年 10 月 18 日。

大的机遇均在于变革教育。我希望变革的推动者是学生自己”[1]。

一、作为创造性学习的实现路径

综观各类国家的政策声明和学术研究不难发现，不同的国家、机构和个体都有着发展创造力（creativity，或称创造性）的共同愿望，无论是将其作为一种政治愿望、经济动力还是学校改革和课程改革的宣言。激发这些愿望的因素有许多，其中的关键问题至少包含如下两个方面：一是与个人福祉有关，即如何使学校的学习经历更加令人兴奋、关涉自身、更具挑战性和活力？二是与社会发展和经济繁荣有关，即如何确保年轻人有足够的创新能力为 21 世纪的经济发展基础——创新经济做出贡献？[2]然而，总的来说，要将对创造力的共同愿望转化为具体实践并非易事。由于创客教育可以作为创造性学习的实现路径，不少国家纷纷从国家层面制定相关政策，为创客教育的发展推波助澜。就我国情境而言，通过创客来促进创造力发展的意愿可以说是更为迫切，这由“创客”这一用语的选择也可以体现出来。如前文所述，在西方国家，创客常常与修补匠、黑客交替使用，而对于我国而言，创客行动的倡导者从一开始便选择用“创客”一词，其实是以此隐喻诸如创新、创业和创造力等相关词语。

创造力培养是创客教育研究的根本问题之一，也是建立创客空间的催化剂。杨现民、李冀红曾判断：创客教育对传统教育的变革作用，集中体现在学习方式的转变上。[3]倘若从更深层次来说，相对于传统教育，创客教育给我们带来的不仅仅是学习方式上的转变，而是如本书绪论部分的观点，是对数字时代“学习”本身的概念重建。如宾夕法尼亚

[1] Dale Dougherty, “The Maker Mindset,” in *Design, Make, Play: Growing the Next Generation of STEM Innovators*, ed. Margaret Honey and David E. Kanter(New York: Routledge, 2013),p. 8.

[2] Pat Thomson and Julian Sefton-Green(eds.),*Researching Creative Learning: Methods and Issues*(New York: Routledge, 2011), p. 1.

[3] 杨现民、李冀红:《创客教育的价值潜能及其争议》,《现代远程教育研究》2015 年第 2 期。

大学学习科学教授、美国著名的创客教育研究者和推动者雅思敏·卡菲（Yasmin B. Kafai）所称，毋庸置疑的是，创客运动已经大大拓展了研究者、教育者和创客们对于“学习”的理解。创客实践向我们表明，创客教育将学习过程本身理解为一种创造的过程，而学习的结果也往往体现在新事物的创造之上。从最广泛的意义上来说，创造性学习是指涉及理解和新意识的任何学习，它使学习者超越概念获取，并专注于思维能力、意义建构。创客教育作为一种参与实践，由于鼓励创新、创造，重视新事物的制造而被广泛地作为培养创造力的一种创造性学习活动[1]，其主要依据在于：一是创客教育的目标由为知识而学到为理解而学，最终指向与创造力相关的思维方式和行为倾向的培养；二是创客教育的过程本身是富有创造力的，强调由学科学习到综合学习，尤其是综合实践活动学习，由“获得”隐喻转向“参与”隐喻。

（一）学习目标：由为知识而学到为理解而学

在今天这个充满不确定性的数字时代，教育系统逐渐认识到，我们的责任是在日益复杂的世界里把年轻人教育成具有复杂性思维能力、理解力，能够面对复杂性与不确定性、能够进行创新创造的能动者，而不是被动地接受知识甚至离散的信息片段的人。如果说传统教育具有深深的工业化烙印，是典型的知识本位教育（knowledge-based education）取向的，那么创客教育就是素养本位教育（competence-based education）取向的。创客教育作为培养与创造力相关的思维方式与行为倾向的创新方法，在很大程度上与其教育目标由为知识而学到为理解而学的转向相关。在这一议题上，凯瑟琳·埃尔金在《为了知识而教和/或为了理解而教》一文中从知识论的视角为我们做出了细致的分析。[2]

[1] Michelle Hlubinka, et al., *Makerspace Playbook* (*School Edition*) (Sebastopol: Maker Media, 2013).
[2] 凯瑟琳·埃尔金：《为了知识而教和/或为了理解而教》，钱旭鸯译，《全球教育展望》2013年第5期。

1. 为知识而学

一方面，知识是颗粒状的（granular）。我们可以（往往也的确如此）获得离散的、相对孤立的一小块儿一小块儿的知识。虽然知识之间并不是绝对割裂的，但由于知识是颗粒状的，它可以通过堆积，一点儿一点儿地建构起一大块儿知识，其中每一个构成要素都是分离而不相关联的事实。这对于跨学科复杂性问题解决来说，无疑是远远不够的。埃尔金教授曾以自己玩美国纵横字谜（crossword puzzles）的经历来阐明这一点。她表示："我因为玩美国纵横字谜所以知道有个叫'Ott'的人曾经效力于 Giants。这里，我非常明确地知道两个事实：第一个是他的名字拼写是'O–t–t'，二是他曾效力于 Giants。"埃尔金坦言，"除此以外，我别无他知。我甚至不知道他所效力的 Giants 是棒球队还是足球队"。但无论如何，她知道上述两个事实。埃尔金教授这一自身经历向我们表明，了解知识并不意味着我们直接能将这些知识建立联系。此外，由于知识需要事实，那么为了知识而学意味着所学的内容应该是已经被确立为事实的内容，这样一来，那些还在探索中的、生成中的、尚未被确立的事实材料就可能被排除在外，包括那些关于科学发展最前沿的材料。这同样也构成了与数字时代所强调的创新、创造之间的矛盾。

另一方面，知识是静止不变的（static）。知识是一种永恒的认识成就，一旦达到知识所要求的辩明水平，命题作为知识的状态就确立了，认知主体就无须再考虑更多了，因为他的证据永远地赋予了他确信他的信念是真的权力。如果他有充分的理由认为某些东西是被坚固地确立了的，那么他也就有充分的理由认为他可以不用再担心其认识状态，即就这样固定不变了。如此一来，将带来一个更为危险的结果，即认知上的被动性。知识需要被证明其合理性，这是一个由相互关联的论断构成的错综复杂的关系，但模式是固定的。学生需要做的就是掌握它，存储记忆，接受知识，而不是质疑它、阐释它或理解它。这样一来也就没有持续探究和批判性思考的动力了。为此，埃尔金明确批判，"将知识作为最终的、确定的东西来教就扼杀了才智创新性和创造性”[1]。杜威对脱离深思熟虑的行动的知识同样持强烈的批判态度，他认为那是“死的知识，是毁坏心智的沉重负担”，并控诉“因为它冒充知识，从而产生骄傲自满的流毒，它是智力进一步发展的巨大障碍”。为此，杜威特别强调要持久地改进教学方法和学习方法，而改进的唯一直接途径就在于“把注意力集中在严格要求思维、促进思维和检验思维的种种条件上”。[2]

从这一角度来看，在这个变化如此快速的数字时代被动地为知识而学显然是不合时宜的，我们需要走向更为深入的为理解而学。

2. 为理解而学

与传统教育强调为了知识而学相对，创客作为典型的创造性学习实践，是以“为了理解而学”为取向的。

一方面，理解是整体性的（holistic）。理解某一主题就是要对综合的、总体的相关信息有所掌握，且这些信息是建立在事实之上的，也是对证据的充分、恰当的回应，同时也为非琐碎的推理、诊断或行动（根据相关领域的不同）提供资源。与知识不同，理解不是颗粒状的。理解的增长不是一堆离散的信息或知识的积累，而是相互关联的、有充分基础的认知之网的编织。再拿埃尔金教授上述纵横字谜的例子来说，虽然一个人可以知道一个非关联的事实，如 Ott 效力于 Giants 这个事实，但是为了理解 Ott 效力于 Giants，他就需要对 Ott 和 Giants 做更多的了解。

另一方面，理解具有动态性（dynamic）。由于理解是有层次的，因而是动态的。换句话说：无论一个主体对某一主题当前的理解有多完善，都还是有改善的空间。认知主体可以通过如下途径来拓展其理解：学习额外的事实、扩充方法或者模型的应用范围；利用有用的类比，使自己能够在更广阔的范畴看到自己目前对事物的理解状况。此外，也可以通

[1] 凯瑟琳·埃尔金:《为了知识而教和/或为了理解而教》，钱旭鸯译，《全球教育展望》2013年第5期。
[2] 约翰·杜威:《民主主义与教育》，王承绪译，人民教育出版社，2001，第167页。

过建立更丰富的联结来加深自己的理解，从而编织一张更加紧密的信念之网。如此一来，可能会纠正当前理解中的不足。理解不同于知识，它不是只靠堆积而获得增长的，拓展、深化、纠正和改善都可以成为完善理解的途径。

以上分析为我们分析创客教育何以成为深度学习的路径提供了启示。

其一，为理解而学有益于自我反思的培养。不仅是学习一系列的静态的固定知识，更是要利用知识来理解当前的问题与现实，并对自己的理解、所构建的问题解决方法做出持续性的完善、拓展或者修正。从这一角度来说，自我反思和自我纠正是理解的内在组成部分，也是理解富有认知力量的部分原因所在。创客教育中基于迭代的学习过程正是这样一个过程。

其二，为理解而学有利于在学习中整合艺术。由于理解不局限于被证明过的事实，因此它就可以整合艺术了。这对于创客教育来说是具有重要启示意义的。无论是杜威、纳尔森·古德曼、玛克辛·格林还是凯瑟琳·埃尔金都极其重视艺术的认知价值。然而，由于艺术既不为真，也不为假[1]，所以它难以在为知识而学的教育倾向中获得其认知价值的合法性。而在为理解而学的倾向中，艺术可以作为学习者理解一些原本不理解的东西的重要途径。基于创客的学习由于与人工制品制作密切关联，所以艺术几乎是其不可或缺的一个内在组成部分。

其三，为理解而学有助于对错误的包容。如前所述，知识是固定的、稳定不变的认知成就。为了知识而教，是出于我们对易犯错误的一种勉强承认。我们总是要将这扇认知之门半掩着，以免一种被证明是错误的信念被我们误认为是真正的知识。而理解则是将这扇门完全敞开。为了理解而教不仅是要为学生理解提供一系列信念，而且要让学生意识到它们有哪些不足。理解对拓展和修改保持着开放和包容的态度。为了理解

[1] 凯瑟琳·埃尔金：《为了知识而教和 / 或为了理解而教》，钱旭鸯译，《全球教育展望》2013年第5期。

而教是要教学生成为认识的能动者——不断地探索、考察、感到好奇。在基于创客的学习过程中，学习者正是带着已知的去探索未知的。大多数时候，这个过程是试验性的、易犯错误的、有待不断完善和修订的，但从为了理解而学的角度来说，它恰恰是赋能学习者成为认知的能动者，借着这样的探索促进创新和创造。

其四，为理解而学鼓励学习者发现问题和可能的问题解决方案。如杜威所说，一个好答案的标志就是它能生成好的问题。因为一个发现的认识论价值就在于它可以使我们进行进一步的探索。为了理解而教也包含了教学生如何提出好的问题。这些问题可以推动学习者超越他们已知的，并且知道需要利用新的资源做更进一步的发现。一个好问题还包括可以让提问者以提出的一系列方法进行负责任的考察与理解。

由以上分析可以看到，为了知识而学与为了理解而学，不是谁对谁错的问题，也不是完全非此即彼的对立关系，而是优先化关系，即我们以哪个为优先选择。用埃尔金的话来说，为了知识而教是保守的。[1] 对于创客教育来说，为了理解而学无疑是优先之事。埃尔金曾指出，在纳尔森·古德曼的著作中始终贯穿着对符号是构成世界的方式之关切，并主张人们以其所建构的符号来告知他们所发现的事实，以及他们是如何构建对这些事实的理解的。类似的，在创客空间中，学习者正是以他们所创造的人工制品为符号，并以此显示他们所发现的事实和对事实的理解程度。如斯塔格的观察所体现的：学生的学习表现为渴望学习更多以及与他人分享知识的能力，或是以项目中创造的人工制品作为显示自己所掌握知识的证据。[2]

在此，我们可以再回到凯瑟琳·埃尔金基于“为理解而教”带给我们理解创客教育价值的启示：教学生创新就要教他们理解，理解他们自

[1] 凯瑟琳·埃尔金:《为了知识而教和/或为了理解而教》，钱旭鸯译，《全球教育展望》2013年第5期。

[2] Gary Stager, “Papertian Constructionism and the Design of Productive Contexts for Learning” (paper presented at plenary session of EuroLog, Warsaw, August 28-31, 2005).

己的理解，能够明智地对当前的理解水平保持批判性，而且还需要激励他们对如下问题做出思考：为什么以及在何种程度上他们的理解还是有欠缺的？他们想要问什么样的问题？为什么已有的资源还不够呢？可以做些什么来改正或弥补这样的不足呢？这也正是创客教育实践中一直致力于达成的重要教育目标。

（二）学习内容：由分科学习到综合学习

"教育只有一个主题，那就是五彩缤纷的生活。""教育有用，因为理解生活是有用的。"[1]综合的经验课程（experience curriculum）区别于分科的学科课程（subject curriculum）的一个重要方面是，它是由一系列真实的个人生活问题所构成的，而且这些问题通常来自学生个体或集体与周遭文化的交互。因而经验课程有时候被称为"个人生活问题课程"（personal-problems-of-living curriculum）[2]。如课程学者比恩（James A. Beane）所说："想象一下，我们在生活中遇到了一些问题或令人困惑的情况。我们如何处理这种情况？我们是否会停下来问自己，这个情况中的哪一部分是语文，或是音乐、数学、历史或艺术？"的确，现实生活中的问题解决不是以学校中界限清晰、彼此区隔的分科知识为基础，而是以统整在真实问题和议题情境中的知识为基础的。创客教育正是植根于真实的生活情境之中，以学生个体的有目的性的生活经验（purposeful life experience）为内容基础的综合学习，而不是以分门别类的分科知识为基础的。

首先，综合学习有益于创造更有个人意义和社会意义的经验。经验性质的差异是分科课程与综合课程的核心差别所在。美国进步教育历史上"课程整合运动"的核心推进力量哥伦比亚大学教授霍普金斯（Levi Thomas Hopkins）结合杜威的经验理论，尤其是杜威在《艺术即经验》中有关"拥有一个经验"（having an experience）的思想，对学科课程与经验

[1] Alfred North Whitehead, *The Aims of Education and Other Essays*(New York: The Macmillan Company, 1967), pp. 11-12.

[2] Levi Thomas Hopkins, *Interaction: The Democratic Process*(Lexington: D. C. Heath and Company, 1941), p. 21.

课程中的经验性质做出了对比（见表 2–3）。[1]

表 2–3 学科课程与经验课程中的经验性质差异

	学科课程中的经验性质	经验课程中的经验性质
1	松弛而散漫的。	有统一性，这也给了它一个名称。
2	各部分是分开的。	各部分合在一起，形成了一个具有内部统一性的连续整体。
3	到处都是空洞（holes）、死点（dead centers）及不可理解的陷阱（pitfalls）。	不断的融合，情节的融合，事件的交换和混合形成了新的目的、方向和手段。
4	模式和结构在持续性过程开始之前就由外部权威开发出来了。	模式和结构是在持续性过程之中由内部方向和控制发展起来的。
5	结束是运动的停止。	结束是一个运动的圆满完成。
6	不完整源于对个人需要的考虑不足。	完整性来自满足个人需求。
7	对成长的欲望和能力几乎没有帮助。	增加成长欲望和能力。
8	合作互动水平低。	高水平的合作互动。
9	个体的初始整合水平保持不变或降低。	个体在更高层次上的重新融合。

可以看出，在霍普金斯看来，虽然学科经验有其重要价值，但从经验的性质（quality）（这也正是其教育价值之差异所在）来看，他认为经验课程更接近于杜威所说的“拥有一个经验”，即将经验表达为一个可数的名词，以强调一段经验的完整性、可持续性、内在统一性。这种经验被霍普金斯称为“高层次的经验”（high type of experiences）：经验课程之所以如此命名，是因为它本质上是由一系列高层次的经验组成的。这与学科课程形成鲜明对比，学科课程本质上是由一系列低层次的经验（low type of experiences）组成的，因为它们是如此“松弛而散漫的”，以至于它们没有“拥有一个经验”所必需的凝聚力。霍普金斯因此强调，除非学习者可以将大部分时间都花在学习高层次的经验上，否则其课程就不

[1] Levi Thomas Hopkins, *Interaction: The Democratic Process*(Lexington: D. C. Heath and Company, 1941), p. 43.

能称为经验课程。[1]

创客实践需要学习者将先前的知识和技能与手头项目中的新知识与新技能进行整合。[2]从这一角度来说，创客有助于促进知识的整合，而知识的整合是年轻人获得个人整合和社会整合的关键所在。[3]当学习者在创客实践中将知识应用到具有个人意义和社会意义的问题时，知识被重新定位，学科领域的界限被消除。在此过程中，知识被组织成各类与学生生活密切相关的主题、活动，不再是抽象的、分裂的，而是具有生命的、有意义的、更易于理解的，从而为学习者提供了探索兴趣、发挥特长和独特意义建构的创造空间。

其次，综合学习为知识的创造提供了机会。仅在 20 世纪初存在了短暂的 14 年，却影响了一个世纪以来世界各地人们的生活的包豪斯（Bauhaus）可以在此为我们提供一个例证。包豪斯由其名字的提出，即由德语 Hausbau（房屋建筑）一词倒置而成 Bauhaus，就宣告了它的创造雄心。若真如众多研究者所认为的，包豪斯是诞生于“启蒙与神话的交织中”，是一种新的启蒙神话，那么这个神话本身就是关于创造的。然而，当我们悬置其神秘主义色彩，回顾其 14 年设计教育史可以看到，这一创造神话与其强调知识综合的课程体系密切相关（见图 2–4）。[4]在德国的包豪斯解散之后，包豪斯学院创办人、德国现代主义建筑学派的奠基人瓦尔特·格罗皮乌斯（Walter Gropius）邀请包豪斯当年最年轻的教学骨干、20 世纪最杰出的前卫艺术家之一拉兹洛·莫霍利 – 纳吉（László Moholy–Nagy）到美国芝加哥建立了“新包豪斯”设计学校。来到美国之后，莫霍利 – 纳吉的通识教

[1] Levi Thomas Hopkins, *Interaction: The democratic process*(Boston: D. C. Heath and company, 1941),p. 44.

[2] Sharon Lynn Chu, et al., “Making the Maker: A Means-to-an-Ends Approach to Nurturing the Maker Mindset in Elementary-Aged Children,” *International Journal of Child-Computer Interaction* 5(2015):11-19.

[3] Levi Thomas Hopkins, *Integration: Its Meaning and Application*(New York and London: D. Appleton-Century Company, 1937).

[4] 张春艳、王洋:《包豪斯：作为启蒙的设计》，山东美术出版社，2014，第 37 页。

学理念与方法得到了同在芝加哥的杜威的支持。莫霍利－纳吉发展了包豪斯的“艺术与技术的统一”的观念，把艺术、科学与技术因素全部容纳于设计艺术的视野，把它作为设计艺术教育的必要内容（见图 2–5），同时在第一学年开设“知识整合”（Intellectual Integration）课程。他表示，在当代教育容易引向孤立的专门研究的意识上，包豪斯首先规定了一个设计原则，即强调与设计师未来工作相关联的所有领域的一种综合知识。[1]

图 2–4　包豪斯课程计划（1922）

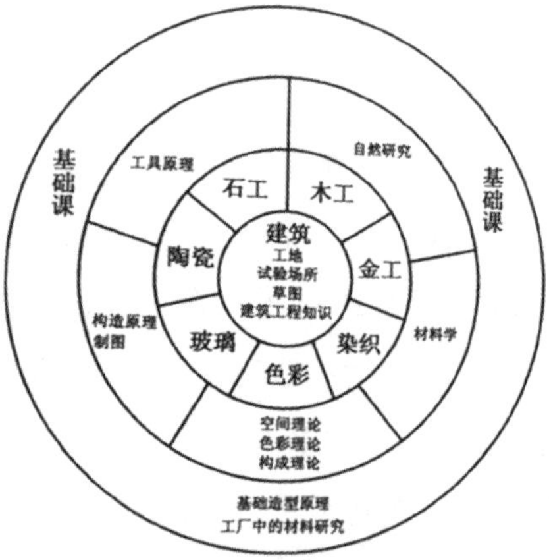

图 2–5　新包豪斯课程计划（1937）

由此可知，无论是包豪斯将绘画、建筑、雕塑、设计等艺术表现形式和实际的手工训练结合起来，还是将专业教师和工匠聚集起来，让课堂的教学与工场的实习相结合，从而使学习将艺术、科学、社会、经济、心理、生理等多方面的知识整合起来，都与今天创客教育的精神非常相似。

曾在哥伦比亚大学进修的美国教育研究者威廉·史密斯（William Anton Smith）受杜威学说的影响，早在 1935 年就提出，真正课程整合的学习情境必须符合以下特定的条件：它必须考虑和年轻人有关的问题；它必须关心年轻人生活世界的主要层面；它必须激发学习者动态的和创

[1] 姚民义:《技术的灵韵：莫霍利－纳吉与包豪斯理念研究》，东南大学出版社，2019，第 115-119 页。

造的行为。[1]创客教育也旨在通过真实情境中的综合学习，“激发学习者动态的和创造的行为”。新近，澳大利亚墨尔本大学的玛丽亚·哈齐吉安尼（Maria Hatzigianni）与同事们对34位5—8岁的儿童开展了调查。通过14次小组访谈发现，孩子们表示他们喜欢创客空间中的自我指导学习，并认为自己的学习经历是富有创造力的。[2]的确，教育创客空间中的创新文化源于学生的所有权（ownership），而不是高科技工具的存在。自己拥有的学习经验可以为学习者打开尚未开发的视野，因为独立的思想家具有不可思议的能力，可以闯入未知领域。[3]这其实也体现了“人工智能之父”、麻省理工学院教授马文·明斯基（Marvin Minsky）所概括的有关派珀特思想中的一条重要原则——他称其为著名的“派珀特原则”（Papert's Principle）：心智成长中最关键的一些步骤不仅仅基于获得新技能，还在于获得新的管理方式来使用现有技能。[4]

再次，综合学习与分科学习并非对立，而是相互关联的。创客教育作为一种综合学习并不是说不需要学科了，某种程度上恰恰相反，学科知识与方法对于创客实践中的问题解决而言是至关重要的。只是创客教育更加强调的是学科知识与方法的综合运用，而不是将其作为学习的焦点。美国课程研究者比恩对课程的整合采取非常严格的界定，认为“倘若课程整合不是以主题为学习焦点，而是以学科知识为学习焦点，不论其形式为何，皆不算是综合（integration）”，但即便如此，比恩也认为综合课程与学科知识并不是敌对的关系，综合课程不能缺乏学科知识的

[1] William Anton Smith, “Integration: Potentially the Most Significant Forward Step in the History for Secondary Education,” *California Journal of Secondary Education* 10(1935):269-272.

[2] Maria Hatzigianni, et al., “Children's Views on Making and Designing,” *European Early Childhood Education Research Journal* 28, no. 2(2020):286-300.

[3] R. Steven Kurti, Deborah Kurti and Laura Fleming, “Practical Implementation of an Educational Makerspace,” *Teacher Librarian* 42, no. 12(2014):20-24.

[4] Marvin Minsky, *Inventive Minds: Marvin Minsky on Education*, ed. Cynthia Solomon and Xiao Xiao(Cambridge: The MIT Press, 2019),p. xviii.

基础。[1]

值得一提的是，创客教育所采用的综合学习方式，并不是说它仅限于开展类似于 STEM 教育这样的跨学科课程，正如杨现民所指出的，作为一种创造驱动的新型学习方式，基于创客的学习“可以迁移用到传统科目的教学中。比如，对于历史学科，可以鼓励学生探索历史真相，应用建模软件和 3D 打印技术还原历史人物和文物”。杨现民教授因此鼓励“教师应积极寻找创客学习与学科教学的结合点，通过多次的实验尝试，真正将创客理念融入课程教学”[2]。事实上，已有研究表明，跨多种媒体和数字内容的实践性实验和生产可以支持学生创造性和批判性地参与到各种数字技术和媒体的学科学习和横贯学习（transversal learning）之中。[3]

（三）学习途径：由学习的“获得”隐喻到“参与”隐喻

离开了探究，离开了实践，一个人不可能成为真正的人。[4]创造力培养强调通过参与特定领域（艺术、科学、商业、技术等）共同体的创造实践活动，培养与之相关的习惯、性情、知识结构，从而形成专长，并跃升到创造新的理念、方法和产品的新水平。简言之，创造力培养要求学习由“获得”隐喻转向“参与”隐喻。创客们以较长期地参与动手、创造、即兴解决问题等方式而闻名，他们通过设计和制作各种类型的人工制品来进行原型制作。[5]创客空间的最基本诉求在于让学生在制造新事物时具有参与性经验。[6]为此，我们可以说，“参与性”是创客教育的根

[1] James A. Beane, *Curriculum Integration: Designing the Core of Democratic Education*(New York: Teachers College Press, 1997).

[2] 杨现民、李冀红:《创客教育的价值潜能及其争议》,《现代远程教育研究》2015 年第 2 期。

[3] Alicia Blum-Ross, Kristiina Kumpulainen and Jackie Marsh(eds.),*Enhancing Digital Literacy and Creativity: Makerspaces in the Early Years*(London and New York: Routledge, 2020),p. 4.

[4] Paulo Freire, *Pedagogy of the Oppressed(30th Anniversary Edition)*,trans. Myra Bergman Ramos(New York: Continuum, 2014),p. 72.

[5] Erica Halverson and Kimberly M. Sheridan, “The Maker Movement in Education,” *Harvard Educational Review* 84, no. 4(2014):495–504.

[6] Michelle Hlubinka, et al.,M*akerspace Playbook (School Edition)*(Seloastopol: Maker Media, 2013).

本特征所在。若从创客教育作为创造性学习实现路径角度来说，创客教育突显的是“参与式创造力”（participatory creativity）。

其一，参与促进新观念的创造。观念不是现成可获得的，而是通过参与自己创造的。杜威曾对此有过深刻剖析。他认为，思想（thought）、观念（idea）不可能以观念的形式从一个人传给另一个人，因为当一个人把观念告诉别人时，对听到的人来说，不再是观念，而是另一个已知的事实。虽然这种思想的交流有可能会刺激别人，使他认清问题所在，提出一个类似的观念，但是它也可能会窒息听到的人的理智的兴趣，压制他开始思维的努力。无论是哪种情况，个体所直接得到的都不是一个观念。在杜威看来，只有当个体努力思考（wrestle with）问题的种种条件、寻求解决问题的方法时，才算真正在思维。换个角度来说，如果他不能自己筹划解决问题的方法，自己寻找出路，他就学不到什么；即使他能背出一些正确的答案，百分之百正确，他还是学不到什么。[1]正因如此，在《明日之学校》一书中，杜威指出真正的教学不仅在于教给儿童科学的结论，更重要的是促进激发儿童进行探究与制作的学习兴趣，引发新的学习思考，激发更多解决问题的知识需要，让他们掌握发现真理、解决问题的科学方法。我们可以发现，做的目的是带动理解与认知，而思考又旨在更好地指导学习过程中的行为与习惯；如此，学习者的知识储备与经验发展就在做中学蕴含的知与行、理解与创造的交互驱动下实现了螺旋式增长。[2]创客教育正是为学习者提供了这样一种参与式创造实践。当人们有机会像设计师一样思考时，就会激发创造的信心。[3]

其二，参与总是建立在对世界意义的情境性协商和再协商的基础之

[1] 约翰·杜威:《民主主义与教育》，王承绪译，人民教育出版社，2001，第 174-175 页。
[2] Stephen Petrina, “Getting a Purchase on ‘The School of Tomorrow’ and its Constituent Commodities: Histories and Historiographies of Technologies,” *History of Education Quarterly* 42, no. 1(2002):75-111.
[3] Leanne Bowler, “Creativity through ‘Maker’ Experiences and Design Thinking in the Education of Librarians,” *Knowledge Quest* 42, no. 5(2014):59-61.

上。[1]正如杜威所批判性指出的，在现实中，我们的确能够给学生提供数以千计的现成的“观念”，而且的确也这样做了；但是我们一般并没有尽很大努力使学生在有意义的情境中学习，让他们通过亲自参与活动产生观念、证实观念、坚守观念，即察觉到事物的意义或联系。[2]创客教育促使学生对其周遭文化和集体生活有充分的理解和有智慧的参与。它鼓励学习者积极投入意义建构的过程之中，通过对具有“理智悬念”的问题做出观察、思考与探索，提出多种解决问题的方案，并创造性地运用各种活动材料和工具，将理论、概念等应用于实践并产生相应的实践结果——创意物化，从而获得更加丰富、具体的和有意义的经验。在《游戏与创新素养：儿童作为创客》一书中，作者加利福尼亚州立大学的克里斯蒂亚娜·伍德（Christiane Wood）将儿童的创客作为一种文化素养。她将儿童的修补定义为一种多模式的、有趣的、探索性的、迭代式的意义创造。在伍德看来，对儿童来说，修补是一个以个人或合作的方式，运用自己的文化知识、资源、想象力和周围的物品，将观念和意义创造结合起来的过程。[3]

其三，参与实践促成学习和理解。[4]我们知道学习设计存在这样的悖论：学生无法理解他要学习的东西，只有通过开始做他尚且不理解的东西，在做的过程中才能教育自己。[5]创客教育的确指向学习者学习如何设计制作，发展设计思维、计算思维、工程思维、反省思维等创造力相关的知识、思维、性情，但目标的实现有赖于学习者深度参与设计、制作，不断反思、迭代，广泛开展协作、分享等实践活动。如马丁内斯与斯塔

[1] J. 莱夫、E. 温格:《情景学习：合法的边缘性参与》，王文静译，华东师范大学出版社，2004，第 16 页。
[2] 约翰·杜威:《民主主义与教育》，王承绪译，人民教育出版社，2001，第 174-175 页。
[3] Christiane Wood, *The Literacy of Play and Innovation: Children as Makers*(New York and London: Routledge, 2019),p. 2.
[4] 戴维·H. 乔纳森、苏珊·M. 兰德:《学习环境的理论基础（第 2 版）》，徐世猛等译，华东师范大学出版社，2015，第 32 页。
[5] 唐纳德·A. 舍恩:《培养反映的实践者》，郝彩虹等译，教育科学出版社，2008，第 94 页。

格所概括的，“学习者参与头脑之外的、对个人有意义的活动，会使学习变得真实、可靠”[1]。

创客教育强调的参与式创造的另一个独特教育意义在于：它能鼓励和吸引更多的人参与到创造的过程中，而不仅仅是那些被认为是“富有天赋的”或者具有创造性的人。这也是哈佛大学“零点项目”的克拉普在其研究与实践中所强调的。他将创造力定位为一种参与式和社会分布式过程。他提醒我们，强调观念的创造性，而不是个体的创造性，以及有多种方式让不同的个体参与到创造性观念的发展中，可以让更多的学生参与到发明、创新与创造的过程中。[2]可以看出，克拉普的“参与式创造力”其实更有利于将机会和公平引入创造性课堂中。这一做法可以超越现今许多课堂中存在的有天赋的和天赋不足的争论，对于我们今天理解创客教育为学习者提供的创造性学习体验的价值也提供了很好的思路。如果说通过创造力和文化进行工作和思考会影响儿童和成人培养创造性身份认同，并与其他创造者建立包容性社区[3]，那么，创客教育所提供的参与式创造机会则为建立更加包容的、参与式和社会分布式的创造性社区提供了路径。

概而言之，基于创客的学习涉及对自身所处的真实世界和工具本身的理解，学术性学习与真实世界的联系得以加强，学习本身的内涵也超越了浅层意义上的“获得”，走向更为深度的参与式创造。

二、作为学习文化重构的实现路径

创客的理念超越了一套设备、一种特定的方法、一个有界限的空间，

[1] Sylvia Libow Martinez and Gary Stager, *Invent to Learn: Making, Tinkering, and Engineering in the Classroom(2nd Edition)*(Torrance: Constructing Modern Knowledge Press, 2019),p. 34.
[2] Edward P. Clapp, *Participatory Creativity: Introducing Access and Equity to the Creative Classroom*(New York and London: Routledge, 2016).
[3] Mary Kay Culpepper and David Gauntlett, “Making and Learning Together: Where the Makerspace Mindset Meets Platforms for Creativity,” *Global Studies of Childhood* 10, no. 3 (2020):264-274.

甚至一个参与者的共同体。它是一整套文化——它颂扬个人创造和解决问题的某些关键价值观，一种通过参与实践共同体中的实践活动，寻求以 DIY 与 DIT 解决问题的思维框架和信念。当创客教育借助于多样化的创造活动，以创客文化中创新、开放、合作、共享等核心价值观鼓励学生主动、理性、切实、持续地投入到创造活动之中时，也生成了一种新的学习文化——一种强调创新、参与、协作、共享、游戏的学习文化。然而，正如前述德雷克塞尔大学的 ExCITE Center 在《创客文化：一份有关全国教育创客空间的调查研究》报告所指出的，一直以来，人们在规划创客空间时总是侧重于新的工具和培训方面，却没有对文化的创造给予足够关注。为此，在首次对美国全国范围内 K–12 教育创客空间进行了为期一年的调查后，研究者特别建议在设计新创造空间时，首先应当“从文化入手”，应首先考虑要为学生创造什么样的学习文化，而不是选择设备或特定项目。[1]

（一）创新文化

从教育发展角度来看，创客教育的最大意义是能够促进教育创新。创客教育通过创客运动带动创客文化的发展，从而带动校园文化创新，让学校实现跨越式发展，充分实现创客教育工作的社会价值、时代价值。[2]戴维·霍尔前瞻性地指出，“我们现在生活于转折时代”[3]。这一转折时代对创新型人才培养也提出了新的要求：要具备批判性思考和解决问题的能力、创造与创新的能力、沟通与协作能力。

新事物的出现一般是无法预测的，创造的出现通常也不能预先知

[1] Youngmoo E. Kim, Kareem Edouard, Katelyn Alderfer and Brian K. Smith, “Making Culture: A National Study of Education Makerspaces,” accessed September 22, 2020, https: //drexel.edu/~/media/Files/excite/Making-Culture-full-report.ashx.

[2] 王同聚：《走出创客教育误区与破解创客教育难题——以“智创空间”开展中小学创客教育为例》，《电化教育研究》2017 年第 2 期。

[3] 戴维·霍尔：《大转折时代：生活与思维方式的大转折》，熊祥译，中信出版社，2013，第 9 页。

道。[1]有创新性就意味着需要适应不确定性和可能失败的前景，这与传统意义上“为了知识而教”的课堂文化截然不同。在通过创造而学习的过程中，学习者会面临不可预见的问题，需要设计创新性解决方案。具体而言，学习者（通常是团队的形式）通过安全而有责任心地参与社会实践、文化实践与技术实践，经历辨别问题、评估需要，思考各种选择及其约束条件，制订计划、建模及以迭代的方式解决问题等，而发展将未知情境转化为已知情境以及在复杂环境中行动等重要的问题解决能力。这也意味着，创客实践过程本身就是学习者不断操练运用创造力的过程。创客们在寻找创造性解决方案的同时，其实也在创造一种创新文化并从中获益。

（二）参与文化

全球各地的创客运动案例都在向我们表明，创客运动呈现出典型的“参与文化”（Participatory Culture，或称参与式文化）。新近的研究也显示，年轻人基于共同体的创造性发明、DIY 兴趣项目和创客嘉年华中的数字素养越来越多地强化了教育工作者对学习者生成的设计和参与式学习文化的关注。[2]

“参与文化”这一概念是由美国媒体学者亨利·詹金斯（Henry Jerkins）与其团队在著名的麦克阿瑟基金会所资助的《面对参与文化的挑战：面向 21 世纪的媒体教育》（2006）研究报告中所提出的。[3]詹金斯认识到，参与式文化是一种在艺术表达和公民参与方面障碍相对较少的文化，它对创造和分享自己的创作给予了强有力的支持，并且在某种非正式的指导下，最有经验的人的知识可以传授给新手。詹金斯总结了参与

[1] Edgar Morin, *Seven Complex Lessons in Education for the Future*(Paris: UNESCO, 1999),p. 42.

[2] Beaumie Kim, Lynde Tan and Katerine Bielaczyc, “Learner-Generated Designs in Participatory Culture: What They Are and How They Are Shaping Learning,” *Interactive Learning Environments* 23, no. 5(2015):545-555.

[3] Henry Jenkins, *Confronting the Challenges of Participatory Culture: Media Education for the 21st Century*(Cambridge: The MIT Press, 2009),p. 3.

式文化的形式，包括：①附属机构（Affiliations），以各种形式的媒体为中心的在线社区中的正式和非正式会员，如 Facebook、留言板、游戏一族等；②表达（Expressions），产生新的创意形式，如数字采样、蒙皮和修饰、粉丝视频制作、粉丝小说写作等；③协作解决问题（Collaborative Problem-solving），以正式或非正式的团队方式共同完成任务，开发新知识，如通过维基百科、平行实境游戏等；④流通（Circulations），即塑造媒体流，如播客、博客等。可以看出，参与文化其实也是共同体文化。创客运动的领导者指出共同体是创客空间文化的核心，并提到了空间的内部共同体与外部共同体的联系。[1] 来自美国莱克伍德城学校创客空间的一张图片（见图 2-6）正是试图表明这一关系。[2] 创客实践中的参与文化也可以由这两个层面分别来看。

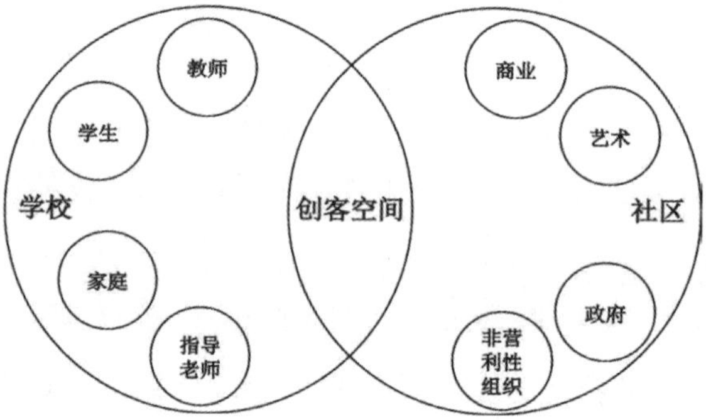

图 2-6　创客空间成为学校与社区之间的桥梁

从内部共同体中的参与来说，创客文化强调学习风格、思想产生过程和参与等方面的开放性，以吸引更多人。[3] 在参与式文化中，成员

[1] Youngmoo E. Kim, Kareem Edouard, Katelyn Alderfer and Brian K. Smith, "Making Culture: A National Study of Education Makerspaces," accessed September 22, 2020, https: //drexel.edu/~/media/Files/excite/Making-Culture-full-report.ashx.

[2] Laura Fleming, *Worlds of Making: Best Practices for Establishing a Makerspace for your School*(California: Corwin Press, 2015),p. 39.

[3] Michael Ahmadi, et al., "Designing for Openness in Making: Lessons Learned from a Digital Project Week," *Proceedings of the 9th International Conference on Communities & Technologies - Transforming Communities*(New York: ACM Press, 2019),pp. 160–171.

相信自己的贡献很重要，并且彼此之间有某种程度的社会联系。阿尔珀（Meryl Alper）曾在《在创客空间中创造空间：建立混合能力的创客文化》中表示：所谓“混合能力的创客文化”其实是指一种协作文化，在这种文化中，残障人士和非残障人士可以共存共创，从而努力最大限度地提高和发展自己的技能。这包括为残障人士创造有用的东西，以及让残障人士参与制作。[1]可以看出，此时的参与文化，其实也是一种协作文化、包容文化。如格恩莱特所言，创客是一种社会活动，它把人联系起来。[2]

从共同体的内外部联系来说，创客无疑也是积极投身社会生活的一班人。诚如杜威所说，准备社会生活的唯一途径就是参与社会生活。“无论小孩或大人，通过理解自己的生活环境，就可以学会评判自然之美及其秩序，并且尊重真正的成就；与此同时，他也在为自己控制环境打下基础。”离开参与生活、了解社会需要和社会状况谈创新精神和实践能力，就如杜威口中所说的“在岸上学游泳”一般。[3]杜威认为参与具有产生“某种特定学习”（a particular kind of learning）的潜能。这也正是“处于”（being in）一个社会环境之中与“拥有”（having）一个社会环境之间的区别所在。这也意味着，重要的不是参与本身，而是参与的质量。[4]这种学习使得参加某一活动的所有人的观念、情感和理解都发生转变（transformation），一个共同和共享的观点得以出现。需要注意的是，对于杜威而言，参与不是人们身体上的靠近，或大家仅仅为一个共同目的而工作的情境，而是只有所有参与者都知道一个活动的共同目的，并且都对此真正的感兴趣，才会有真正的参与。从这一意义上来说，杜威认为具有两种意义上的参与：非教育性（noneducative）和教育性（educative）

[1] Meryl Alper, “Making Space in the Makerspace: Building a Mixed-Ability Maker Culture,” in *IDC '13: Proceedings of the 12th International Conference on Interaction Design and Children*(New York: Association for Computing Machinery, 2013),pp. 24-27.

[2] Elizabeth Garber, Lisa Hochtritt and Manisha Sharma, *Makers, Crafters, Educators: Working for Cultural Change*(New York and London: Routledge),p. 1.

[3] John Dewey, *Moralprinciples in Education*(Boston: Houghton Mifflin Company),pp. 13-14.

[4] Gert J. J. Biesta, *The Beautiful Risk of Education* (London and New York: Routledge),pp. 32-33.

的参与。其中，一种是只有一方（通过适应另一方）有所学习的参与，而另一种是所有参与者的观点都得以转变并产生共同观点的参与。[1]作为一种参与式创造的实践，创客教育尤其注重突显教育性参与的学习文化，它追求个体通过参与其中而发生真正意义上的观念、情感和理解上的转变。如前文提及的 OpenROV 联合创始人兼首席执行官大卫·朗所感慨的：先前的误解一旦得以消除，我就受到了可能性社区的欢迎。我意识到自己属于更大的一部分：创客运动。我还发现我的经历并非独一无二，“原来这就是所有新创客们的非正式入职方式”。大卫·朗表示，这个探索新世界的过程，让他看到了自己的另一面。“我认识到了我的能力，而这远远超出了我的想象。”可见，基于创客的学习并不局限于创客共同体之内，还会延伸至更广阔的范围——参与社会生活，而参与社会生活可以带来学习。

“学习不是关于获得和传递信息，而是关于共同设计一个更有益于生活的世界。”美国心理学家伊迪丝·阿克曼（Edith K. Ackermann）如此称。对于创客教育来说，参与文化就是创客充分发挥能动性共同设计一个有益于生活的世界之理念与行动。

（三）协作文化

参与意味着一种联合行动（collective action）。参与联合行动的主体共享观点、理解，并最终共同创造一个共享的和共同的世界（但不必是同一个世界）。[2]这也意味着，创客教育中的参与文化与协作文化实则是相伴相生的。计算机科学家尼古拉斯·内格罗蓬特（Nicholas Negroponte）在论及创新文化氛围时指出，“创新如何发生？新思想源自何方？最常见的答案是：提供良好的教育体制，鼓励不同的观点，培养协作精神”。尽管创客空间可以为参与者提供自己进行设计和创造的机

[1] Gert J. J. Biesta, *The Beautiful Risk of Education* (London and New York: Routledge),p. 33.
[2] Ibid..

会，但创客文化还是庆祝集体主义的。[1]

一方面，基于创客的学习强调同伴学习。如雷斯尼克教授所说，同伴协助是创客活动过程中的必要要素。当学生与同伴共同合作、分享的时候，也是对自己学习过程的回顾和思考。Fab Lab 创造人、麻省理工学院教授尼尔·格申菲尔德（Neil Gershenfeld）曾观察到的 Fab Lab 中出现的协作文化可以说明这一点。格申菲尔德在 Fab Lab 开展的被认为是最受欢迎的一门学术性课程“如何制造几乎任何东西”（How to Make Almost Anything）中发现，一旦学生掌握了一项新技能，如微控制器编程，他们就会有浓厚的兴趣向别人展示如何使用这些技术。而当学生需要新的技能来完成项目时，他们会向同伴学习，然后再将其传授下去。在这个过程中，他们会留下大量的指导材料。这个阶段可能会持续一个月左右。在此之后，他们会忙于使用工具而不愿费心去记录任何东西，但那时已经有其他人取代了他们的位置。这个过程可以被认为是一种“即时需要”（just-in-time）的教育模式，即按需教学，而不是更传统的“万一需要”（just-in-case）模式，即试图覆盖预先确定的课程并寄希望其中有些内容以后能派得上用场。[2] 格申菲尔德上述描述体现了创客空间中的一种典型的学习现象，一种强烈的同伴学习文化和近乎自发的社交、协作行动。这也正是基于创客的学习文化中的社会属性与分布式特征。

另一方面，除了同伴互助意义上的协作之外，从创客作为一种有目的的行动来说，如阿伦特所强调的，行动“完全取决于他人的持续存在”。阿伦特对行动与制造（fabrication）做了区分，她认为行动与制造的差别在于，人们无法孤立地行动。行动与言语总是围绕着他者，就如制造总是围绕自然以获得材料，以及围绕世界以呈现最终产品一样。制造

[1] Youngmoo E. Kim, Kareem Edouard, Katelyn Alderfer and Brian K. Smith, “Making Culture: A National Study of Education Makerspaces,” accessed September 22, 2020, https: //drexel.edu/~/media/Files/excite/Making-Culture-full-report.ashx.

[2] Neil Gershenfeld, *The Coming Revolution on Your Desktop—from Personal Computers to Personal Fabrication*(New York: Basic Books, Inc., 2005),p. 7.

总是被世界所包围并与其保持持续的联系，而行动则是被行动之网（the web of the acts）所包围并与其保持持续的联系。为此，在阿伦特看来，一旦孤立了也就剥夺了行动的能力。[1]以此观之，创客教育中的协作文化某种程度上也是创客行动本身的内在要求。也正因如此，布里克斯坦观察到，创客空间使学生能够进行在其他地方无法实现的智力活动和实践，并体验到新的工作方式和团队协作的新水平。[2]这种新的团队协作水平、协作范围其实也并非固定的，而是随着行动的开展而不断生长的，这也正是阿伦特所描述的"行动之无穷性（boundlessness）"，这同时也是建立人的关系之网（the relationship of human）的能力体现。[3]研究表明，创客活动通过加强同伴协作，改变教师/其他成人专家和学生的传统角色，使参与者能够发展和利用彼此的相关专业知识。[4]这也呼应了金等人对美国创客空间的调研发现：正是创客教育中的导师、协作和应用程序等元素的结合，使许多教育工作者将创客空间作为学校和非正式学习环境中的一种进步教育模式。[5]

（四）共享文化

参与、联合行动都会带来共同的事物——共同的观点、共同的利益、共享的愿景等。言下之意，创客教育中的参与文化不但与协作文化相伴相生，其实还伴随着一种共享文化。整个创客文化中的关键词"开源"可以说是这种共享文化的一个明显反映。事实上，在开源社区中，

[1] Hannah Arendt, *The Human Condition(2nd Edition)*(Chicago: The University of Chicago Press, 2013),p. 188.

[2] Paulo Blikstein, "Digital Fabrication and 'Making' in Education: The Democratization of Invention" *FabLabs: Of Machines, Makers and Inventors* 4, no. 1(2013):1-21.

[3] Hannah Arendt, *The Human Condition(2nd Edition)*(Chicago: The University of Chicago Press, 2013),p. 191.

[4] Alicia Blum-Ross, Kristiina Kumpulainen and Jackie Marsh(eds.),*Enhancing Digital Literacy and Creativity: Makerspaces in the Early Years*(London and New York: Routledge, 2020),p. 4.

[5] Youngmoo E. Kim, Kareem Edouard, Katelyn Alderfer and Brian K. Smith, "Making Culture: A National Study of Education Makerspaces," accessed September 22, 2020, https: //drexel.edu/~/media/Files/excite/Making-Culture-full-report.ashx.

分享设计成果、开展合作甚至被认为是创客运动的三大变革性特征之一，“已经成为一种文化规范”[1]。创客运动最初的确更多地被认为是具体事物（concrete things）的创造：是可以拿起来的或拿在手里的具体物品，是可操作、可把玩、可研究、可用作装饰或礼物的东西，等等。但后来人们认为，创客运动也适用于想法、情感和思想，也就是可以形成、转化、使用和共享的概念性事物（conceptual things）。但无论是具体性事物还是概念性事物，都体现了创客运动的一大重要益处：将有着相似爱好和兴趣的人联结在一起。那些喜欢钩织的人们可以分享钩针技巧、模式和作品，农民和想做农民的人们可以分享鸡笼设计和完善的方法；作家们可以分享主题、反思、修改和灵感。[2]类似的，在创客教育中，学习者通过合作交流、设计制作的实践过程（包括期间所经历的快乐乃至痛苦），在线下或线上创客社区中展示实践成果，解释其工作原理，澄明并提升其思维过程等，以期与同伴在思维、情感上“相遇”。事实上，知识共享经常被认为是创客运动的一个关键方面。这也是金等人在美国创客空间调研过程中发现的学生参与者所表达的一个共同成分。内容知识和技术技能通常在创客空间中的参与者之间共享，在某些方面是专家的学生与经验不足的参与者可以共享他们获得的知识。这加强了在创客空间内尊重分布式认知的文化，对于活动的可持续性和内部社区的建立至关重要。

文化是人类生存不可或缺的一部分，以至于它成为指导我们个人生活的“无形脚本”[3]。创客实践过程中所涉及的人工制品也是根据具体的价值观设计的，其选择可能会受到社会和文化互动的影响，包括媒体、家庭、朋友、导师和同伴以及学习工具或资源的物质属性。在这个过程中，重要的不是学习者创造的最终产品的质量，而是强调“物质性

[1] Chris Anderson, *Makers: The New Industrial Revolution*(New York: Crown Business, 2012),p. 13.

[2] Lynn Pawloski and Cindy Wall, *Maker Literacy: A New Approach to Literacy Programming for Libraries*(Santa Barbara: Libraries Unlimited, 2017),p. ix.

[3] Etta R. Hollins, *Culture in School Learning: Revealing the Deep Meaning*(New York and London: Routledge, 2015),p. xiv.

（materiality）和参与特定活动的具体人之间的结合”。“学习者创造物的物质属性和所体现的意图塑造了新的学习文化，从而形成了他们共同构建的学习环境”[1]，这种学习环境其实是一种学习空间的重构，跨越了正式学习和非正式学习的鸿沟，而这种新的学习文化扮演着一种“隐性课程”（implicit curriculum/hidden curriculum）的角色，以一种“无形脚本”撰写着学习者的创客经历甚至更广阔的生活史。毕竟，相对于正式课程（official curriculum）作为实在的“学校生活”上的人为附加物，隐性课程则存在于学生在校时所参与的种种实践中。[2]

鉴于创客教育在上述人的自我创造价值与教育变革价值方面的潜力，许多国家将创客教育作为社会创新一流人才的储备途径，作为增强国家国际竞争力、提高全民创新水平的路径，或者是经济发展、民族振兴的基石。[3]

[1] Beaumie Kim, Lynde Tan and Katerine Bielaczyc, “Learner-Generated Designs in Participatory Culture: What They Are and How They Are Shaping Learning,” *Interactive Learning Environments* 23, no. 5(2015):545-555.

[2] Gert J. J. Biesta, *The Beautiful Risk of Education* (London and New York: Routledge),p. 32.

[3] 张茂聪、刘信阳、张晨莹、董艳艳:《创客教育：本质、功能及现实反思》,《现代教育技术》2016 年第 2 期。

第三章

创客教育理论基础

任何理论和实践，如不以批判性地检验自身的根本原则为基础，那就是武断的。今天如火如荼的创客教育，显然不是21世纪才有的新生事物，而是几百年来“学习即创造”（learning is making）、“理解即创造”（to understand is to invent）教育思想在新兴技术环境下的再次融合。从卢梭到裴斯泰洛齐及其学生福禄培尔，再到一个多世纪后的杜威、皮亚杰，无不强调儿童的自主性、实践性和创造性。从这一意义上来说，创客教育无疑是站在巨人的肩膀上的。认识到这一点，对于我们深刻理解当前的创客教育至关重要。与此同时，当我们讨论兴起于智能技术迅猛发展情境中的创客教育时，我们还需认真审视新的技术时代下为创客教育奠定基础的、更加直接相关的理论。本章着重介绍建造主义与具身认知理论为创客教育所提供的理论启示。通过梳理其起源和文化渊源，从中理解创客教育所依据的基本原理，可以帮助我们分析什么样的活动、技术、空间及时间安排能够实现更为有效的创造性学习。

任何理论和实践，如不以批判性地检验自身的根本原则为基础，那就是武断的。[1] 今天如火如荼的创客教育，显然不是 21 世纪才有的新生事物，而是几百年来“学习即创造”（learning is making）、“理解即创造”（to understand is to invent）教育思想在新兴技术环境下的再次融合。从卢梭到裴斯泰洛齐及其学生福禄培尔，再到一个多世纪后的杜威、皮亚杰，无不强调儿童的自主性、实践性和创造性。他们的教育思想为创客教育奠定了坚实的基础，诚如马丁内斯与斯塔格所言，我们的确该奉他们为今天创客教育的“无名英雄”。[2] 从这一角度来说，创客教育无疑是站在巨人的肩膀上的。

认识到这一点，对于我们深刻理解当前的创客教育至关重要。但是，与此同时我们也需要意识到，我们当前所处的时代情境与杜威、皮亚杰当年的情况相比，显然已经是天差地别。为此，当我们讨论兴起于智能技术迅猛发展情境中的创客教育时，不得不跨出这些先辈的理论，认真审视新的技术时代下为创客教育奠定基础的、更加直接相关的理论。由出生于南非的美国数学家、计算机科学家、教育家、麻省理工学院终身教授西蒙·派珀特（1928—2016）所提出的，建立于杜威、皮亚杰及维果茨基等人理论之上的建造主义无疑是最为根本的。即便不是所有人都意识到，但派珀特的理论仍可以说是“制造”和数字制造之教育意义阐明的核心，也是许多创客运动热衷者在倡导创客时的理论基础。[3]

为此，本部分着重介绍建造主义与具身认知理论（Embodied Cognition）为创客教育所提供的理论启示。通过梳理其起源和文化渊源，从中理解创客教育所依据的基本原理，可以帮助我们分析什么样的活动、

[1] 约翰·杜威:《我们怎样思维·经验与教育》，姜文闵译，人民教育出版社，2005，第 247 页。

[2] Sylvia Libow Martinez and Gary Stager, *Invent to Learn: Making, Tinkering, and Engineering in the Classroom(2nd Edition)*(Torrance: Constructing Modern Knowledge Press, 2019),pp. 12-13.

[3] Paulo Blikstein, “Digital Fabrication and ‘Making’ in Education: The Democratization of Invention,” in *FabLabs: Of Machines, Makers and Inventors*, ed. Julia Walter-Herrmann and Corinne Büching(Bielefeld: transcript Verlag, 2013).

技术、空间及时间安排能够实现更为有效的创造性学习。

第一节 建造主义理论

今天，更多的人认同派珀特是“创客运动之父”，认为“创客”是派珀特建造主义和新伦敦小组（New London Group）多元素养（multiliteracies）在21世纪的体现。[1]建造主义是派珀特在结合皮亚杰将学习者作为知识建构者的理论框架与杜威关于基于实践、经验和探究等活动的学习过程等思想的基础上提出来的。“如果历史学家要画一条线将皮亚杰发展心理学的研究与今天教育技术趋势联结起来的话，这条线上一定会被贴上‘派珀特’的标签。”[2]保罗·布里克斯坦等人曾这样判断：派珀特提出的建造主义是建构主义与教育技术之间的一种相逢。他们同时还表示，“如果你想研究计算素养、儿童编程，或者创客运动，那么西蒙·派珀特是你绕不过去的”[3]。

一、西蒙·派珀特其人

西蒙·派珀特于1928年出生于南非比勒陀利亚，就读于南非威特沃特斯兰德大学，1949年获得哲学学士学位，1952年获得数学博士学位。他的研究把他带到了英国的剑桥大学，并在那里获得了第二个数学博士学位。此后他又到了日内瓦大学，开始跟随皮亚杰学习，并与其一起工

[1] Breanne K. Litts, “*Making Learning: Makerspaces as Learning Environments*” (PhD diss., University of Wisconsin-Madison, 2015),p. 183.
[2] Paulo Blikstein, Sylvia Libow Martinez, and Heather Allen Pang(eds.), *Meaningful Making: Projects and Inspirations for Fab Labs and Makerspaces*(Torrance: Constructing Modern Knowledge Press, 2019),p. xiv.
[3] Ibid.,pp. xiv-xv.

作。派珀特教授职业生涯的大部分时间都是在美国麻省理工学院从事教学和研究工作，其研究主要聚焦于三大领域：儿童认知发展、人工智能和教育技术。可以说，派珀特一生都致力于研究儿童如何思考、如何学会思考，并提出计算机不仅可以提供信息和教学，还可以让儿童进行实验、探索和表达等。

（一）建立媒体实验室

早在20世纪60年代，派珀特就提出，“应该是孩子给计算机编程，而不是孩子被计算机编程”[1]。在当时，人们嘲笑派珀特关于让孩子们把电脑作为学习的工具，用来增强创造力、创新和“具体化”计算思维的言论。要知道，在当时那个年代，让每个孩子像拥有笔记本和铅笔一样拥有便宜的个人电脑的想法无异于天方夜谭。然而，派珀特仍以麻省理工学院教授的身份，于1985年参与了具有传奇色彩的麻省理工学院媒体实验室的创建，并召集了一批学生开始了严肃的研究，这些研究开创了许多先河。今天在世界各地的教室、创客空间和孩子们的卧室中流行的可编程的乐高机器人套装、Scratch、MakeyMakey、Little Bits、电路贴纸和LilyPad都是媒体实验室的发明。在媒体实验室为儿童开发计算性玩具的初衷和精神的影响和激励下，其毕业生到今天为止还在源源不断地发明出新产品。这也表明，媒体实验室早在创客运动正式兴起之前，就已经为之做出了不可磨灭的贡献。正因如此，马丁内斯与斯塔格主张，“可以说，创客家族树在麻省理工学院和硅谷都有很深的根基”[2]。

对于创客教育研究而言，媒体实验室特别值得一提的原因还在于它不但发明可供儿童学习之用的计算性套件，它还发明其他实验室——Fab Lab。自2001年美国波士顿建立了全球首家Fab Lab以来，截至2019年

[1] Paulo Blikstein, Sylvia Libow Martinez, and Heather Allen Pang(eds.), *Meaningful Making: Projects and Inspirations for Fab Labs and Makerspaces*(Torrance: Constructing Modern Knowledge Press, 2019),p. xiv.

[2] Sylvia Libow Martinez and Gary Stager, *Invent to Learn: Making, Tinkering, and Engineering in the Classroom(2nd Edition)*(Torrance: Constructing Modern Knowledge Press, 2019),p. 23.

11 月，全球共有 1830 个 Fab Lab，形成了一张庞大的创客组织网络。[1] 目前除南极洲外，其他各大洲均建有 Fab Lab。我国自 2013 年首次获得 Fab Lab 认证，并在上海建立了第一家 Fab Lab 之后，目前已经有 40 多家 Fab Lab 创客实验室。从这一角度来说，麻省理工学院 Fab Lab 的创客教育理念与实践其实也在很大程度上推动着我国创客教育的迅猛发展。

（二）建立监狱中的“建造主义学习实验室”

派珀特的研究并不局限于实验室，而是深深地植根于教育实践之中，他与各大洲的研究人员和教育工作者团队开展了广泛而活跃的合作。事实上，他们在每个洲都开展了教育合作项目，其中包括一些发达国家和发展中国家的州和城市，以及发展中国家的偏远村庄，还有一些学院、大学、跨国公司，甚至监狱。例如，在 1999 年至 2002 年间，派珀特与其学生斯塔格、卡瓦洛（David Cavallo）开始了一个雄心勃勃的机构研究项目，即在美国缅因州青少年中心（Maine Youth Center，MYC）建立了一个基于建造主义理论的、技术丰富的、以项目为基础的、混龄的教育环境——建造主义学习实验室（Constructionist Learning Laboratory，CLL)。缅因州青少年中心是一个麻烦重重的监狱设施，为来自缅因州各地的青少年犯提供服务。CLL 基本上是由 12—21 岁的青少年构成的，其目的是让这些处于严重风险中的青少年能够从事基于个人兴趣、专业知识和经验的长期项目。如图 3-1 即是几名同学在完成挑战性项目“坡道上的乐高汽车”，其目标是让一辆无动力的乐高汽车沿着斜坡跑下去，并在获得动力后尽可能地在地面上跑得更远。[2]

[1] 详细清单可见 Fab Lab 国际社区网站：https: //www.fablabs.io/labs.

[2] David Cavallo, Seymour Papert, and Gary Stager, “Climbing to Understanding: Lessons from an Experimental Learning Environment for Adjudicated Youth,” in *Embracing Diversity in the Learning Sciences: Proceedings of the Sixth International Conference of the Learning Sciences*, ed. Yasmin B. Kafai, et al.(Abingdon: Taylor& Francis, 2013),pp. 113-120.

图 3–1 （从左至右）乐高攀爬者（Lego Climbers）

虽然在这之前也有一些教育项目是建立在派珀特的理论基础上的，但 CLL 代表了派珀特首次尝试从零开始设计一个完全支持建造主义的学习环境。[1]

（三）推动“每个儿童一台笔记本电脑”项目

派珀特一直都在积极参与创造最具影响力的各种前沿机会，让更广阔范围内的儿童能够参与到数字世界中来。他在生前致力推进的最后一个项目就是著名的“每个儿童一台笔记本电脑”（One Laptop Per Child, OLPC）计划。该计划始于 2005 年，是一项非营利的倡议，其目标在于通过为发展中国家创造和分发教育设备，以及为这些设备创造软件和内容，来改变全世界儿童的教育。图 3–2 即是非洲马达加斯加岛 OLPC 学校的孩子在用他们的 XO 笔记本电脑来学习阅读和打字，以及利用“笔记本电脑医院”来维护自己的设备。

[1] Gary Stager, “Papert’s Prison Fab Lab: Implications for the Maker Movement and Education Design Authors” (paper presented at Proceedings of the 12th International Conference on Interaction Design and Children, New York, Jun 24-27, 2013).

图 3–2 马达加斯加岛 OLPC 学校的学生在使用 XO 笔记本电脑

可以说，派珀特的想法、发明及其实际推广工作改变了全世界儿童学习并进行创造的方式，也从根本上改变了我们思考学习的方式，改变了我们思考孩子的方式，以及思考技术的方式。1980 年，随着《头脑风暴：儿童、计算机和强大的思想》这一重要著作的出版，派珀特的主要思想开始进入主流意识。今天，派珀特是国际公认的研究计算机如何影响学习的先驱者。

二、建造主义的源起与发展

建造主义思想虽然是随着《头脑风暴：儿童、计算机和强大的思想》的出版而进入广大教育研究者和实践者的视野的，但其思想的形成与发展其实也经历了较长时间的酝酿，并与派珀特个人的童年经历、科研经历、实践经历有着深厚的渊源。

（一）童年经历——童年的齿轮

根据派珀特的自述，建造主义的提出与其自身童年经历不无关系。在一篇名为《童年的齿轮》（*The Gears of My Childhood*）的文章中，派珀特生动地描述了自己在童年时期爱上“齿轮”的经历。[1] 别人（甚至很多

[1] Seymour Papert, *Mindstorms: Children, Computers, And Powerful Ideas*(New York: Basic Books, Inc.,1993),pp. xviii-xxi.

成人）看来极其复杂的“齿轮”，在派珀特看来却是异常灵动好玩。派珀特还不到 2 岁时便对汽车产生了强烈的兴趣，令他特别引以为豪的是对传动系统、变速箱，尤其是差速器等部件的了解。他还逐渐发展出了一种特别的能力，即在自己的脑海里想象轮子的转动，并能模拟出其中的因果关系链。

正是在玩齿轮的过程中，派珀特不经意地学习了许多复杂的概念和抽象的数学知识。派珀特因此相信，差速器给他带来的数学教育胜过小学里的任何数学课程。对于幼年时期的派珀特来说，齿轮就是模型（models），因为齿轮能够将许多无比抽象的概念变成可以在他头脑中运动的思维。当然，这样的理解是他在学习了皮亚杰的理论之后所做出的反思。皮亚杰的理论让派珀特开始以全新的视角重新审视自己童年的齿轮。他发现，这些童年时期大爱的齿轮对于他来说，不仅和数学的形式知识（formal knowledge）相关联，同时也和他孩童时期的“身体知识”（body knowledge，即儿童的感官运动图式）相关联。因为尚年幼的他可以把自己想象成齿轮，将自己代入到齿轮，并跟着它一起转动，以此来更加真实、形象地理解其背后抽象的运动机制：如果这个齿轮朝这个方向转，那么那个齿轮肯定会那样转……。派珀特因而感慨，“正是这样一种双重关系——既抽象又具象，赋予了齿轮无与伦比的力量，让我深深地爱上了数学”[1]。

这种齿轮之于儿童的关系，派珀特视之为“移情对象”（transitional object）。这无疑为派珀特日后思考学习和学习思考埋下了种子。回顾这段童年经历，派珀特根据皮亚杰的发生认识论提出：对学习的理解必须是发生性的。也就是说，它必须追溯到知识的发生（the genesis of knowledge）。一个人可以学到什么以及如何学，都取决于他现有的思维模型。更重要的是，这段童年经历还让他认识到思维模型生根发芽的土壤

[1] Seymour Papert, *Mindstorms: Children, Computers, And Powerful Ideas*(New York: Basic Books, Inc.,1993),p. xx.

不仅需要已有的认知结构，还需要必要的情感联系。派珀特根据自身对齿轮的浓厚兴趣和强烈的情感，以及皮亚杰的发生认识论强调认知能力，但对情感因素缄口不言的情况，特别强调了学习过程中的情感因素。派珀特认为，所谓的“学习的规律”（laws of learning）应该是关乎新的知识结构如何从已有的知识结构中生长出来，并在这个过程中构建逻辑形式和情感联系。[1]

（二）研究经历——师从皮亚杰的经历

派珀特既是发展心理学家皮亚杰的得意门生，也是皮亚杰理论的拥护者。就连皮亚杰本人也曾感慨，“没有人能像派珀特一样理解我的想法”[2]。1958 年至 1963 年，派珀特与皮亚杰在瑞士日内瓦大学共事。这段研究经历为派珀特以全新的目光——派珀特称其为“受过皮亚杰训练的眼睛”（Piaget-trained eyes）[3]——重新审视学习和儿童的认知发展提供了重要的条件。皮亚杰提出的儿童理解世界的认知方式改变了派珀特对儿童和学习的看法，也让他重新思考了学校应该如何运作。

一方面，派珀特认为一般人对于建构主义的认识，主要在于概念形成的过程与认知发展阶段理论，但是皮亚杰对他最主要的影响在于知识论的部分。另一方面，派珀特认同皮亚杰以一种一致性的结构发展过程对不同领域的知识发展所做出的解释，同时，他认为皮亚杰的知识论之所以未受到重视，乃是因为皮亚杰式的学习是一种人类与环境自然且自发性的互动，而这与其认识的实际应用场域——学校教育有很大的差别。[4]也正因如此，派珀特在发展建造主义时针对应用场域做了重要的理论发展与实践努力，使建构主义理论朝着行动迈进了一步。他积极地投

[1] Seymour Papert, *Mindstorms: Children, Computers, And Powerful Ideas*(New York: Basic Books, Inc.,1993),pp. xix-xx.

[2] David Thornburg, *From the Campfire to the Holodeck: Creating Engaging and Powerful 21st Century Learning Environments*(San Francisco: Jossey-Bass, 2013),p. 78.

[3] Seymour Papert, “You Can’t Think About Thinking Without Thinking About Thinking About Something,” *Contemporary Issues in Technology and Teacher Education* 5, no. 3/4(2005):366-367.

[4] 许惠美:《美国初等教育中建造主义实践之初探》,《网络社会学通讯》2011 年第 97 期。

入到学校教育的变革之中，将其研究深深根植于学校教育，而非自然教育情境中。

（三）实践经历——来自“肥皂雕刻”的启示

“建造主义从肥皂雕刻模式直接延续下来的轨迹是清晰可见的”[1]，这是派珀特曾明确表示的。派珀特曾描述了20世纪60年代，他在马萨诸塞州一所初中与一个艺术班的邂逅，并由此产生了改变数学课堂动态的愿景。这一幕曾被很多文献所引用：20世纪60年代末，派珀特在美国某所初中做项目时，曾经过一间艺术室，里面的学生正在雕刻肥皂（soap-sculpture）。通过观摩那里的艺术课和欣赏学生们的肥皂雕刻作品，派珀特开始思考为什么数学课与艺术课如此不同：数学课主要是教师主导，而艺术课则是学生主导——在艺术课上，学生可以创造一些对个人有意义的东西，雕刻出孕育想象的作品；他们的项目没有完成，也没有放弃，而是持续了好几个星期；他们有时间思考、梦想、凝视、获得新想法并去尝试、放弃或坚持，他们有时间去讨论、观看别人的成果并获得别人对自己作品的反馈。这一幕成了派珀特教育思想发展的重要尤里卡时刻（eureka moment，即灵光乍现的时刻）[2]：“我希望初中数学课也能像这样。我不知道‘这样’到底是哪样，但我知道我想要它。我甚至不知道该怎么称呼这个想法，在很长一段时间里，它一直作为‘肥皂雕刻数学’（Soap-sculpture Mathematics）存在于我的脑海里。”可见，早在派珀特提出“建造主义”这个术语之前，建造主义思想就已蕴含于他想象的“肥皂雕刻数学”中了。派珀特知道，他必须使用比简单的艺术材料更复杂、更强大的媒体，来创造更具建构能力的数学。

在受到“肥皂雕刻”课的启示之后，为了发明并让学生体验“肥皂

[1] Seymour Papert and Idit Harel(eds.), *Constructionism: Research Reports and Essays, 1985-1990*(New York: Ablex Publishing Corporation, 1991),pp. 1-11.

[2] Mick Wilson, "Contentious Subjects: Constructionism and the Project of Higher Arts Education" (paper presented at Constructionism 2020: Proceedings of the 2020 Constructionism Conference, Dublin, May 26-29, 2020).

雕刻数学”，派珀特在1966年时联合同事合作开发出了著名的教育性计算机编程语言——LOGO。可以说，建造主义的提出很大程度上是派珀特尝试以一个新的术语将“肥皂雕刻数学”背后的教育思想表达出来的结果。

以上派珀特早期的成长经历和日后的工作经历都为建造主义的提出奠定了理论和实践基础。1987年，派珀特在向美国国家科学基金会（NSF）提交的题为《建造主义：基础科学教育的新机遇》的提案中正式提出了建造主义的概念。

三、建造主义的核心思想

虽然建造主义和建构主义一样，共享着“建构”（construct）的部分，即都认同学习是学习者的主动建构，但派珀特认为“建造主义为皮亚杰的建构主义思想增添了新的内容”。在上文述及的缅因州青少年中心中，派珀特为了帮助参观者了解指导CLL的基本理论，创建了一个一页纸的文件，名为“CLL背后的八大理念”，这八大理念其实在很大程度上反映了建造主义的核心思想：[1]

建造主义学习实验室背后的八大理念

第一大理念：做中学（learning by doing）。当学习是我们觉得有趣的事情的一部分时，我们会学得更好。当我们用所学的知识去做一些自己真正想要的东西时，我们就会学到最好的东西。

第二大理念：技术作为建造材料（technology as building material）。如果你能好好地利用技术来制作，就能创造出更多有趣的东西。你可以通过制作它们学到更多。数字技术尤其如此：各种各样的电脑，包括我们实验室里的电脑控制的乐高。

[1] Gary Stager, “Papertian Constructionism and the Design of Productive Contexts for Learning” (paper presented at plenary session of EuroLog, Warsaw, August 28-31, 2005).

第三大理念：艰难的乐趣（hard fun）。如果我们喜欢我们正在做的事情，我们的学习效果最好、工作效果最好。但是乐趣和享受并不意味着“轻松”，最好的乐趣是艰苦的乐趣。我们的体育英雄为了在运动中取得更好的成绩而非常努力，最成功的木匠喜欢做木匠活儿，成功的商人喜欢在交易中努力工作。

第四大理念：学会学习（learning to learn）。许多学生认为“学习的唯一途径就是被教导”，这是他们在学校和生活中失败的原因。没人能教你需要知道的一切，你必须对自己的学习负责。

第五大理念：把握时间（taking time）——工作的适当时间。许多学生习惯于在学校里每五分钟或每小时就被告知一次：做这个，然后做那个，现在做下一件事。如果没有人告诉他们该做什么，他们就会感到无聊。然而，生活不是这样的。要做任何重要的事，你必须学会为自己安排时间。这对我们许多学生来说是最难的功课。

第六大理念（也是最重要的）：不经历错误则很难成功（you can't get it right without getting it wrong）。没有什么重要的事情能第一次就成功，唯一的办法就是仔细看看出错时发生了什么。为了成功，你需要路上不断试错的自由。

第七大理念：像对待学生那样对待自己（do unto ourselves what we do unto our students）。我们一直在学习。我们有很多其他类似项目的经验，但每一个项目又都是不同的，我们并没有一个预先设想好的想法来确切地解决这个问题。我们喜欢我们正在做的事情，但我们希望它是困难的。我们希望花点时间把这件事做好。我们遇到的每一个困难都是学习的机会。我们能给学生最好的一课就是让他们看到我们也在努力学习。

第八大理念：我们正在进入一个数字化的世界，在这个世界里，了解数字技术与阅读和写作同等重要（knowing about digital technology is as important as reading and writing）。因此，学习计算机知识对我们学生的未来至关重要，但最重要的目的是利用计算机来学习其他一切。

派珀特的建造主义在很大程度上体现了儿童、学习、认知和技术之间的复杂关系。本研究试图以这八大理念为基础，从知识观、学习观、儿童观、教师观、技术观角度对派珀特的建造主义思想进行透析。

（一）建造主义的知识观

派珀特对传统学校教育向来持有批判的态度。他将传统学校称为“教学主义”（instructionism），即由成人告知儿童该做什么，决定他们该知道什么，而这一切又是与未来就业相关联的。“建造主义”的提出更是用以与“教学主义”相对的。需要指出的是，一方面，派珀特所称的“教学主义”并不等同于“教学”，而且教学本身并没有错。为此，我们不能误将“建造主义”与“教学”对立起来。另一方面，“教学主义”与“建造主义”表面上看起来像是教育策略之间的分裂，即两种不同的知识传播方式，但在这背后其实是一种超越知识传播和知识获取的分裂——它触及的是知识本质（nature of knowledge）和认识本质（nature of knowing）。派珀特认为，两者之间其实是天差地别的。因为前者是一个技术问题，属于师范学校有关“方法”的课程；而后者属于认识论的范畴，它接近于哲学家所思考的基本问题，也提出了一些与科学本质和心理学最深层次辩论相关的问题。[1]

可以看出，对于派珀特而言，建造主义并不是一种具体的方法，而是涉及更深层次的认识论。也正是看到了这一点，英国伦敦大学的凯特·迈克柔（Kate Mackrell）与戴夫·普拉特（Dave Pratt）表示，如果我们仅仅把建造主义看作派珀特 30 多年前在建构主义框架之下发展出来的实践是不够的，其结果很有可能的是，它随着生成论（enactivism）、活动

[1] Seymour Papert and Idit Harel(eds.), *Constructionism: Research Reports and Essays, 1985-1990*(New York: Ablex Publishing Corporation, 1991),pp. 1-11.

理论的发展而逐渐被人们所遗忘。也就是说，仅仅建构主义并不能为建造主义的种种观点提供足够的理论支持。迈克柔与普拉特希望派珀特的思想能够继续为当前的实践提供参照，同时也能为未来的实践带来新的发展。他们还提出，哲学概念中的“推理空间”（space of reasons）可以为建造主义提供比建构主义更好的理论基础。通过强调推理而非表征的重要性，可以较好地摆脱“构建知识”的隐喻，并转身将知识置于一个相互联系的推理空间中。在他们看来，这些思想与派珀特起初的目标以及后来建造主义的发展更加吻合。[1]

（二）建造主义的学习观

“建造主义是一种学习理论—— 一种关于你认为学习是如何发生的立场。它不是一门课程或一套规则。”[2]作为一种学习理论，建造主义的学习观虽然与建构主义的学习观共享不少观点，但同时也形成了一些鲜明的思想。这主要表现在两个方面：一是对“学会学习”的反复强调——派珀特提出了“学习的艺术”的概念并对其做出了阐释；二是对学习概念的重构——认为学习是学生在其头脑之外进行、可分享的建造。这种建造既是挑战性的，同时也是快乐的，用派珀特的话来说，即“艰难的乐趣”。

1. 学会学习

“学习的艺术（the art of learning）是学术上的孤儿。”这是派珀特在考察学术领域重视“教学的艺术”（the art of teaching），而忽视“学习的艺术”的现实之后所做出的判断。[3]我们知道，派珀特一生的研究都在关注儿童——儿童如何思考、如何学习。他认为，在英语世界里，人

[1] Kate Mackrell and Dave Pratt, “Constructionism and the Space of Reasons,” *Mathematics Education Research Journal* 29, no. 4(Feb. 2017):419-435.

[2] Sylvia Libow Martinez and Gary Stager, *Invent to learn: Making, Tinkering, and Engineering in the Classroom(2nd Edition)*(Torrance: Constructing Modern Knowledge Press, 2019),p. 36.

[3] Seymour Papert, “A Word for Learning,” in *Constructionism in Practice: Designing, Thinking, and Learning in A Digital World,*ed. Yasmin B. Kafai and Mitchel Resnick(Mahwah: Lawrence Erlbaum Associates, Inc., 1996),pp. 9-10.

们向来重视教学的艺术，有诸如教育学（pedagogy）等专门术语来描述教学的艺术，也有“教学理论”（Theory of Instruction）、“教学设计”（Instructional Design）等研究教学艺术的相关理论，并且均已被学术界作为值得尊敬和重要的领域。但遗憾的是，学术界却没有一个专门用来表达“学习的艺术”的词。

做出这个判断并不是说派珀特完全忽略了图书馆里那些标有“学习理论”的著作，而是在他看来，较早的此类著作中所谓的“学习”多半是将其理论建立在对动物的行为观察上；而较新的著作则更有可能将理论建立在计算机程序的性能上。但它们均与“学习的艺术”毫无关系。对于派珀特来说，虽然你能从这些著作中找到不少心理学家关于如何训练老鼠的建议（这些建议有时也会被用来训练儿童），但很难从中找到可以改进自身学习的建议。

派珀特认为，这种现象其实是可以理解的：因为人们还没有感觉到这样的需求。在审视学校教育时，派珀特发觉学生的主动性常常受到忽视，教育体系仍在试图教会学生成为被动学习者：坐着，听着，学着……当要求他们进行独立思考时，他们就会感到恐慌。这是因为教育体系重视的是教给学生有关数字与语法的知识，而不是有关如何学习、如何思考的知识。

基于这种现实，派珀特特别强调，我们需要这样一个词来表达学习的艺术。于是，他在1980年出版的《头脑风暴：儿童、计算机和强大的思想》中明确提议以“mathetic”一词来描述“学习的艺术”。派珀特表示，他选择“mathetic”一词其实是他“在为数学专业的祖先犯下的语义盗窃案做出弥补”——他们从希腊语中窃取了一个与学习有关的词“mathematics”来表示“数学”，因为当时数学家们深信他们的学习是唯一真正的学习，所以有理由“占用”这个词。今天看来，他们显然是取得了巨大的成功，词根“math-”的主要内涵成了在学校里教的关于数字的东西。然而，根据派珀特对“mathetic”的希腊语词源追溯，“mathetic”

本身并非与数学有关，而是与学习有关。例如，“mathēmatikos”是指“愿意学习”（disposed to learn），“mathēma”是“一个教训”（a lesson），而“manthanein”则是动词“去学习”（to learn）。根据派珀特的解释，现代英语中为数不多的还保留着这一词根原始意义的痕迹之一是“polymath”，这个词并不是指懂各种数学知识的人，而是指学识渊博的人。在此基础上派珀特提出，“mathetics 作为儿童学习的领域，甚至比数学来得更重要”。

可见，所谓“mathetic”即关于如何学习的艺术、如何学习的知识。派珀特曾引用奥地利哲学家伊万·伊里奇（Ivan Illich）的观点，提出了自己对学习的理解：“伊里奇认为，你在学校里学到的最重要的东西是，学习只有通过被教才能实现。这与赋能恰恰相反。你在学校应该学习的是无须被教就能学习。这并不是说教师在学习过程中不是一个重要的部分。教师当然是这个过程中最重要的人，但是，认识到教师的重要性，与把学习降为被动接受教育的一面是截然不同的。这其实体现了教育理论之间的根本分歧，即教育究竟是赋能个体，还是关于教与被教。”[1]

根据建造主义思想，“学习的艺术的一个中心原则是好的讨论能促进学习，它的核心研究目标之一是阐明什么样的讨论能起到最大的作用，以及什么样的情况有利于这种讨论”。但令派珀特忧虑的是，我们整体文化中存在着的一种深刻的“反学习艺术”（antimathetic）的倾向。[2] 在这种文化的笼罩下，多数人会害怕暴露自己思想的不成熟或混乱。这种恐惧继而形成了一种习惯，而这种习惯几乎成了一种禁忌的力量——派珀特称之为“学习艺术之禁忌”（mathetic taboo），“它禁止自由地谈论我们

[1] Seymour Papert, “A Critique of Technocentrism in Thinking about the School of the Future,” in *Children in the Information Age: Opportunities for Creativity, Innovation and New Activities*, ed. Blagovest Sendov and Ivan Stanchev(Oxford: Pergamon Press, 1988),pp. 3-18.

[2] Seymour Papert, “A Word for Learning,” in *Constructionism in Practice: Designing, Thinking, and Learning in A Digital World*, ed. Yasmin B. Kafai and Mitchel Resnick(Mahwah: Lawrence Erlbaum Associates, Inc., 1996),p. 14.

如何思考，尤其是我们如何学习”[1]。

虽然派珀特看到了这一点，“学习的知识”或学会学习还不是学术研究中的课题或语言，亦无一套心理支持系统，但他还是乐观地认为这正是计算机可以介入的地方。他表示，在今天这个信息技术发达的环境下，皮亚杰的知识论是有机会在学校教育中得以彰显的。[2]

2. 学习是头脑之外的一种可分享的建造

“从心理学的建构主义理论中，我们把学习看作一种重建，而不是知识的传递。我们将可操作材料的概念扩展到这样一种观念之中，即当学习者在构建一个有意义的产品时，学习是最有效的。”[3]这在很大程度上反映出了建造主义的学习观——学习是在头脑之外进行的可分享的建造（shareable construction）。这种可分享的建构可以采取机器人、音乐创作、纸糊火山、诗歌、对话或新假设等形式。[4]对派珀特而言，“将我们内在的思想与感觉投射出来是学习的关键”。将内在想法表达出来意味着这些想法既可以用来交流与探讨，也有助于我们借以进行自我表达。

虽然“做中学”的思想早在杜威的学习理论中就有深刻的阐述，但对于派珀特来说，“做”其实更倾向于“制作”或“制造”（making）。在20世纪60年代，当个人计算机还没有完全盛行的时候，派珀特就开始倡导“通过制作学习”（learning by making），并强调，无论在何种学习环境下，都要将学习视为“建立知识结构”。例如，在前文提及的建造主义学习实验室（CLL）中，派珀特及其研究团队在建造主义学习理论的指导下，创造了一个混龄的、跨学科、技术丰富的学习环境，以支持学生

[1] Seymour Papert, “A Word for Learning,” in *Constructionism in Practice: Designing, Thinking, and Learning in A Digital World*, ed. Yasmin B. Kafai and Mitchel Resnick(Mahwah: Lawrence Erlbaum Associates, Inc., 1996),p. 15.

[2] 许惠美:《美国初等教育中建造主义实践之初探》,《网络社会学通讯》2011 年第 97 期。

[3] Seymour Papert, *Constractionism: A New Opportunity for Elementary Science Education* (Cambridge: Massachusetts Institute of Technology, Media Laboracory, Epistemology and Learning Group, 1986).

[4] Sylvia Libow Martinez and Gary Stager, *Invent to Learn: Making, Tinkering, and Engineering in the Classroom(2nd Edition)*(Torrance: Constructing Modern Knowledge Press, 2019),p. 36.

开展基于他们自身兴趣、天赋和经验的对个人有意义的项目开发。就如其他创客教育环境一样，CLL 项目为学生提供了大量低技术、高技术的材料，包括可编程乐高积木、传统材料，用于人工制品的建造，以支持他们的做中学项目学习，让这些处于风险中的学习者了解他们自己作为学习者的能力，并能体验哈佛大学教育学者、皮亚杰的学生埃莉诺·达克沃斯（Eleanor Duckworth）所说的“拥有精彩的观念”（The Having of Wonderful Ideas）。[1] 在促进这些处于高风险中的学生成为主动的学习者方面，CLL 的确取得了不少的成就。在 CLL 学习期间，那些原本被认为没有学习能力的学生表现出了相当不错的学习能力，甚至有学生在 CLL 时就开始参加了大学课程，有些学生从缅因州青少年中心直接进入高等教育，而这在他们参加 CLL 之前是不可能的。从这一意义上来说，早于当前这股创客文化开始盛行并成为正式教育重要补充的十多年前，派珀特就已经成功地创建了一所完全基于这一运动理念的学校。[2]

可见，无论从建造主义理论本身还是建造主义指导下的实践来看，建造主义与建构主义在知识构建理解方面的一个重要区别在于：建造主义认为建构知识最好的方法不是在头脑中，而是在头脑之外——即构建一些有形的东西、对个人来说是有意义的东西。[3] 换言之，建构主义强调发生于学习者头脑里面的建构，而建造主义强调学习者在头脑之外进行可分享的建造，即鼓励学生在技术中介的学习环境中，通过设计与制作外在的、可分享的学习物品来构建知识。这里的“学习物品”就是派珀特所称的“用来思考的对象”（objects to think with）。这些“用来思考的

[1] Gary Stager, “Papertian Constructionism and the Design of Productive Contexts for Learning” (paper presented at plenary session of EuroLog, Warsaw, August 28-31, 2005).

[2] Gary Stager, “Papert’s Prison Fab Lab: Implications for the Maker Movement and Education Design Authors” (paper presented at Proceedings of the 12th International Conference on Interaction Design and Children, New York, Jun 24-27, 2013).

[3] Seymour Papert, “A Critique of Technocentrism in Thinking about the School of the Future,” in *Children in the Information Age: Opportunities for Creativity, Innovation and New Activities*, ed. Blagovest Sendov and Ivan Stanchev(Oxford: Pergamon Press, 1988),p. 13.

对象”通过帮助学生在个人与知识之间建立联系，促进其知识构建。[1]派珀特广为流传的表达——“在没有思考某些具体东西的情况下，你是无法思考什么是思考的”（You cannot think about thinking without thinking about thinking about something），也正是此意。

3. 学习是一种艰难的乐趣

“艰难的乐趣”是建造主义提出来的一个表达，它关乎学习过程中的认知挑战，强调的是挑战与游戏并存的原则。

一方面，从认知挑战的角度来说，派珀特特别认同维果斯基的最近发展区（Zone of Proximal Development）理论。我们知道，这个区域位于过于简单的任务和学生自己无法完成的任务之间。在这个层次上，挑战是可能实现的，这就为追求目标提供了动力。换言之，学习位于这个“刚刚好”的区域，意味着挑战需要付出巨大的认知上的努力和情感上的投入，来达到新的技能或知识水平。这种认知上的努力对于让儿童主动将来自于教师或材料的知识转化为个人的知识财产（intellectual asset）是至关重要的。如果用杜威在《我们怎样思维》中的话来说，这是避免让儿童养成“心智上的奴性”（mental servility）的关键。[2]因为知识不是来自课本或教师所提供的材料，不是来自“填鸭式教学”，不是现成的精神食粮，不像商店里买来的东西，拿来吃下去就可以，而是需要儿童通过积极地利用别人提供的证据形成自己的判断，从而获得相应的结果。在这个过程中，一是无论是课本或教材，都需要转化成反省思维的材料，二是学习者自身不能只是做“俯首帖耳的学生”（docile pupils），而是要成为具有独创性的研究者。杜威所谓的“独创性”（originality），不是指学生自己的结论要和别人的结论有所不同，更不是指要得出一个完全新奇的结论，而是指“学生对于问题有亲身探讨的兴趣；对于别人提供的

[1] 王旭卿:《派珀特建造主义探究——通过建造理解一切》,《现代教育技术》2019 年第 29 卷第 1 期。

[2] John Dewey, *How We Think: A Restatement of the Relation of Reflective Thinking to the Educative Process* (Lexington: D. C. Heath and Company, 1933),p. 257.

暗示有反复深思的主动精神，并且真心实意地循此前进，导出经得起检验的结论”。如果用一句话来概括，就是学生要“亲自去想”（Think for yourself）。[1]

另一方面，建造主义在强调通过认知挑战来促进认知发展的同时，也特别倡导“游戏精神”（playful spirit）、“游戏性”。自媒体实验室成立以来，这种精神就一直支撑着实验室一代又一代的研究者，同时还深刻地影响着其他实验室的研究者。例如，麻省理工学院“比特与原子中心”（Center for Bits and Atoms）主任尼尔·格申菲尔德也特别认同制造事物过程中所蕴藏着的极其有力的学习经验。他曾评论道，“儿童的创造性，使得玩具和发明工具之间的区别变得模糊，最终形成了个人制造技术中游戏和工作的融合。而把这些世界融合到一起的最初灵感来源和倡导者正是西蒙·派珀特”[2]。有研究者甚至认为，正是麻省理工学院媒体实验室中“做中学”之“游戏精神”使其成为当代创客运动所推崇的许多想法、材料的诞生地。[3]

（三）建造主义的儿童观

儿童是自身智力结构的建造者（Children as builders of their own intellectual structures）。这既是对建造主义的儿童观的概括，也表明了派珀特对皮亚杰儿童观的承袭。[4]他认为，“儿童是天生的学习者”，“早在他们上学之前很久，便开始了广泛获取知识的过程”。派珀特将这个学习过程称为“皮亚杰式学习”（Piagetian learning）的过程，或者叫“无师自通”（learning without being taught）。

---

[1] John Dewey, *How We Think: A Restatement of the Relation of Reflective Thinking to the Educative Process* (Lexington: D. C. Heath and Company, 1933),pp. 257-258.

[2] Neil Gershenfeld, *Fab: The Coming Revolution on Your Desktop—from Personal Computers to Personal Fabrication*(New York: Basic Books, Inc.,2005),p. 110.

[3] Sylvia Libow Martinez and Gary Stager, *Invent to Learn: Making, Tinkering, and Engineering in the Classroom(2nd Edition)*(Torrance: Constructing Modern Knowledge Press, 2019),p. 23.

[4] Seymour Papert, *Mindstorms: Children, Computers, And Powerful Ideas*(New York: Basic Books, Inc.,1980),p. 7.

一方面，作为自身智力结构的建造者，儿童创造事物的力量必须是来自本身的一个问题或冲动，而不是外界所强加的。因此，诸如“怎么让我的小车跑得更快？”之类的问题，可以有效激发学习者的创造力量。而这可能比其他任何人，包括老师强加的标准要来得更为有效。

另一方面，就如所有的建造者都需要用以建造的材料一样，儿童作为自身智力结构建造者，当然也需要可以用以建造的学习材料。技术正是派珀特所认为的儿童可以用以进行建造的学习材料。正是从这一意义出发，派珀特认为如何在教育中使用技术，如将技术视为教学辅助工具，还是儿童的建造材料，并非小小的技术性选择方面的差异，而是教育理念上的根本差异，反映出了人们对童年本质的不同理解。[1]派珀特相信，当儿童被赋能时，他们能够将他们所知的、所感的和想知道的联系起来，从而开始学习新事物；借助技术，学生可以利用自己的双手创造理解世界的一切。可见，这并不是派珀特对杜威“动手做”的重复强调，而是体现了他鲜明的儿童观。

可以说，派珀特一生的努力，都致力于“试图把学习者从对被教的依赖中解放出来”[2]。

（四）建造主义的教师观

建造主义的教师观也许可以透过派珀特提出的“巴西桑巴舞学校”（Brazilian samba school）学习模式的隐喻予以洞窥。[3]作为巴西裔研究者，派珀特将巴西的“桑巴舞学校”作为儿童理想学习模式的隐喻。在巴西，桑巴舞学校不是传统的学校，而是一种拥有会员资格的社交俱乐部。每年，桑巴舞学校都会为下一个狂欢节选择主题，选出明星，撰写歌词，

[1] Seymour Papert, *Mindstorms*: *Children, Computers, And Powerful Ideas*(New York: Basic Books, Inc.,1980),pp. 30-32.

[2] Sylvia Libow Martinez and Gary Stager, *Invent to Learn: Making, Tinkering, and Engineering in the Classroom(2nd Edition)*(Torrance: Constructing Modern Knowledge Press, 2019),p. 36.

[3] Seymour Papert, *Mindstorms*: *Children, Computers, And Powerful Ideas*(New York: Basic Books, Inc.,1980),pp. 177-189.

进行编舞和排练。学校成员的构成在年龄和能力上都具有多样性：在年龄上，可以是儿童也可以是老人；在能力上，既有新手，也有职业选手。但是，一旦他们聚到一起，就会一起欢乐地跳舞、互相学习，即大家在跳舞的同时也在学、在教。可以看出，这是一种由真实的任务所驱动的、具有强烈社会凝聚力与归属感的学习情境。在这里，无论是专家还是新手，都在一同进行有目的性的学习。

基于这一学习模式，派珀特与其团队在开发 LOGO 学习环境时，特地将此隐喻融入其设计之中。派珀特分析道，LOGO 环境与桑巴舞学校既有相似之处，亦有差异之处。就相似性而言，第一个相似之处在于学习也是一种真实的活动，可以为新手与专家所共享。他联想杜威曾怀念过的人类社会早期的状况，那时的儿童可以通过真正参与打猎活动和游戏性模仿而学习成为一个猎人。只是，今天学校中的学习已不再是那么有参与性的了。在 LOGO 环境中，新手并不与专家分隔开来，而是共同学习。如同桑巴舞学校，就算再有经验的明星舞者，来到桑巴舞学校中也仍需为高难度的舞蹈动作而学习。类似的，派珀特强调，教师也需要不断学习，并认为“我们能给学生上的最好的一课就是让他们看到我们在努力学习”[1]。

第二个相似之处在于人际关系的特征。LOGO 环境中的确仍存在教师，但他们的角色更像是桑巴舞学校里的专业舞者，而不是传统的、手握教学大纲和一套课程前来上课的老师。在传统的课堂中，我们倾向于用传统角色来定义老师和学生，即一个是知识的专家和传授者，一个是知识的受体。相比较而言，虽然 LOGO 的老师也会回答问题，在孩子们需要的时候提供必要的帮助，但是，建造主义教育者更像是学生学习的推动者、引导者和共同探索者。

第三个相似之处在于，环境中的思想流（flow of ideas）甚至指令流

[1] Sylvia Libow Martinez and Gary Stager, *Invent to Learn: Making, Tinkering, and Engineering in the Classroom(2nd Edition)*(Torrance: Constructing Modern Knowledge Press, 2019),p. 76.

（flow of instructions）的流动方向都不是单向的。因为环境的设计是为了促进更丰富、更深入的交流。这既包括儿童之间的交流，也包括儿童与教师之间的交流。

当然，派珀特并没有把 LOGO 环境等同于桑巴舞学校，他认识到两者之间还是存在着根本性的差异的。就教师方面而言，LOGO 的教师都是专业人士，他们即便不行使权力也是有重要教育责任的，这显然区别于桑巴舞学校中那些因个人兴趣而聚集到一起的舞者。

无论如何，正是由于 LOGO 环境如此鼓励大家观察自己的思考过程，并能就各自思考的过程进行讨论，使得 LOGO 环境中形成了一种独特的文化，即所有参与者之间的互动都更为丰富多彩，同时发展出了一种更为清晰、有效和真诚的教学关系。这可以说是建造主义努力朝学习者和教师之间的界限逐渐消失的方向所迈出的一步。[1]

（五）建造主义的技术观

人们普遍认为，派珀特是最早认识到计算机在教育领域的革命性潜力的教育先驱者之一。[2]然而，需要我们特别注意的是，他"教育先驱"的称号并非因其在教育中努力推广计算机应用而被赋予的。"虽然要实现我对教育未来的展望，技术显然是一个重要的角色，但是我关注的重点并不在机器，而在心智，尤其是人的智力发展和文化是如何自我界定和发展的。"[3]正如派珀特自己所说，人们对教育中的计算机应用问题的理解反映了教育理论和教育哲学的深层次问题。派珀特这一番论述背后无疑也反映出了他本人更加深层次的教育理论与教育哲学。

早在计算机出现之前，教育工作者就在教育是关乎学习事实和技

[1] Seymour Papert, *Mindstorms: Children, Computers, And Powerful Ideas*(New York: Basic Books, Inc.,1980),p. 180.

[2] MIT Media Lab, "Professor Emeritus Seymour Papert, Pioneer of Constructionist Learning, Dies at 88," August 1, 2016, accessed August 23, 2020, https: //news.mit.edu/2016/seymour-papert-pioneer-of-constructionist-learning-dies-0801.

[3] Seymour Papert, *Mindstorms: Children, Computers, And Powerful Ideas*(New York: Basic Books, Inc.,1980),p. 9.

能，还是关乎个体发展的问题上产生了分歧，计算机只是使这种现有的分歧变得更加尖锐。派珀特认为，这些争论背后其实反映出了更大的问题——社会理论和社会哲学的问题。譬如：我们需要培养什么样的人？我们是否需要赋能个体，让他们感受到自己具有做出决定和塑造自己生活的力量？还是我们更喜欢那些愿意接受他人的指示和安排的人？等等。[1]从更加一般意义上来说，建造主义的技术观正是体现了派珀特一以贯之的教育理论与教育哲学。

1. 对“技术中心主义”的批判

派珀特发现，面对“计算机将如何改变教育”等议题，人们的言论大致可以分为两类：一类是所谓“革命派”（revolutionary），即认为计算机的存在本身可以促成重要的变化，家庭计算机和网络会让我们所熟知的学校变得过时。一类是“改良派”（reformist），即认为计算机不会废除学校，而只会为学校服务。对于持这一态度的人而言，计算机好比是一台发动机，可以应用于现有结构之中，并以渐进的方式解决今天的学校所面临的种种局部性问题。派珀特的理念则更倾向于革命，而不是改良。但是，他同时解释道，他所设想的革命是指观念上的，而不是技术上的。这意味着，我们需要对特定的知识领域、学习过程本身予以重新审视，同时也意味着一种全新的、更为雄心勃勃的教育抱负。[2]

为此，在进一步阐述建造主义的技术观之前，我们有必要首先说明，派珀特本人是技术决定论与“技术中心主义”（technocentrism）的强烈批判者。“技术中心主义”可以说是今天人们耳熟能详的一个词，是环境伦理学的一种研究视角，通常与“生态中心主义”（ecocentrism）相对。虽然人们在早于派珀特之前就已经开始使用这一词语，但派珀特提出，他

[1] Seymour Papert, “A Critique of Technocentrism in Thinking about the School of the Future,” in *Children in the Information Age: Opportunities for Creativity, Innovation and New Activities*, ed. Blagovest Sendov and Ivan Stanchev(Oxford: Pergamon Press, 1988),pp. 3-18.
[2] Seymour Papert, *Mindstorms: Children, Computers, And Powerful Ideas*(New York: Basic Books, Inc.,1980),p. 186.

是根据皮亚杰的“自我中心主义”(egocentrism)一词创造了“技术中心主义”一词。[1]“自我中心主义”并不意味着孩子是自私的，只是意味着当孩子思考时，所有的问题都指向自我。派珀特所提的“技术中心主义”意指把所有问题都归结于技术的谬论。他曾对“计算机辅助教学”(computer-aided instruction)这个词进行过猛烈抨击，认为该词反映出一种思维方式方面的问题，即把计算机作为一种教学设备。虽然派珀特并不否定将计算机作为教学设备的确是计算机在教育中应用的一个方面，但他认为这是最小、最不重要的一面。[2]事实上，根据派珀特的观点，教育中计算机所能发挥的最大作用与信息并无太大关系，而是与赋能儿童有关，即给孩子们一种比以前更强大的力量。这与利用计算机来引导孩子一步一步地完成学习过程有着根本的区别。

为此，派珀特曾特别警示我们，面对技术，我们需要避免两种常见的陷阱：技术决定论和渐进改良论。因为“无论是在教育层面，还是在社会层面，技术本身并不会自动将我们带向我们所相信的任何方向”。[3]

2. 技术作为移情对象

“在我眼中，计算机是一种调节人与人之间关系的移情对象(transitional object，简称 T.O.)。”[4]派珀特对于教育中计算机角色的定位与维果茨基所述的“心理工具”较为类似，均是一种中介的工具，不仅是个人的工具，也是一种人际的工具。[5]派珀特曾概括认为，孩子们在以下几种情况中能够学习得更好：①使用技术驱动的学习工具或在计算环境中；②发挥设计师和建设者的积极作用的时候；③在社交场合与有帮助的导师和教练

[1] Seymour Papert, “A Critique of Technocentrism in Thinking about the School of the Future,” in *Children in the Information Age: Opportunities for Creativity, Innovation and New Activities*, ed. Blagovest Sendov and Ivan Stanchev(Oxford: Pergamon Press, 1988),pp. 3-18.

[2] Ibid..

[3] Seymour Papert, *Mindstorms: Children, Computers, And Powerful Ideas*(New York: Basic Books, Inc.,1980),p. 186.

[4] Ibid., p. 183.

[5] 许惠美:《美国初等教育中建造主义实践之初探》,《网络社会学通讯》2011 年第 97 期。

一起的时候，或者通过网络学习的时候。[1]这种思想在派珀特有关“儿童对计算机进行编程”的理论阐述及 LOGO 编程语言在学校中的应用实践中彰明较著。

首先，从计算机作为个人的工具来说，建造主义特别强调将计算机作为儿童的学习材料。正如建筑师在建造时需要材料一样，儿童作为自身心智结构的建造者也需要材料——技术正是儿童知识建构过程中的计算型材料（computational material）、工具、环境。LOGO 其实不仅仅是一种编程语言，还是改善儿童思考和问题解决方式的一种工具，是儿童探索数学的一种学习环境。正如齿轮对于童年时期的派珀特来说是一种“思考工具”一样，那只被称为“LOGO 海龟”（LOGO Turtle）的小型移动机器人（见图 3–3、3–4）则是他们为儿童创造的一种计算型思考工具，或者用派珀特的话来说是一种“用来思考的对象”（objects–to–think–with），帮助儿童克服“数学恐惧症”（mathophobia），向他们展示了如何在游戏化环境中使用技术来解决问题。图 3–5 即为儿童利用不同版本的“LOGO 海龟”进行学习。

图 3–3　派珀特团队早期开发的“海龟”（1971）

图 3–4　派珀特与当时仍未命名的“海龟”

[1] Idit Harel, “A Glimpse into the Playful World of Seymour Papert,” August 3, 2016, accessed June 6, 2018, https: //www.edsurge.com/news/2016-08-03-a-glimpse-into-the-playful-world-of-seymour-papert.

图 3–5 儿童用“LOGO 海龟”进行学习

图 3–5 儿童用“LOGO 海龟”进行学习

派珀特在其开创性著作《头脑风暴：儿童、计算机和强大的思想》（1980 年）中曾明确表示反对“计算机对儿童进行编程”，即儿童要服从计算机的节奏，跟随计算机所提供的练习、反馈或信息进行学习。他提出了一种替代方法，即“儿童对计算机进行编程”。换言之，他希望是儿童“教”计算机，而不是计算机教儿童。他深信，编程设计可以用来支持学习思考。[1] 儿童在编程的过程中，既可以掌握最现代、最强大的技术，又可以与来自科学、数学和心智模型建构中的一些最深刻的思想建立密切联系。[2] 在他看来，强调以编程设计来支持学习者思考如何思考与简单地说编程本身可以提高思维能力有着很大的不同，同时也复杂很多。[3] 在 1971 年《用计算机可以做的二十件事情》这篇论文（1972 年正式出版）中，派珀特和所罗门（Cynthia Solomon）提出了基于计算机的各种儿童教育项目，包括作曲、控制木偶、编程、制作电影、数学建模等等。[4] 这些在当年看来非常超前的思想，随着今天创客运动的不断发展，才得以逐渐成为课堂中的现实。

---

[1] Seymour Papert, “Teaching Children Thinking,” in *The Computer in School: Tutor, Tool, Tutee*, ed. Robert Taylor(New York: Teachers College Press, 1980),pp. 161-176.

[2] Seymour Papert, *Mindstorms: Children, Computers, And Powerful Ideas*(New York: Basic Books, Inc.,1980),p. 5.

[3] Seymour Papert, “Teaching Children Thinking,” in *The Computer in School: Tutor, Tool, Tutee*, ed. Robert Taylor(New York: Teachers College Press, 1980),pp. 161-176.

[4] Seymour Papert and Cynthia Solomon, “Twenty Things to Do with a Computer,” accessed February 2, 2020, https: //dspace.mit.edu/bitstream/handle/1721.1/5836/AIM-248.pdf?sequence=2.

从功能特征与实现来说，“LOGO海龟”是如何实现帮助儿童学会思考之目标的呢？“海龟图形”是LOGO编程语言的一个关键特性。这只“小海龟”有三个属性：位置、方向和笔；笔也有三个属性：颜色、宽度和开/关状态。“海龟”会根据计算机端输入的与自身位置相关的指令移动，比如“向前移动10格”和“左转90度”，也可以通过“海龟”携带的笔启用、设置颜色或设置宽度来控制。在用“海龟”进行学习的过程中，孩子们在某种程度上与这只“海龟”同时进行了身心层面的交流，在微观世界里不断地“教”“海龟”新词，比如正方形或圆形，这样“海龟”就能以越来越复杂的方式移动。在《用计算机可以做的二十件事情》一文中，派珀特展示了儿童是如何通过编程来控制“海龟”简单的移动并完成不同复杂程度的图形的，如人、动物（见图3-6）[1]，甚至复杂的微分几何图形。

图3-6　五年级儿童利用“LOGO海龟”所画的图形

在五年级学生的课上，利用一个叫POLY的程序，通过控制“海龟”侧移的步数和旋转的角度（表示为POLY侧移步数，旋转角度），学习者可以绘制出各种微分几何图形（见图3-7）。[2] 该程序其实只由三行语言构成：

[1] Seymour Papert and Cynthia Solomon, “Twenty Things to Do with a Computer,” accessed February 2, 2020, https: //dspace.mit.edu/bitstream/handle/1721.1/5836/AIM-248.pdf?sequence=2.
[2] Ibid..

```
TO POLY :STEP :ANGLE
1  FORWARD :STEP
2  LEFT :ANGLE
3  POLY :STEP :ANGLE
END
```

POLY：步数：角度
1 向前：步数
2 向左：角度
3 POLY：步数：角度
结束

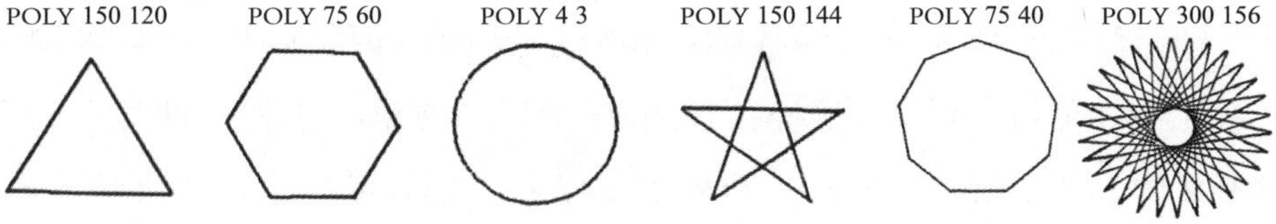

图 3–7 五年级儿童利用“LOGO 海龟”画的微分几何图形

在此基础上，要想画出螺旋曲线（Spirals，见图 3–8）[1]，只需对 POLY 程序稍做修改，即将第三行中的“步数”改为“步数 +5”，就构成了新的程序——派珀特称之为 POLYSPI。该程序构成如下：

```
TO POLYSPI :STEP :ANGLE
1  FORWARD :STEP
2  LEFT :ANGLE
3  POLYSPI  :STEP+5 :ANGLE
END
```

POLYSPI：步数：角度
1 向前：步数
2 向左：角度
3 POLYSPI：步数 +5：角度
结束

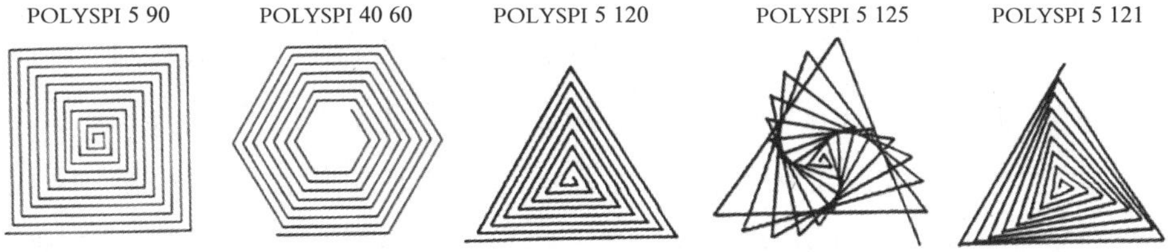

图 3–8 五年级儿童利用“LOGO 海龟”所画的螺旋曲线

在上述利用 LOGO 编程语言进行图形学习的过程中，学习者其实是通过想象如果自己是“海龟”，将如何理解（以及预测、推理）“海龟”

[1] Seymour Papert and Cynthia Solomon, “Twenty Things to Do with a Computer,” accessed February 2, 2020, https: //dspace.mit.edu/bitstream/handle/1721.1/5836/AIM-248.pdf?sequence=2.

的运动轨迹的。派珀特将儿童的这种推理方式称为“身体共振”（body syntonic）推理。无疑，这种看似简单的图形背后其实蕴含着复杂的空间想象、逻辑推理、数学换算等等。它极大地促进了距离、角度、变量等数学思想的有意义使用。[1] 正是由于这一编程语言能够支持学习者进行抽象概念和复杂推理的学习，不但各种不同版本的 LOGO 和“海龟图形”被广泛用于中小学的编程学习和大学新生的编程学习，而且美国的莱斯大学计算机科学系的教授们还尝试推广“海龟”作为一种有效的方法来支持大学生进行高阶计算机图形学学习，如分形算法、迭代函数等，并提出了基于这一“海龟编程”的“海龟几何学”。[2] 事实上，除了图形绘制之外，派珀特还积极探索了儿童如何通过简单的编程实现音乐制作、灯光秀等等。

其次，从以上儿童基于 LOGO 编程语言的学习过程可以看出，计算机不仅仅是个人建造心智结构的材料与工具，同时也是儿童学习过程中调节人与人关系的中介工具。根据上述“桑巴舞学校”隐喻，建造主义特别强调人际关系的建构。“LOGO 环境不是桑巴舞学校，但它可以让我们想象什么是‘数学的桑巴舞学校’。”[3] 由于计算机带来了丰富多彩的数学活动的可能性，使得它允许新手与专家、年轻人与老年人都能乐在其中、共同参与。在这样的学习环境中，新手透过与专家的互动以及模仿，建构个人对于知识的看法。从这一角度来看，建造主义的技术观强调技术要为学习者提供一个知识互动的环境。“实际上，我赋予计算机的角色是文化‘种子’或‘细菌’的携带者——一旦在生长活跃的头脑中生根发芽，其智力产物就不再需要技术的支持。”[4] 派珀特以儿童对数学表现出

[1] Kate Mackrell and Dave Pratt, “Constructionism and the Space of Reasons,” *Mathematics Education Research Journal* 29, no. 4(Feb. 2017):419-435.

[2] Ron Goldman, “Scott Schaefer and Tao Ju, Turtle Geometry in Computer Graphics and Computer Aided Design,” *Computer-Aided Design* 36, no. 14(June. 2004):1471-1482.

[3] Seymour Papert, *Mindstorms: Children, Computers, And Powerful Ideas*(New York: Basic Books, Inc.,1980),p. 182.

[4] Ibid.,p. 9.

喜爱和排斥的不同态度为例，对这一观点进行了阐述。他断言，许多儿童之所以爱上数学，并表现出相当的能力，多半是因为他们小时候从成年人的“数学文化”（math culture，也可以一语双关地指“数学培养菌”）那里感染了“数学细菌”。这并不是说那些成年人就一定知道如何解方程，而是他们的日常言谈中有些逻辑性，或者喜欢和孩子们玩诸如谜题、双关语和悖论之类的游戏。与此相对的，派珀特认为，那些对数学或科学从一开始就充满了强烈抵触情绪的孩子，也往往是因为他们生活于一个缺乏这类“谈数学”（math-speaking）的成年人的环境中。在派珀特看来，技术可以说是为儿童智力发展提供的一种养料，正如“LOGO 海龟”所代表的其他仍有待发明的技术一样。派珀特感兴趣的是思考工具的创造过程，以及在思考工具中蕴含着的文化、知识及个人身份认同的可能性之间的交集。[1]

综上可见，作为一个教育家，派珀特研究与实践的重点一直是寻求基于计算机的教育变革。在他看来，LOGO 环境的使用与否并不能够提供特定的承诺，那种电脑本身即可推动教育进步的假设是一种科技中心主义的迷思。他希望人们能够看到的是，LOGO 环境所提供的是一种重塑学习文化的机制，即如何借以计算机为中介的学习环境创造一种新的教育文化。从这一意义上来说，与其说派珀特的技术观是在思考技术的角度，不如说他自始至终都是在思考文化，尤其是学习文化、教育文化，思考儿童的思考方式，思考一个想法是如何进入儿童的头脑并在其中得以不断发展的。为此，如果将目光仅仅锁定在是否创造了一个以计算机为中介的学习环境上，难免会走向他所特别批判的技术中心主义，而忽略他所致力于营造的学习文化。这将是对建造主义认识的简单化甚至误解。

事实上，自建造主义这一概念提出之后，世界各地形成了建造主义的共同体，对建造主义的理论、实践及影响进行研究并推动其发展。例

[1] Seymour Papert, *Mindstorms: Children, Computers, And Powerful Ideas*(New York: Basic Books, Inc.,1980),p. 11.

如，欧洲 LOGO 协会自 1987 年便开始举办两年一度的“欧洲 LOGO 会议”（Eurologo），并于 2010 年将会议名称改为“建造主义大会”（会议地址及主题见表 3–1）。可见，今天建造主义仍在发展的川流之中。

表 3–1　建造主义大会列表

届别	年份	地址	会议主题
12	2010	法国，巴黎（Paris）	创造性学习、思考和教育的建造主义方法：21 世纪的经验教训
13	2012	希腊，雅典（Athens）	理论、实践与影响
14	2014	奥地利，维也纳（Vienna）	建造主义与创造性
15	2016	泰国，曼谷（Bangkok）	行动中的建造主义
16	2018	立陶宛，维尔纽斯（Vilnius）	建造主义、计算思维及教育创新
17	2020	爱尔兰，都柏林（Dublin）	探索、测试和扩展我们对建造主义的理解：今天建造主义能为我们提供什么？

第二节　具身认知理论

自古希腊以来，人们就开始走上了探索认知奥秘的道路。有关认知的主体、起源、机制、结果等问题始终贯穿着哲学、人类学、语言学、心理学、神经科学，当然也包括教育学。然而，作为试图专门破解人类心智奥秘的认知科学却是非常年轻的交叉学科。自二十世纪五六十年代诞生以来，认知科学在接受不同的认知哲学或认知理论的前提下，经历了认知的信息加工理论（Information Processing Theory）、联结主义（Connectionism）以及新近的具身认知理论的研究范式变迁。在这个变迁的过程中，认知科学由一开始侧重心理学、脑与神经科学的研究而形成了一种著名的脑智（brain & mind）研究议题，到今天不断突破这一研究传统，越来越注重从身体、情境等视角来理解认知活动的产生，并形成了具身化（embodied）的研究倾向，同时也完成了由“第一代认知科学”向“第二代认知科学”的跃迁。具身认知作为一种仍在兴起中的研究范式，可以说是认知科学研究中的重要趋向，“其完善甚至可能预示着一种未来的统一的认知科学形态”[1]。

创客教育作为一种身体在场的教育，一方面其理论体系的建立与实践策略的生成在很大程度上可以并且需要接受具身认知理论的指导，另一方面也可以作为具身认知理论在教育场域中的体现。但是在讨论具身认知理论的起源与发展之前，有必要简要回顾第一代认知科学的基本理论主张、哲学来源、知识观及其在教育中所引发的症结，一来是将具身认知更好地置于发展脉络之中，二来可以从中反映创客教育试图修正的教育问题。

一、第一代认知科学：认知的信息加工理论和联结主义

以信息加工理论和联结主义为代表的认知理论通常被归为“第一代认知科学”，而美国著名具身认知理论学者劳伦斯·夏皮罗（Lawrence Shapiro）则称之为“标准认知科学”（standard cognitive science）[2]。该认知科学有其明确的存在论、知识论与方法论，所涉及的领域界限也非常清晰，即主要聚焦知觉、记忆、注意、语言、解决问题、学习等主题。

（一）第一代认知科学的理论主张

认知的信息加工理论形成的标志性事件是1956年麻省理工学院“信

[1] 孟伟:《身体、情境与认知——涉身认知及其哲学探索》，中国社会科学出版社，2015，第12页。

[2] Lawrence Shapiro, *Embodied Cognition (2nd Edition)*(New York: Routledge, 2019),p. 1.

息理论特别兴趣小组”组织召开的信息理论研讨会。[1]著名计算机科学家艾伦·纽厄尔（Allen Newell）、赫伯特·西蒙（Herbert A. Simon），语言学家诺姆·乔姆斯基（Noam Chomsky）、乔治·米勒（George Armitage Miller）及后来被称为“人工智能之父”的马文·明斯基均参与了会议，并表示会将各自领域中的工作更多地转向认知研究方向。在这个阶段，随着心理学、语言学、计算机科学等领域纷纷发现行为主义的局限性，它们开始摆脱其研究范式。正如乔姆斯基所说，“把心理学定义为行为科学，就像把物理学定义为仪表读数的科学一样。如果科学心理学要取得成功，心理学的概念就必须整合和解释行为数据”。虽然此时的心理学家们仍然不愿意用“心智主义”（mentalism）之类的术语，但是他们开始从行为转向了认知。乔治·米勒称这一转向为“心理学中的认知反革命”（the cognitive counter-revolution），并表示正是这场反革命重新把心智带回了实验心理学。[2]概括起来，该理论将人类的认知理解为一种信息加工活动，甚至等同于“计算机”的信息加工过程，强调心智的表征与计算，包括对符号、信息的接收、加工、存储、提取以及使用等计算过程。

联结主义是认知科学中的另一个运动，曾与信息加工理论并行发展，最早于20世纪50年代前后美国纽约召开的梅西会议（Macy Conference）上提出，在20世纪80年代时尤为盛行。该理论寄希望于用人工神经网络（Artificial Neural Networks）来解释人的智力能力，并认为这一神经网络是基于他们对于大脑的理解而提出的一种信息处理办法。概括起来，联结主义的核心理论主张是人类的认知活动必须依赖于大脑这一生理基础，但它并不认为人类大脑存在一个如数字计算机那样的中央处理器，为此提出以一种模拟大脑神经元活动的分布式、非线性以及自组织特质

[1] William Bechtel, Adele Abrahamsen and George Graham, “Cognitive Science: History,” in *International Encyclopedia of the Social & Behavioral Sciences(Vol. 11)*,ed. Neil Joseph Smelser and Paul B. Baltes(Amsterdam: Elsevier, 2001),pp. 2154-2158.

[2] George Armitage Miller, “The Cognitive Revolution: A Historical Perspective,” *Trends in Cognitive Sciences* 7, no. 3(2003):141-144.

的人工神经网络来体现表征与计算。

可见，第一代认知科学是以计算方式处理心智过程，所操作的是符号表征。由于认知起始于大脑的输入并终止于大脑的输出，其认知任务是有确定的起点和终点的。[1] 因此，第一代认知科学的研究也就可以限制认知在头脑中的过程，而无须考虑有机体之外的世界。

（二）第一代认知科学的哲学来源

由信息加工理论、联结主义这两种传统认知理论的理论主张可以看出，大脑承担着人的主要认知活动，而且这种认知过程是一种抽象的、符号化的表征与计算过程。至于身体，在这里至多承担着接收、反映外部信息的一个刺激感受器的功能，并不直接参与认知活动。从其哲学来源来说，这两种认知理论都体现出了一种以“离身”为特征的二元论。

法国著名人类学家、社会学家大卫·勒布雷东（David Le Breton）在对人类身体史进行考察后提出，在西方认识论中，人与其身体渐渐被区别开来是在比利时解剖学家维萨留斯（Andreas Vesalius）的《人体构造》（1543）一书问世后，因为该书宣告了一个观念的诞生：身体。勒布雷东认为这是当代二元论的理论源头：身体为人提供了脸，二元论却将身体视为与人毫不相干的独立体。[2] 追溯历史可以发现，从古希腊的巴门尼德（Parmenides of Elea）、柏拉图（Plato），到笛卡儿（René Descartes）、黑格尔（Georg Wilhelm Friedrich Hegel），都忽视身体的认知价值，忽视身体在思维行为中的作用，也因而形成了这样一种哲学传统——无身思维（Disembodied Thought）。[3]

虽然从严格意义来说，联结主义研究者似乎并不赞同笛卡儿主义有关身心二元论的主张，因为他们肯定认知离不开大脑这一生理基础，同时也反对将认知活动理解为一种心灵的内在加工，但是他们仍不可避免

[1] Lawrence Shapiro, *Embodied Cognition* (*2nd Edition*)(New York: Routledge, 2019),p. 27.
[2] 大卫·勒布雷东:《人类身体史和现代性》，王圆圆译，上海文艺出版社，2010，第 53 页。
[3] 张之沧、张禹:《身体认知论》，人民出版社，2014，第 270-271 页。

地陷入了一种“脑智”研究范式，反映出了一种无身思维的哲学传统。

（三）第一代认知科学的知识观

对第一代认知科学的范例进行研究考察可以发现，无论是信息加工理论还是联结主义，其内在的知识观预设在于：复杂、丰富的世界背后必然存在着独立实体、客观真理、永恒规律以及终极基础等知识形态。由于认识过程的“无身体性”和“无世界性”，导致这种知识观的内在旨趣及其局限至少体现为两方面：其一，客观主义取向的知识观。强调知识意味着独立于个人身体、感官与经验，摒除一切主体参与或假设、价值观念，寻求客观真理不偏不倚的精确表征。这种认为知识即表征的观点，也被后来的诸位具身认知理论研究者称为“表征主义知识观”（Knowledges as Representationalism）。其二，普遍主义知识观。强调知识意味着在变幻莫测的世界、自然中寻求永恒不变、超越时空且具有普遍、普适性的共同规律、本质或实体，即情境无涉、普遍性等知识旨趣。弗朗西斯科·瓦雷拉将这样一种知识观假设概括为“笛卡儿式的焦虑”。

二、第二代认知科学：具身认知理论

今天几乎“横扫全球”的具身认知理论往往被看作“第二代认知科学”，它也被看成第一代认知科学或标准认知科学的替代者或挑战者。由于人们看到了具身认知理论对第一代认知科学的困境做出了回应与突破，具有诸多优越性，也因而被看作标准认知科学“演进中的下一步”[1]。

（一）具身认知理论的理论主张

具身（embodiment），又称寓身、化身、具身体现等等。目前，与具身认知这一概念密切相关的，还有身体认知、具身理解等表达。20 世纪 80 年代中期以来，尤其是 20 世纪 90 年代以来，在反思了信息加工理论、联结主义所面临的实践困境之后，认知研究经历了一次深刻的范式转变，即开始从基于表征与计算的范式向更加强调具身的、情境的、发展的

[1] Lawrence Shapiro, *Embodied Cognition (2nd Edition)*(New York: Routledge, 2019),p. 173.

（developmental）和动力学的（dynamic）“第二代认知科学”转变，具身认知应运而生。语言学、人工智能、生物学、神经生理学、社会心理学、人类学等诸多认知科学相关学科开始主张通过身体、情境来理解认知活动的产生，旨在恢复身体在认知过程中的理论意义，揭示出传统认知理论中被遮蔽的认知具身性、情境性（situatedness）、生成性等维度。

概括起来，具身认知理论的主要理论主张是：认知是高度具身化的或情境化的活动。认知、思维、记忆、学习、情感和态度等是身体作用于环境的活动塑造出来的。[1]譬如，瓦雷拉等明确强调，“人的实际认知情形首先是：一个活生生的人的身体（living body）在实时（real-time，on-line）环境中的活动”。这里的具身性有着双重意义：它既包含身体作为活生生的、经验的结构，也包含身体作为认知机制的环境或语境。[2]可见，对于具身认知研究者而言，认知是作为一种身体的认知，心智是作为一种身体的心智。形象地说，人的认知不是“脖子以上”的大脑活动。人离开了身体，也就没有所谓的心智了。

（二）具身认知理论的哲学来源

如前所述，经由柏拉图和笛卡儿等人，身体已经逐渐被人所遗忘。直到尼采（Friedrich Wilhelm Nietzsche）这里，情况才开始有了转机。19世纪，在尼采高呼“以身体为准绳”，并认为“我和你的不同”就是因为“我的身体和你的身体的不同”，“我全是身体；身体才是真正的大智慧”之后，他和他的追随者就开始了改写“意识哲学”之历程。例如，19世纪德国哲学家费尔巴哈（Ludwig Andreas Feuerbach）在推进身体对理性的抗拒方面就做出了巨大贡献。费尔巴哈把自己的哲学称为一种“光明正大的感性哲学”，这一新哲学的任务是“将哲学从‘僵死的精神’境界重新引导到有血有肉的、活生生的精神境界，使它从美满的、神圣的、

[1] 徐献军：《具身认知论》，浙江大学出版社，2009。
[2] F. 瓦雷拉、E. 汤普森、E. 罗施：《具身心智：认知科学和人类经验》，李恒威等译，浙江大学出版社，2010，第XVII页。

虚幻的精神乐园下降到多灾多难的现实人间”。费尔巴哈明确：“如果说，旧哲学的出发点是这样一个命题，‘我是一个抽象的实体，一个仅仅思维的实体，肉体是不属于我的本质的’；那么，新哲学则以这样一个命题为出发点，‘我是一个实在的感觉的本质，肉体总体就是我的自我，我的实体自身’”。[1] 由此可见，费尔巴哈把人从根本上理解为感性实体。他将身体（body）作为人的感性的根基，乃至整个感性世界的根基，寻找“有血有肉的真理”。他所理解的“感性身体”不仅是一个感性的实体，更是精神和肉体、思维和存在的统一体。在费尔巴哈看来，只有在将人理解为这个统一体的基础和主体的时候才有意义。

到了 20 世纪中期，随着人们对传统的从意识、心灵角度来研究主体性的失望，越来越多的哲学（如现象学、女性主义、后结构主义）、人类学、历史学和社会学等领域的学者重新对身体进行了关注，以克服身体与意识的对立。其中，诸如吉尔·德勒兹（Gilles Deleuze）、米歇尔·福柯与罗兰·巴特（Roland Gérard Barthes）等后现代哲学家更是将尼采的“身体”思想发扬光大，形成当今身体哲学舞台上极具影响力的思潮与学派。例如，在德勒兹看来，身体这一整体现象是高于我们的意识和精神的。哲学一直试图解释的事件也是由身体引起的，“事件并非先于身体而存在，而固存于、持存于、寄存于身体之中”[2]。福柯则更多地关注了在现代社会中我们的身体被塑造的方面，认为身体的概念不仅仅是一个生理的概念，更是一个历史的和文化的概念。在他看来，真实的主体并非意识本身，而是存在或通过一具肉体存在于这个世界。

虽然西方具身认知研究的理论家们往往将杜威、梅洛－庞蒂（Maurice Merleau-Ponty）等视为具身认知的哲学来源，例如，拉科夫（George Lakoff）和约翰逊（Mark Johnson）认为，梅洛－庞蒂和杜威堪

[1] 李重:《费尔巴哈感性哲学中的身体概念研究》,《中州学刊》2011 年第 6 期。
[2] 陈永国:《游牧思想——吉尔·德勒兹、费利克斯·瓜塔里读本》，吉林出版社，2011，第 3 页。

称“两位最伟大的具身认知心灵哲学家”，他们都看到“我们的身体体验是我们所有意义、思想、知识以及交流的原初基础”[1]；但是，不得不提的是，尽管我国对于作为新兴学科的具身认知的研究起步要较西方晚一些，基本上是到20世纪末才开始对该议题进行关注并展开越来越多元的研究的，可是诸如儒、释、道等中国智慧传统中其实蕴藏着极其丰富的身体观。我国台湾、香港学者早在十余年前就开始了有关具身认知、身体认知、身体思维等方面的研究，亦已形成了丰硕的研究成果。[2]由于儒家的身体观是在中国特殊的社会文化背景与历史条件中生成的，自然就具有西方一般身体观所没有的特性。我们不妨在此对其做一扼要概括：[3]

其一，内在整体性。儒家视域中，身心为一，以“气”贯之，构成的是一个形（身）–心–气的整合协调的理想系统，运作于自我的修养、修炼或修行之中。其中，体内之气与自然之气又通过经络、呼吸等达成相互交融贯通的生动景象。这样一来，不但身心之间处于和谐状态，身体与自然之间亦然——身体延展至自然之界，又得自然的滋养化育。如台湾学者蔡璧名在《身体与自然——以〈黄帝内经素问〉为中心论古代思想传统中的身体观》（1997）中所指出的，“中国古代思想传统所探讨的身体，绝非自度自化、自生自灭的孤立存在，而总是着落在变动不居的时空网络之中与时迁化”[4]。

其二，社会性。对于儒家来说，身体不是一种私人性的生理肌体，它是一种关系中的功能性存在。[5]这种功能性的一个重要方面就是源远流长的“身体的社会性”。所谓“礼也者，犹体也。体不备，君子谓之不成人”（《礼记·礼器》），“礼”正是经由人的身体加以实践的。也就是说，

[1] 孟伟：《身体、情境与认知——涉身认知及其哲学探索》，中国社会科学出版社，2015，第58页。

[2] 黄俊杰：《东亚儒学史的新视野》，华东师范大学出版社，2008，第397-423页。

[3] 钱旭鸯：《电子人教育的挑战》，博士学位论文，华东师范大学课程与教学系，2012，第103-104页。

[4] 周与沉：《身体：思想与修行》，中国社会科学出版社，2005，第33页。

[5] 李宪堂：《由成身到成人：论儒家身体观的宗教性》，《人文杂志》2011年第3期。

儒家人物将他们的身体看作社会交往的中介。

其三，政治性。除了礼仪规范对身体的交往做出制定之外，儒家思想还强调要在修身的基础上达到治平之学，即“治身与治国，一理之术也”(《吕氏春秋·审分览·审分》)。我们不但要通过身体实行“礼”(对他人)，还要通过身体实行“孝”(对父母)、“忠”(对国家)。为此，如果说道家的学说是“身体宇宙学”，法家的身体思想是“身体政治学”的话，那么儒家的思想就是一种包含着政治在内的“身体社会学”。

可见，西方思想中诸多两极对立的问题，如自然和人文、身与心、个人与社会，在中国儒学这里都存有互相渗透的关系。而且，这三对关系之间也是相互联系的。从这一意义上讲，中国传统的思考方式似乎是反笛卡儿式的——一种要“通”不要“隔”的思维方式。区别于将身体视为一个有限的“容器”而丢弃的笛卡儿式身体观，儒学身体观由于看到“体”的存在而将“身体”珍视为一个没有特定形态与容量限制的“软性容器”[1]，可以无限扩展的“软性容器”而修养之。

固然，具身认知这一术语本身仍属今日新兴之词，但其思想早已很好地呈现于中国儒学中的“体知”之中。“体知”实际上强调的是一种亲历性和在场感，是知识的内化过程，是把认知活动和生命的直接体验融合为一体。明代王绅(1360—1400)曾道:“君子之为学，所贵乎知要，而尤在乎体验。盖不知要，则无以得其道之本原，不体验，则无以有诸己。”此处的“有诸己”即是把外在的知识和个人的生活实践紧密地结合起来，将感性经验的认知和技能彻底地内化，变成自我身心的一个有机的组成部分。[2]类似的，早在1984年，时任哈佛大学教授的新儒学代表杜维明也对“体知”(译为 experiential/embody-knowing)的意义做出了阐释。他认为，“体知”看重的是“体”，即“身体力行”中作为动词的“体”。而“体之于身”(to embody it in one’s body)，或可直截了当

[1] 钟云莺:《身与体:〈易经〉儒家身体观所呈现的两个面向》,《佛学与科学》2010年第1期。
[2] 景海峰、赵东明:《诠释学与儒家思想》，东方出版中心，2015，第209页。

地称“体之”（embodiment），这一动态过程则更多地体现了人自我实践转化的过程。杜维明先生称之为一种“了解作为转化的行为”（knowing as a transformative act）。他表示，没有“体知”，就没有“悟”，也就没有了“智慧”；没有“智慧”就不可能知人认事，不可能对人、事给予足够的敬意，因而也就不可能具有高尚的德行。[1]我们可以发现，中国儒学之“学”之所以被看成“身心之学”，也正是因为儒家不但主张认知活动有其身体基础，还认为身体被社会文化价值所深刻渗透，故而要“修身”。如我国学者景海峰、赵东明所指出的，“体知”具有认识论的意义，同时彰显的还有生命体验的价值。而且，从现代诠释学的转向来看，后者更为重要。[2]从这一意义上来说，如果创客教育是作为一种“为己之学”的话，那么还必须在儿童的身体上下功夫，为其“体之”和“体知”提供时间和空间，为其丰富的生命体验提供机会。

（三）具身认知理论的知识观

从具身认知理论对认识论的基本主张中，不难看出这一理论流派对于人类知识的独特理解。从知识与身体的关系、知识与情境的关系、知识与行动的关系等三个维度，可以对其知识观做出较好的概括。

其一，从知识与身体的关系看，具身认知理论旨在重建知识的具身性维度。一如吴光明教授所说的“我们很难想象一种无关乎身体的思考（disembodied thinking）”之“身体思维”[3]：“身体思维”乃是身体情况中的思维，也就是透过身体来思想。从最基础的层面来说，控制身体本身就不是一个理智问题。杜威曾以新生儿童为例来说明该观点。儿童很喜欢学习运用其手足，喜欢触摸他所看到的东西，把声音和所看到的东西联结起来，把所看到的东西和尝到的、触到的东西连成一体；而且儿童在出生后的一年半中，智力水平也有了迅速的提高（这一时期，儿童掌

[1] 杜维明：《杜维明文集（卷五）》，郭齐勇、郑文龙主编，武汉出版社，2002，第 371 页。
[2] 景海峰、赵东明：《诠释学与儒家思想》，东方出版中心，2015，第 213 页。
[3] 杨儒宾：《中国古代思想中的气论及身体观》，巨流图书公司，1993，第 394 页。

握了身体运用的基本问题)。所有这些都充分地证明了，身体控制的发展不仅是身体本身的发展，而且有理智上的成就。[1]

从认知的来源来说，“身体上的许多器官与活动都是人的认知工具和源泉”。对于具身认知理论家们来说，人的身体并不仅仅是感官接收器，而认知也不仅仅是“脖子以上”的大脑所独有，而是身体的一种系统活动与整体行为。如梅洛－庞蒂指出的，人的认知绝不只是来自大脑思维，而是来自身体从事的一种综合性的认知活动。[2]所谓的“脑认知”“脑思维”不过是人的认知或身体认知过程中的一个阶段或一种功能。我国学者张之沧、张禹对此做出了很好的概括。首先，正是人类特有的身体结构和身体功能、身体行为和身体韵律决定了其特有的生理结构和生理功能、心理结构和心理功能、大脑结构和大脑思维，以及人所特有的认知结构和认知功能。这个特有的结构就是身体认知的整体性和系统性，即人类认知的身体场、知觉场、认知场和实践场的共同使用；其合力被张之沧、张禹形象地描述为“就好像是一棵由肉体触觉、灵魂触觉、思维触觉和周围环境构成的‘身体树’和连续统”。其次，人的身体行为实质上就是身体智能、身体思维和身体认知的表现与反应。诸如尝试、冒险、探索等心境行为，都表现着身体智能、身体思维、语言形成和概念创新的综合作用。再次，认知离不开身体的欲望、本能、情绪、冲动、需要、渴求等非理性因素作用。[3]概而言之，认知的身体基础与知识的具身性表明，我们需要突破传统认识论将人的认知限于大脑思维的观点，认识到身体是有机生命体的认知主体，充分尊重并发挥身体的认知潜能。如日本汤浅泰雄所坚信的，“真知仅仅通过单纯的理论思考是无法获得的，还要通过‘身体认知’或‘身体觉悟’才能达到”[4]。

[1] 约翰·杜威:《我们怎样思维·经验与教育》，姜文闵译，人民教育出版社，2005，第170页。
[2] 张之沧、张禹:《身体认知论》，人民出版社，2014，第85页。
[3] 同上书，第8-10页。
[4] 汤浅泰雄:《灵肉探微：神秘的东方身心观》，马超等编译，中国友谊出版公司，1990。

其二，从知识与情境的关系看，具身认知理论试图重建知识的情境性维度。术语“情境的”（situated）通常所指的事实是：身体嵌于环境之中，并与环境保持着动态的交互作用。[1]一方面，知识离不开环境，因为知识的来源不是某一真空环境，而是它得以产生的真实世界；另一方面，认知离不开身体，而身体离不开环境。这两个方面可以以杜威一个通俗的表达来反映，“实际上，孩子的概念是从他看过的、听过的和玩耍过的某一条狗的意义开始的”[2]，即概念源于真实的经验，而不是已经抽象化的、从许多现成事物中抽出来的共同性质和意义。以兰德尔·比尔（Randall D. Beer）的具身认知理论之动力系统观看来（见图 3–9）[3]，环境、身体与神经系统各自为动力系统又彼此耦合（coupled），保持持续交互。此时的神经系统是具身的，而身体则是情境的。

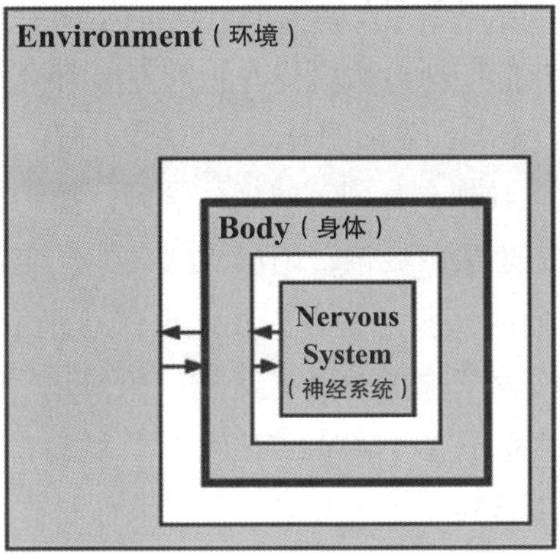

图 3–9　行动者与环境是耦合的动力系统。行动者自身又由耦合的神经系统和身体动力系统组成。

[1] Lawrence Shapiro, *Embodied Cognition* (*2nd Edition*)(New York: Routledge, 2019),p. 156.

[2] 约翰·杜威:《我们怎样思维·经验与教育》，姜文闵译，人民教育出版社，2005，第 132 页。

[3] Randall D. Beer, “Dynamical Systems and Embedded Cognition,” in *The Cambridge Handbook of Artificial Intelligence*, ed. Keith Frankish and William M. Ramsey (Cambridge: Cambridge University Press, 2014),pp. 856-873.

身体和环境就存在统一，正如身体和心灵统一才成为人一样。[1]怀特海（Alfred North Whitehead）的这一思想与杜威从自然主义视角来看待人与环境关系类似。杜威在试图改变二元论哲学将世界看成对象，从而形成精神是主体、物质是对象的二元对立关系时，一再强调人是环境的一部分，环境也是人的一部分。我们的皮肤不是隔离自我与环境的墙。我们的活动正是在环境刺激下形成的，我们的思想也是环境的产物。人的活动表现为与环境中的其他力量的相互作用。更进一步说，人并不是置身于环境之外对环境进行思考的。当人置身于环境之外时，环境就变成了对象。然而，我们无法置身于环境之外，而只能处于环境之中。我们不是世间诸种力量相互作用的旁观者，而是参考者。[2]

杜威曾援引华兹华斯（William Wordsworth）的诗句，“有眼不能不看，有耳不能不听；身体感知万物，不由意志决定”，借此提醒我们，当我们醒着的时候，我们的所有感官以及运动器官都在和环境发生不断的交互作用。[3]的确，在我们生活的每一个时刻，都有一些事情在发生，会带来一些经验。我们看到，听到，闻到，尝到，摸到，思考。我们可能会感到高兴，生气，恐惧，疲倦，困惑，感兴趣，痛苦的自我意识或全神贯注。而由于我们的经验总是在变化，也就总是取决于特定的情境。“作为一个人，活着，本身就意味永远处于一个情境、环境、世界中。我们没有任何永久且独立于这些情况的经验。”[4]概而言之，具身认知理论强调认知、知识均不是独立于其环境与情境，而是作为与环境、情境不断交互的过程与结果。这也正是诸如兰迪·比尔、范·盖尔德（Tim van Gelder）、迈克尔·斯皮维（Michael Spivey）等具身认知的动力主义者所提出的脑、身体和环境之间的耦合而形成的动力系统。

[1] 怀特海:《思维方式》，刘放桐译，商务印书馆，2017，第 148 页。
[2] 约翰·杜威:《艺术即经验》，高建平译，商务印书馆，2010，第 VII 页。
[3] 约翰·杜威:《我们怎样思维·经验与教育》，姜文闵译，人民教育出版社，2005，第 30 页。
[4] Francisco J. Varela, Evan Thompson and Eleanor Rosch, *The Embodied Mind: Cognitive Science and Human Experience*(Cambridge: The MIT Press, 2016),p. 59.

其三，从知识与行动的关系看，具身认知理论致力于重建知识的生成性维度。所谓知识的生成性维度意味着人类在参与、行动、实践基础上，创造、创生出具有情境性、具身性、复杂性品质的知识产物。[1]这所指向的与上述具身认知的动力系统观密切相关，可以说是认知发生的涌现性动力机制，即认知涌现于脑、身体和世界之间的动力交互作用，知识正是这个动力交互作用所生成的产物。具身认知理论所强调的，即认知过程并非心智的、被动的、机械性的表征，而是认知主体参与世界，并与其周遭万物进行耦合、互动生成的动态过程。对于具身认知的动力主义者来说，如果我们不理解发生在身体和世界中的活动，就无法理解发生在脑中的活动。

若以儒学的"体知"思想观之，"体知"既是一个致思的过程，也是一个行为展现的过程；既以满足求知的愿望为目的，又以获得身心的情况为标矢；是采集和添加理论元素的必要工作，更是充实和完善人生旅程的切实步履。按景海峰等人的分析，如果说我国儒学中的"体知"思想可以相对简化地从"认知性的体知"和"实践性的体知"两个层面来理解，那么相对而言，儒家传统所着重强调的应该是后者，而非前者。但从具身认知理论角度来说，更为重要的是此二者本身的难以区分性，即两者在现实生活场域中的融合一体。"体知"的过程本身是知行不二的过程，即亦知亦行、亦行亦知。[2]由此可知，知识的生长性维度其实也是还原了知行相伴而生的本原状态。如南宋教育家张拭（1133—1180）所言，"致知、力行，互相发也"。

综上可见，具身认知理论在认知领域开创了一片新天地。它试图颠覆界定标准认知科学的计算承诺以重塑认知科学的形象，试图替代基于无身符号加工的旧认知图景，并建立一幅将认知看作涌现自身体、脑与

[1] 张良:《具身认知理论视域中课程知识观的重建》,《课程·教材·教法》2016 年第 3 期。
[2] 景海峰、赵东明:《诠释学与儒家思想》，东方出版中心，2015，第 214-215 页。

环境之间持续的交互作用的新认知图景。[1]

三、具身认知理论对创客教育的理论启示

对于具身认知理论是否如其倡导者所宣告的是传统认知科学的替代者，以及具身认知理论的具身性、情境性究竟是否能够解释所有认知现象，人们还存有各种疑虑与争议。但是，可以肯定的是，具身认知理论拓宽了我们对认知的认识，而且具身认知理论的发展对于反思传统教育中的困境、促进我们深刻理解创客教育的实质及重新审思创客教育的实践都具有重要的启示意义。由于传统认知理论忽视了身体、忽视了情境，一旦应用于教育领域，就容易引发课程知识与师生经验相疏离、课程知识与知识产生情境和过程相割裂等问题并导致相应的种种教育症结。[2]在创客教育中，具身认知理论有益于我们对以上教育困境做出回应，根据具身认知理论知识与身体、知识与情境、知识与行动之间关系的认知，对创客教育中的学习观、师生关系观、学习环境观做出重构。

（一）重构学习观：强调行动维度

基于传统认知理论的课程一旦把知识与其产生的情境和过程相割裂，就容易把知识看成实践过程之外的客观的、静态的、无活动力的、确定的实体，进而使教育中“知识的魂魄——理性自由和探究创造”消失。[3]课程学习也就只能是围绕抽象化、概念化、符号化的知识客观体系而开展。借用卢梭的“地图”隐喻说，“看看你的学生的知识和我的学生的无知之间的区别吧！你的学生学习地图，我的学生制作地图”[4]。这段话对于今天的创客教育来说仍有启示意义。

根据具身认知理论，思维的存在也是一种行动着的存在，人的思维

[1] Lawrence Shapiro, *Embodied Cognition* (*2nd Edition*)(New York: Routledge, 2019),p. 173.
[2] 张良:《具身认知理论视域中课程知识观的重建》,《课程·教材·教法》2016 年第 3 期。
[3] 张华:《研究性教学论》，华东师范大学出版社，2010，第 30 页。
[4] 约翰·杜威:《学校与社会·明日之学校》，赵祥麟、任钟印、吴志宏译，人民教育出版社，2005，第 222 页。

与行动密切相连，思维根植于经验之中。认知不是大脑的专属机能，而是嵌于人在真实世界的行动之中。从这一意义上来说，无论是杜威主张的“做中学”思想、皮亚杰提出的在儿童的感知运动中发展儿童智力、维果茨基强调的儿童活动的重要性、派珀特强调的“通过制作学习”的思想，还是我国陶行知的“知行合一”“手脑并用”等思想，都指向在儿童的具体行动、具身经验中促进儿童发展，也即从不同侧面体现了“具身”原则。而这些教育教学思想无疑都是创客教育的重要思想来源。创客教育作为我国基础教育领域中重要的综合实践活动形态，可以说是以上这些具身性教育教学思想在数字时代的体现与发展。

为实现这一教育愿景，创客教育需要为学习者参与到真实世界中的创造性行动提供机会，使其知识的形成扎根于其设计、制作、游戏等综合实践活动的参与、行动基础之上，进而生成相应的认知活动产物——具有情境性的知识、一定创造性的人工制品，等等。如《中小学综合实践活动课程指导纲要》中强调的，要鼓励学生“主动参与并亲身经历实践过程，体验并践行价值信念”。此时的知识不是简单的由一个地方传输至另一个地方的客体，而是植根、涌现于具体情境，和学生个人的身体实践之中以及与真实生活情境的互动基础之上。一方面，这里的知识不仅仅是学科知识，还包含着个人丰富完整的生活世界的个人知识。也就是说，师生独特的个人知识有了知识的合法性。另一方面，无论是哪种知识都不再是静态的，其产生的学习过程是建构性、生成性的，而不是一蹴而就的。此时的学习者不再与其学习过程相分离，而学习过程本身也不再是被动听讲的过程，而是一种积极主动参与、行动、实践的过程。恰如当年杜威相信经验情境能够通过把行为与反思整合起来而发展自身，这种情绪性的行为和反思的智慧之间的完美结合曾让他振奋不已一样，[1] 对于回应今天数字时代对创造性学习的呼唤的创客教育来说，通过丰富

[1] 小威廉·E. 多尔:《超越方法：教学即审美与精神的探求》，杨明全译，《华东师范大学学报（教育科学版）》2003 年 21 卷第 1 期。

的创客实践能够让学生的情绪性行动与其反思智慧相结合，同样是令人兴奋而极有意义的。

（二）重构师生关系观：强调主体间性维度

基于传统认知理论的课程认为知识是独立于师生经验、经历、体验，独立于身体的意识、感觉、知觉、爱好、激情、好奇心、渴求等非理性因素而客观存在的，这在很大程度上容易导致课程知识的机械传授及灌输主义、传统主义教学观等，从而使师生关系陷入保罗·弗莱雷所说的“讲解主体（教师）”和“耐心倾听客体（学生）”中。[1]这也正是杜威所厌烦的教育学——一种植根于传统认识论和价值论的教育学：它以教条化的方法去教学，剥夺了学习者的经验，使学习者远离学习过程。对于杜威来说，将教学与学习进行二元分离是难以接受的。

在具身认知的视域下，当知识作为客观存在被解构之后，教育中单向灌输主义、传递主义的教学取向也自然受到了更大的挑战。用杰出的课程理论学家小威廉·E. 多尔（William E. Doll）的话来说，“现在，教学越来越不是一个高效传递的过程，更是一个与其他人一起在学习之路上旅行的过程和个人转变的过程”[2]。这一描述对于创客教育过程及其师生关系来说是合适的。

在创客教育的场域中，师生关系不再以知识的高效传递为基础，而要力图建立一种基于主体间性（intersubjectivity）、更加强调主体性交互的关系。这也意味着，教师需要放弃传统教育教学中所持有的“认知权威”地位，取而代之的是师生通过不断地对话、互动、分享、合作、反思，共同投入到一个创造之旅中，参与到知识的实际生产过程之中，从而成为知识的协同创造者。诚如保罗·弗莱雷所说，“教育必须始于师生

[1] 保罗·弗莱雷：《被压迫者教育学（30周年纪念版）》，顾建新等译，华东师范大学出版社，2001，第72页。
[2] 小威廉·E. 多尔：《超越方法：教学即审美与精神的探求》，杨明全译，《华东师范大学学报（教育科学版）》2003年21卷第1期。

之间的矛盾解决。通过协调这些矛盾，他们将同时互为教师和学生”[1]，即由“教师的学生”（students-of-the-teacher）和“学生的教师”（teacher--of-the-students）关系变成了“教师－学生”（teacher-student）和“学生－教师”（students-teachers）关系。[2]这与多尔先生分享的“教学信条”相映成趣：教师和学生之间是一种反思的关系。在这种关系中，教师并没有要求学生接受教师的权威，而是要求学生把对权威的质疑悬置起来，要求学生跟教师一起加入他们所经历的事情中去。[3]通过打破师生之间一方屈从于另一方的单向灌输、传递关系，创客教育可以为这样一种基于反思性关系、体现主体间性的师生关系提供机会。

（三）重构学习环境观：强调生活维度

具身认知理论强调知识不是情境无涉或孤立于其情境的，而是来自认知主体与它所处的环境之间复杂的、动态的交互关系。这对于创客教育中学习环境的创设具有重要启示意义。杜威曾感慨，“我们教导学生生活于两个分离的世界，一个是校外的经验的世界，另一个是书本和课业的世界。一旦计算起来，学校里学到的东西到了校外竟是那么一点点，又觉得惊奇，这是愚蠢的想法”[4]。类似的，陶行知先生也曾毫不客气地指出：“学校是贫乏的；它以社会为教室，因此变得丰富。将学校引入社会，以社区为教室，教育的过程变得：第一，丰富；第二，自然；第三，真实；第四，节俭；第五，与社会进步相协调。”[5]这也正是我国综合实践活动的课程开发强调要“面向学生的个体生活和社会生活”的原因，即要面向学生完整的生活世界，引导他们能够从日常学习生活、社会生活或

[1] Paulo Freire, *Pedagogy of the Oppressed(30th Anniversary Edition)*,trans. Myra Bergman Ramos(New York: Continuum, 2014),p. 72.

[2] Ibid.,p. 80.

[3] 小威廉·E. 多尔:《超越方法：教学即审美与精神的探求》，杨明全译，《华东师范大学学报（教育科学版）》2003 年 21 卷第 1 期。

[4] 约翰·杜威:《我们怎样思维·经验与教育》，姜文闵译，人民教育出版社，2005，第 212 页。

[5] 陶行知:《为生活而教育》，储朝晖编译，外语教学与研究出版社，2013，第 163 页。

与大自然的接触中提出具有教育意义的活动主题，使学生获得关于自我、社会、自然的真实体验，建立学习与生活的有机联系。[1]

基于具身认知理论基础的创客教育更是需要打破传统教育中将知识与其产生的情境割裂开来、与儿童的生活世界割裂开来的困境，重新建构儿童的学习环境——一个学科世界与生活世界共融的环境。这一学习环境可以将儿童的创客学习活动置于宽广的生活世界之中，以自己的创客活动解决来自儿童个体生活、自然生活、社会生活中的真实问题，

一言以蔽之，创客教育需要为学习者的身体思维创造机会，使其思维与身体联结在一起。此时，思维活出了身体，而身体也在探索中活出了思维。

[1] 中华人民共和国教育部:《中小学综合实践活动课程指导纲要》，北京师范大学出版社，2017，第 2 页。

第四章

创客教育生态系统

“恰切的认识应该正视复杂性。”根据埃德加·莫兰的观点，当认识对象与它的背景之间、各部分与整体之间、各部分彼此之间存在相互依存、相互作用、相互反馈的组织时，就存在复杂性。创客教育由于涉及人、空间、技术、学科内容、现实问题等诸多复杂因素而成为一个具有高度复杂性的教育系统。为此，当面对创客教育系统构建时，就需要以复杂性思想为指导，避免以简单、割裂的目光看待创客教育中的关键要素及其关系。根据创客教育的内涵特征与实践要求，本章以建造主义与具身认知理论为指导，对儿童在制作学习过程中的身体、技术、时间、空间与儿童认知发展问题做出剖析，以进一步理解创客教育中的关键要素及其之间的动态关系。

“恰切的认识应该正视复杂性。”根据莫兰的观点，当认识对象与它的背景之间、各部分与整体之间、各部分彼此之间存在相互依存、相互作用、相互反馈的组织时，就存在复杂性。[1]创客教育由于涉及人、空间、技术、学科内容、现实问题等诸多复杂因素而成为一个具有高度复杂性的教育系统。为此，当面对创客教育系统构建时，就需要以复杂性思想为指导，避免以简单、割裂的目光看待创客教育中的关键要素及其关系。

一般而言，创客教育系统既涉及创客的客观条件，如创客主体（包括创客、创客导师）及其活动，创客所需要的工具、资源等技术条件，创客所处的空间（包括现实空间与虚拟空间），也涉及创客过程中的主观条件，如兴趣、协作等非理性因素。根据创客教育的内涵特征与实践要求，本研究拟以建造主义与具身认知理论为指导，对儿童在制作学习过程中的身体、技术、时间、空间与儿童认知发展问题做出剖析，以进一步理解创客教育中的关键要素及要素之间的动态关系（见图 4–1）。

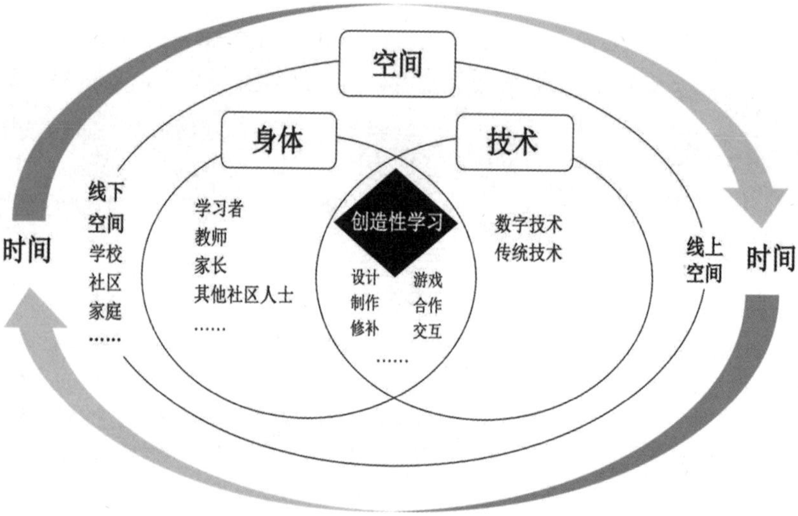

图 4–1　创客教育生态系统

[1] 埃德加·莫兰:《复杂性理论与教育问题》，陈一壮译，北京大学出版社，2004，第 27 页。

第一节　身体

内尔·诺丁斯曾感叹:“身体对我们是如此的重要，但令人惊讶的是，学校对其几乎毫不重视。”[1]长期以来，儿童身体与学校教育成了一对矛盾。在教育研究中，只有类的、年龄段的、概念性的身体，没有具体化的个体的身体；只有自然的身体，没有社会情景中的身体；只有与心理发展相伴随的身体，没有自身构成问题域的身体。[2]而在教育实践中，儿童的身体也是长期处于一种“缺席在场”——一种被压抑、被征服、被改造或者被忽视的身体在场。仅仅从“学海无涯苦作舟”“苦其心志，劳其筋骨，饿其体肤”也可以知道，学习似乎总是同吃苦联系在一起的，它同快乐无缘。[3]再者，学校课堂为了提高“教学效率”，对儿童的身体实施起“科学管理”。用美国著名教育学者艾斯纳（Elliot Wayne Eisner）的话来说，其精髓与工业管理高手、科学管理的创立者泰勒（Frederick Winslow Taylor）为了消除所谓的在流水线上工作的工人的多余动作是非常一致的。[4]为了保证这样的“效率”，就要捆绑儿童的手脚，来消除儿童身体中的“不安分”因素，不为其留下“散漫”的空间和余地。如此一来，儿童身体的某些部分似乎只能是留在课堂外。从这一角度来看，过去，陶行知先生曾将传统戕害身体的教育称为“残废教育”“杀人教

[1] 内尔·诺丁斯:《学会关心——教育的另一种模式》，于天龙译，教育科学出版社，2003，第 97-98 页。
[2] 闫旭蕾:《教育中的“肉”与“灵”——身体社会学研究》，南京师范大学出版社，2007，第 1 页。
[3] 齐学红:《教育中的身体隐喻》，《上海教育科研》2006 年第 1 期。
[4] 埃利奥特·W. 艾斯纳:《教育想象——学校课程设计与评价》，李雁冰主译，教育科学出版社，2008，第 10 页。

育”也不是没有缘由的。[1]然而，教育现实中的“隐身”状态是危险的，如怀特海所说，“忘记学生身体的教育不会取得良好效果”[2]。长此以往，教育中的儿童“身体”渐渐“被消弭”“被缺席”，即便不缺席，很多时候也只是个“摆设”，这就导致了主体无“体”的现实，儿童自然就成了“抽象的人”，而不是具体的人了。这种“缺席在场”让儿童在课程中缺乏真正的“体验”。

技术孕育的是一种更加强调动手能力的、基于活动的教育。[3]创客教育作为高扬儿童身体的教育形态，其认知主体是一个个特定的、具体的、活生生的身体，是具有丰富的情感、倾向、信念、直觉、天赋并带有社会文化背景的人，而不是认知机器，不是技术。虽然创客教育与技术的发展是分不开的，但是要想更好地理解与发展创客教育，则需要我们超越纯粹的技术性思考，将目光重新聚焦于“人”身上，尤其是以人的身体及其行动作为认知发展的根本基础。汉娜·阿伦特在《人的境况》中强调，“言语与行动是人们出现在彼此眼里的方式——不是作为客观物体，而是作为活生生的人而出现。这种出现和单纯的身体存在不同，它取决于人们的能动性；如果缺乏这种能动性，人也就不再是人”。她继而宣称：“没有言语和行动的生命，对这个世界来说其实就是死的。”[4]对于创客教育而言，身体承载着丰富的课程意蕴。创客课程寓于身体之中，即身体力行、践履体知之过程；身体生成课程，让主体性不断得以生成并涌现。易言之，创客教育力图通过恢复儿童身体作为经历课程的途径，以鲜活的创客体验培育儿童人性的世界。

[1] 钱旭鸯：《电子人教育的挑战》，博士学位论文，华东师范大学，课程与教学系，2012，第117页。

[2] 闫旭蕾：《教育中的“肉”与“灵”——身体社会学研究》，南京师范大学出版社，2007，第1页。

[3] 阿兰·柯林斯、理查德·哈尔弗森：《时代重新思考教育：数字革命与美国的学校教育》，陈家刚、程佳铭译，华东师范大学出版社，2013。

[4] Hannah Arendt, *The Human Condition* (*2nd Edition*)(Chicago: University of Chicago Press, 2013),p. 176.

一、创客教育中身体的多重描述

无论是西方的具身认知理论，还是中国儒家的身体观智慧传统，都让我们看到：身体是基础。即便被主体重新定义为原始和不发达的部分，身体还是赋予其每一分血肉以厚度。[1]更何况，身体不仅仅只是肉“身”，还有无可替代的、行动着的“体”之部分。从这个意义上来说，创客教育中的身体不仅是学习者认知的根本途径、生产性力量的实现途径，也是学习者社会交互的基本途径。

（一）身体作为基本的认知途径

《中小学综合实践活动课程指导纲要》明确指出：综合实践活动课程强调学生亲身经历各项活动，在“动手做”“实验”“探究”“设计”“创作”“反思”的过程中进行“体验”“体悟”“体认”，在全身心参与的活动中，发现、分析和解决问题，体验和感受生活，发展实践创新能力。这里的“体验”“体悟”“体认”无疑是中国自古有之的身体认知思想的集中体现。创客教育作为综合实践活动的重要活动形态，其身体认知思想可见一斑。

首先，从“体验”来看，创客教育虽然重视技术的应用与创造，但是就体验而言，创客教育还是特别鼓励基于身体的直接体验（bodily experience），而不是经由技术编码的虚拟体验。某种程度上，创客教育还需要对脱离身体的虚拟体验予以警惕。如德·穆尔（Jos de Mul）警示我们的，“脱离身体的体验是不完全的”[2]。正因如此，在讨论 STEM 学习时，美国学习技术学者多尔·亚伯拉罕森（Dor Abrahamson）和罗伯·林格伦（Robb Lindgren）也是特别坚定地认为，“STEM 的基本知识本身是由人类思维的具身本质决定的。要想理解 STEM 的内容，学生必

[1] 大卫·勒布雷东:《人类身体史和现代性》，王圆圆译，上海文艺出版社，2010，第 3 页。
[2] 约斯·德·穆尔:《赛博空间的奥德赛——走向虚拟本体论与人类学》，麦永雄译，广西师范大学出版社，2007，第 198 页。

须将自身不加中介的（unmediated）感知和行动与学科实践的中介化结构（mediated structures）相调和”[1]。如我们在本书第三章第二节所讨论的，由于直接体验能够为认知提供更好的动力，同时也能调动更多默会知识、非理性因素，投入直接性的体验活动可以为学习者提供更加真实的、更加强烈的学习动机。

其次，从“体悟”来看，创客教育强调让创客们身体力行、践履体知，其根本目的之一可以说是为了充分发挥儿童身体所蕴藏的认知能力、创新能力。根据具身认知有关理论，人的身体所蕴藏的认知能力和创新能力具有不可穷尽性，它时时刻刻都在生命冲动和求知冲动的作用下尝试性地前进，都在与周围环境和外部世界的相互作用中完善自身、发展自身，并永远将自身置于一种动态的进化过程中。[2]创客教育充分肯定了这一点，肯定“实践行动是人类的一种重要认知过程”[3]。若以 17 世纪末、18 世纪初的意大利哲学家乔巴蒂斯塔·维科（Giambattista Vico，1668—1744）的观点来看，创客教育中的认知与创新方式可以说是一种“最基本的认知方式”。在维科看来，人类应该具有感官知觉，由更加原始、更加动物性的形态发展而来。他因此表示，我们应当“发现一种最基本的认知……”，即“活动中的参与者（亲身体验者）而非单纯的观察者所能获得的那种认知……”，这种认知是个人化的、经验的、历史的。[4]这也让我们再次联想起派珀特本人所分享的“身体共鸣性”（body syntonicity）体验，即在他童年时期将“身体几何”和角度这一数学概念之间建立的牢固联系。某种程度上，这是派珀特以一种“体悟”的方式回应“活的”

[1] Dor Abrahamson and Robb Lindgren, “Embodiment and Embodied Design,” in *The Cambridge Handbook of the Learning Sciences(2nd Edition)*,ed. R. Keith Sawyer(Cambridge: Cambridge University Press, 2014),p. 360.

[2] 张之沧、张高:《身体认知论》，人民出版社，2014，第 17 页。

[3] 石晋阳、陈刚:《论创客教育的默会知识论基础：反思与重构》，《电化教育研究》2017 年第 4 期。

[4] 小威廉·E. 多尔、M. 杰恩·弗利纳、唐娜·楚伊特、约翰·圣·朱莉恩主编《混沌、复杂性、课程与文化：一场对话》，余洁译，教育科学出版社，2014，第 33 页。

生活经验与活动和“死的”数学之间完全脱节的情况。[1]类似的，创客教育过程中需要学习者像派珀特那样，不断地以身悟之，以一种默会的方式建立起自己身体与所交互世界之间的关系，并通达其深处。

再次，拿“体认”来说，创客教育虽然可以为学习者的责任担当、开拓创新等价值观的认识以及儿童乐于分享、勇于冒险等品格的塑造提供途径，但其实现方式并非通过“灌输”等方式而进行，而是以基于身体实践的“体认”为路径。“价值体认”是综合实践活动课程的四大目标之一，“体认”也是综合实践活动之“实践性”的具体表现之一。然而，何为体认？熊十力先生曾反复强调，“反己即体认”。所谓反己，即反身内观。而这种基于自身经验的反思乃是主体性中反思性品性形成的重要途径。由此可见，创客教育所特别注意的基于自身经验的反思与王船山先生所强调的“随在体认”“实实体认，于己取之”的体认及反己思想有着契合之处。

综上而言，无论是身之于体，或是体之于身，均有深厚的内涵和多层次价值。对于创客教育而言，鼓励学习者“全身心参与”是学习者达成“体验”“体悟”“体认”的前提。

（二）身体作为生产性力量

皮亚杰曾坚定地评价道，“马克思曾经充分强调动作（或实践）的作用，他曾十分正确地把知觉本身看作感觉器官的一种‘活动’”。正如皮亚杰所观察到的，人们若强调成人社会生活的创造作用，就会把重点放在教师给学生传授知识上；若强调的是同样具有建设性的动作的作用，就会把学生自己的活动看作重要的方面。[2]通过让儿童参与创造性社会实践，发挥他们身体的生产性力量，无疑是数字时代的创造性学习的根本落实途径之一。虽然传统的行为研究理论倾向于把身体行为视作一种

[1] Seymour Papert, *Mindstorms: Children, Computers, and Powerful Ideas*(New York: Basic Books, Inc., 1980),p. 68.
[2] 皮亚杰:《皮亚杰教育论著选》，卢濬选译，人民教育出版社，2015，第 158 页。

“刺激－反应”的单向机械关系，但在突破了“身心二元论”的今天，人们逐渐意识到身体作为创造力的核心基础意义。譬如，德勒兹曾为我们揭示：人的创造力不只是来自于大脑，源自人类精神的凝思或理性的逻辑，而更重要的是发生在身体感觉层次上的具体的活生生的体验与行动；身体本身就是一种生产性的力量。[1]

在新近出版的《STEM 教育中的批判性、跨学科和具身化取向》一作中，阿隆索·亚内斯、苏姆勒特等人对 STEM 教育的具身性议题给予了特别关注，并做出了系统的阐述与批判。[2] 他们表示，当前北美学校由于迫切需要进行 STEM 改革，以把学生“训练”成适应 21 世纪竞争激烈的“知识经济”的一代人，而导致他们几乎不加批判地接受了各种有关 STEM 教育的主导话语，诸如“为未来做准备”“为 STEM 而准备的工人”等“准备论”论调。这些主导话语常常打着具身的旗帜，但又在有意无意间将儿童身体再次工具化，让其以一种新的形式服从于“社会效率”。在批判的基础上，他们提出了一条可谓是基于“批判可持续性研究”（critical sustainability studies，CSC）的出路——生产教育学。

所谓生产教育学是这样一种跨学科教育取向，即通过让学习者创造真实的文化性人工制品，并有相应的真实观众能够见证其知识生产行为，从而支持学习者利用现实世界的工具参与现实世界的研究挑战。生产教育学强调：①学生的工作应该从积极参与开始，将情境探索、研究与真实的“生产性工作”联系起来，即做和制造的过程，及紧随其后的反复批判性反思和理论化过程。在这个反思和理论化的过程中，学生会考虑影响力并为他们所制造的东西负责任。②邀请学生展示或发表他们通过材料和 / 或媒体干预所创造的东西。很显然，这些干预措施其实超越了学

[1] 韩桂玲:《吉尔·德勒兹身体创造学研究》，南京师范大学出版社，2011，第 73-80 页。

[2] Gabriela Alonso Yanez, et al., “Towards a Production Pedagogy Model for Critical Science and Technology Interventions,” in *Critical, Transdisciplinary and Embodied Approaches in STEM Education,* ed. Pratim Sengupta, Marie-Claire Shanahan and Beaumie Kim(Cham: Springer Nature Switzerland AG, 2019),pp. 41-60.

校标准化评估的世界，与学校之外的世界和社区相联系。

根据生产教育学的理解，制造首先是一个必须置于并从属于“有意义的社会行动”（meaningful social action）之中的过程，在此过程中，生产具有社会价值的“东西”本身就是教育活动的一个内在组成部分，同时批判性思维也内含其中。言下之意，生产教育学将学习者自主的批判性探究与真实的生产形式联系起来，这一生产过程也因此被置于了更广泛的公共空间中。学习者通过使用技术工具和传播媒介进行生产而开展深度学习，进而确立他们在社会实践、文化实践中的“参与性地位”，这对于创客教育来说具有重要的启发性。

从这一意义上来说，强调创造性学习的创客教育鼓励学习者通过实践，参与到创造性生产过程中，成为具有独特价值的生产性力量。一方面，创客教育是以尊重学生的制作本能（instinct of making，杜威语）、以参与实践为特征的创造性学习活动。如美国学习科学专家索耶（R. Keith Sawyer）所说，“创造的源头不是意念，而是人的行动，即人的实践活动是产生创造力的源泉”[1]。通过为学生提供实践机会与环境，创客教育可以使学习者成为人工制品的制造者，而不仅仅是消费者。但是，创客教育中人工制品的制造并不总是指向学习者本人，还要鼓励学习者在生产过程中考虑其社会价值，对社区甚至更大的社会的影响力。另一方面，投入这样的生产过程，有助于让学习者的认知身体、现象身体与其复杂的生活世界交互共存、混然相融。就像美拉尼西亚人将身体延伸至自然，从自然中获得丰富的给养那样，投身生产性实践的创客学习者也将其身体延伸至社会，从社区、社会汲取丰富的给养——这本身是一种无尽的、重要的教育力量，也是纠正传统教育中儿童身体长期“缺席在场”之偏颇的重要路径。

---

[1] R. Keith Sawyer, *Group Creativity: Music, Theater, Collaboration*(Mahwah: Lawrence Erlbaum Associates,Inc.,2003).

（三）身体作为社会交互基础

当前越来越多有关认知的哲学和实证研究逐渐兴起了这样一种意识，即：必须考虑身体在与世界交互中的重要贡献。[1] 身体是一个文化与社会文本，从其诞生之初就受到文化的影响，规定其社会意义，也定位其文化价值。以中国儒学智慧传统来看，儒学之“学”之所以被看成“身心之学”，是因为儒家不但主张认知活动有其身体基础，还认为身体深受社会文化价值所渗透，故而要“修身”。以今天的各种具身认知理论、身体思想来看，身体同样是自我与世界之间关系的接触点与聚合点，是人的存在中最具体的事物，也是生命意义建构的基础。“具身”把身体看作一种通过随文化而变化的身体在环境中生活和栖息的方式。正如柯索达斯（Thomas J. Csordas）所言，如果“具身”意味着一种生存条件，其中身体是具身的主体性根源和交互主体的基础。[2]

身体连接自我与世界的关系可以从格洛兹（Elizabeth Grosz）有关身体的“莫比乌斯环”（Möbius strip，亦称梅比斯之环）隐喻中获得一些启示。格洛兹认为，身体就像一个“莫比乌斯环”（见图 4–2）。[3] 莫比乌斯环的重要特性在于：虽然每个局部都可以说有正面反面之分，但其整体上不能分隔成正面和反面，即这种曲面事实上是只有一个面的“单侧曲面”。恰如莫比乌斯环的奇异特性一样，身体与世界的内在、外在维度和二元对立的状态在莫比乌斯环的奇妙力量之下不可思议地得到化解：两个面既相互交织，又未

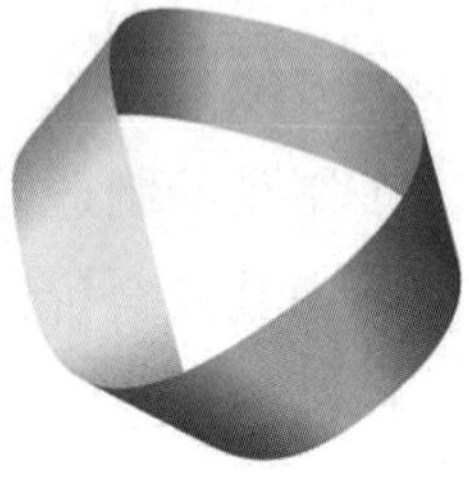

图 4–2 莫比乌斯环

[1] Dorothée Legrand, Thor Grünbaum and Joel Krueger, “Dimensions of Bodily Subjectivity,” *Phenomenology and the Cognitive Sciences* 8, no. 3(2009):279–283.

[2] Thomas J. Csordas, “Embodiment and Cultural Phenomenology,” in *Perspectives on Embodiment: The Intersections of Nature and Culture*, ed. Gail Weiss and Honi Fern Haber (New York and London: Routledge, 1999).

[3] Elizabeth Grosz, *Volatile Bodies: Toward a Corporeal Feminism*(Bloomington and Indianapolis: Indiana University Press, 1994),p. 188.

简化为同一个东西。与此同时，两个面重新生成了独自不能生成的新事物：一个无限延展的面。这为我们理解创客教育中的创客主体与他者之间的关系提供了一种非二元论的视角。

创客教育是一种身体在场的教育。在场是一种关系，是一种直接的基于身体的交互、交往的活动关系。一方面，区别于网络空间中的、以技术为中介的关系，这种交互关系以身体为基础。身体就像莫比乌斯环一样，将个体与世界连通，而无须任何其他的技术作为中介。另一方面，这种身体活动让学习者在创造的过程中与他者相遇。“学校的目的在于教会每个人与他人相遇交流。一旦这个相遇交流产生，我们就成功了”[1]，对于创客教育来说尤是如此。由图 4–1 可以看出，本研究所强调的创客中的身体不仅仅是创客学习者自身，还包括教师、家长、社区人士等等。诺斯（Richard Noss）和霍伊尔（Celia Hoyles）认为，让学生参与创造他们自己的产品的活动可以使学生越来越多地参与到一个联系网络中，从而进一步推动他们的活动。[2] 基于创客的学习活动实际上是关乎“如何利用创客空间这一物理空间让人与人之间进行交互；而在没有创客活动的情况下，他们很可能不会进行这样的协作或交流想法”[3]。戴维 · 冈特利特从其社会学背景出发，专门就创客过程中的制作及其与他人之间的关系做出了思考，并形成了《制作即连接》一作。书中他描述道，人们制作东西与人们和他人之间进行某种连接，这两者实为一个相同的过程。在冈特利特看来，制作即连接主要有三层含义：①制作即连接，因为你必须将事物 (材料、想法，或两者) 连接在一起，才能创造新的事物；②制作即连接，因为创造力的行为通常在某种程度上涉及社会层面，并将我

[1] 阿尔贝 · 雅卡尔、皮埃尔 · 玛南、阿兰 · 雷诺:《没有权威和惩罚的教育？》，张伦译，中国人民大学出版社，2005，第 17 页。

[2] Richard Noss and Celia Hoyles, *Windows on Mathematical Meanings: Learning Cultures and Computers*(Dordrecht: Kluwer Academic Publishers, 1996).

[3] Jessica Hibbard, “Bringing a ‘Maker Mindset’ to the Future of Work,” accessed January 18, 2020, https: //www.luminary-labs.com/insight/bringing-a-maker-mindset-to-the-future-of-work/.

们与他人联系起来；③制作即连接，因为通过制作东西并在世界范围内分享它们，我们增加了与社会和物理环境的接触和联系。[1]温州中学科技制作社的邱同学分享的经历在某种程度上很好地回应了冈特利特的分析：

> 我简直不敢相信那就是我亲手完成、亲眼看见的（见图 4–3）。现在回想，这些实验再基础不过了，可没有那时的我，没有那样的探究平台，就不可能有现在这个不一样的我。我有幸得到这片润土的滋养并将其惠及他人。事后我任科技制作社社长时，我也用我自己的热情，来感染我的每一位社员。[2]

图 4–3　邱同学制作的激光钢琴（局部）

作为一名中学生创客，邱同学朴实而真挚的话语向我们表明，创客教育的确并不限于认知的发展，而是一片“润土”，滋养着其中每一个投入了智力和情感的个体。事实上，可以说创客运动自诞生以来保持其可持续发展的一个关键原因，正在于它一直围绕着如何创建更加彼此联系、彼此支持的社区，或者称兴趣共同体。正是从这一意义上来说，创客空间如果仅是一个物理空间和一堆最高端的数字制造技术，那么它只

[1] David Gauntlett, *Making Is Connecting: The Social Power of Creativity, From Craft and Knitting to Digital Everything*(Cambridge: Polity Press, 2011),p. 10.

[2] 邱奕盛:《以热情对待寂寞》，https: //zhuanlan.zhihu.com/p/34890045，访问日期：2020 年 10 月 14 日。

能是空洞的。创客中丰富的身体活动，将创客主体嵌入了超越创客空间本身的、更加广阔的社会文化空间之中。派珀特也曾指出，“智慧意味着扎根、连接和对环境变化的敏感”[1]。一旦创客中的社会性维度得以强调，学习者的创造、生产过程指向更广泛的公共空间中的人的需要和事物时，学习者就自然投身于更加真实的社会实践、文化实践之中。

二、创客教育中的身体行动

多元性是人类行动的条件。[2]创客教育中的活动丰富多样。当然，这部分原因在于对创客这一术语本身人们并没有达成完全一致的理解，因此，不同的创客研究者与实践者对于创客教育中的“创客”活动类别各持己见，例如，有根据活动所依赖的材料将创客活动分为结构创意类、电子机械类、逻辑程序类等活动；亦有根据所制作作品的功能不同，将创客活动分为趣味创意、益智创意、科普创新、发明创造等类型的活动。可以看出，这些分类将目光更多地放在了创客教育中的材料、工具和作品上面，而不是创客中的身体主体及其实践上面。

然而，从其根本特征来说，创客教育是一种基于“体验”“体悟”“体认”的社会实践活动。从实践活动维度对创客教育中的活动做出分析的研究已十分丰富。譬如，霍尼（Margaret Honey）与坎特（David E. Kanter）将创客作为其“设计·制作·游戏”（Design-Make-Play）学习方法的一部分，强调了创客动手做的特性。谢里登等将创客描述为他们所研究的创客空间中所发生的活动：“艺术、科学和工程学中的创意制作（creative production），各个年龄段的人们将数字的和物理的技术融合在一起，以探索思想、学习技术技能并进行新产品创造”。布里克斯坦则更加聚焦于“数字制造实验室”（Digital Fabrication Labs），认为创客实践整合

[1] Edith K. Ackermann, “Constructivism (s):Shared Roots, Crossed Paths, Multiple Legacies” (paper presented at Constructionism 2010: The 12th EuroLogo Conference, Paris, August 16-20, 2010).

[2] Hannah Arendt, *The Human Condition* (*2nd Edition*)(Chicago: University of Chicago Press, 2013),p. 175.

了“计算、修补和工程”。

美国匹兹堡儿童博物馆的丽莎·布拉姆斯（Lisa Brahms）与匹兹堡大学的凯文·克罗利（Kevin Crowley）曾做过一项有关创客共同体中的核心学习实践类型的实证研究。他们以《创客》杂志为研究数据来源，通过文本分析法揭示出了七类常见的创客实践：探索和提问（explore and question），修补、测试和迭代（tinker, test, and iterate），查找资源（seek out resources），修改和目的再定位（hack and repurpose），组合和复杂化（combine and complexify），定制（customize），分享（share）（见表 4–1）。[1]

表 4–1　创客共同体学习实践

创客共同体实践	界定	示例实践在编码文章中出现的比例
探索和提问	为了寻找灵感或确定过程、项目意图而对情境的物质属性进行探寻。	49%
修补、测试和迭代	有目的的游戏、实验、评估并优化情境。	29%
查找资源	识别和寻求他人分布式专业知识，包括承认自己的不了解和学习的欲望。	51%
修改和目的再定位	利用和废物利用人造世界的某些部分来修改、增强或创造一个产品或过程。	38%
组合和复杂化	培养熟练使用各种工具和材料的能力，以便重新配置现有的零件和工艺并创造新的意义。	28%
定制	调整技术的特性和功能，以更好地适应个人兴趣和表达身份。	43%
分享	使社区成员能够获得和使用信息、方法和参与方式。	42%

由表 4–1 可以看出，在创客的不同阶段，创客共同体的实践活动亦

[1] Lisa Brahms and Kevin Crowley, “Making Sense of Making: Defining Learning Practices in MAKE Magazine,” in *Makeology: Makers as Learners* (*Volume 2*),ed. Kylie Peppler, Erica Rosenfeld Halverson and Yasmin B. Kafai(New York: Routledge, 2016),pp. 13-28.

有所侧重。我国《中小学综合实践活动课程指导纲要》也从活动的核心要素出发对“设计制作”类综合实践活动的过程做出了概括：创意设计，选择活动材料或工具，动手制作，交流展示物品或作品，反思与改进。在这个过程中，设计、制作、交流、反思与改进也是最为基本的创客活动。总体而言，已有研究文献中对于创客的具体活动形式、特征、内涵的阐释都不尽一致。比如创客与修补、游戏和设计之间的关系，事实上许多文献都将修补看作一种制作活动，而不仅仅是一种思维方式，并且强调游戏和设计等核心活动是制作过程的内在组成部分。[1]

本部分结合我国《中小学综合实践活动课程指导纲要》及相关创客教育研究，从创客活动中的设计、制作与游戏三个方面着手，对创客教育中的关键身体活动展开讨论。

（一）设计

设计是人类最古老的创造性实践活动之一，也是创客教育的重要身体活动之一，以及让学习者成为创造者的基本途径之一。在越来越强调儿童主体地位的基础教育中，我们给予“探究”“发现”的注意力越来越多，相比较而言，我们对“设计”的重视程度却远远不够。这恐怕也反映出了哈罗德·尼尔森（Harold G. Nelson）等人所观察到的传统观念中存在的一种严重偏见：我们总是习惯给人类的成就贴上“发现”的标签，而不是“设计”的标签。我们总是将“发现”凌驾于“想象”之上。[2]为了培养未来的革新者，教育工作者需要把设计过程作为一种教学实践来对待[3]，并允许孩子们利用现有的资源进行设计、制作、游戏、修补。创客教育珍视设计过程中所涉及的创造性、想象力、需要评估、问题解决

[1] Shirin Vossoughi and Bronwyn Bevan, “Making and Tinkering: A Review of the Literature,” *National Research Council Committee on Out of School Time STEM*.

[2] 哈罗德·尼尔森、艾瑞克·司杜特曼:《一切皆为设计：颠覆性设计思维与设计哲学（第2版）》，俞强译，人民邮电出版社，2018，第34-35页。

[3] Christiane Wood, *The Literacy of Play and Innovation: Children as Makers*(New York and London: Routledge, 2019),p. 107.

能力等因素的教育价值。它归根结底是鼓励学习者通过自己的设计思想和行动解决真实世界的问题，从而使真实世界变得更加丰富和美好。

1. 设计的含义与特征

从设计的含义来说，设计理论纷繁复杂，有关设计的概念、理解不胜枚举。设计历史学家约翰·赫斯科特（John Heskett）曾做过一个有趣的比较，他把“设计”与“爱”放在一起，认为二者同样难以诠释——两个词的意思都是那么多元，在不同的语境中可以解读出不同的内涵。[1]从创客教育的语境出发，我们着手从如下三个方面理解其中的设计行动。

其一，设计作为一个建构的过程。设计一词的英文 design 于 1548 年首次出现在《牛津英语词典》中时还是个动词，义指“指出”“制订”，而后在 1588 年时，又陆续加进来名词的意义，指的是“目的、目标和意图”。在此之后的 5 年，它的名词解释更精确了一些：“做一件事情之前的计划，行动之前的打算。”[2]这也衍生出了设计含义的狭义和广义之分。从狭义上说，设计是指为了提升后续创新行为品质，而在开发某事物或者解决某问题之前所进行的系统精细的规划、观念生成的过程，类似于一个建构过程的前期阶段，有时还像是一个准备阶段。但从广义上考虑，设计并非只是为建构做准备，而是本身就是一种建构，或者说，“设计即制作中的人工制品”[3]，包括视觉的、空间的、造型的以及问题解决方案等方面的建构。无论是哪一种建构，其实都是将尚不存在的事物带到这个世界的过程。[4]如伊迪丝·阿克曼所解释的，设计，意大利语为 progettare，它可以被看作反思性抽象的对立面：一种有意识的具体化的

---

[1] 爱丽比·劳斯瑟恩:《设计，为更好的世界》，龚元译，广西师范大学出版社，2015，第 13 页。

[2] 同上。

[3] Beaumie Kim, Lynde Tan and Katerine Bielaczyc, “Learner-Generated Designs in Participatory Culture: What They Are and How They Are Shaping Learning,” *Interactive Learning Environments* 23, no. 5(2015):545-555.

[4] 哈罗德·尼尔森、艾瑞克·司杜特曼:《一切皆为设计：颠覆性设计思维与设计哲学（第 2 版）》，俞强译，人民邮电出版社，2018，第 128 页。

迭代过程，或思想的物化。也就是说，设计是赋予内在的感觉和思想以形式或表达，使其变得有形，并能够向外投射。为此，阿克曼指出，在设计实践中，设计的目的不是“去表现现存的事物（或模拟事物如何存在），而是去想象不存在的事物（或设想事物如何存在），并将想象的事物带入现实”。创造者是具身化的可能性的制造者：他们既制造（make）又创造（make-up）东西！[1]与一般的设计相比，创客教育中的设计由于常有新技术的加入而形成了一种相对新颖的技术设计（technological design）方式，这也一定程度上更新了设计作为一种建构过程的方式。

其二，设计作为一个再设计（redesigning）的过程。由于设计是一个开放、迭代的过程，需要不断地进行编辑、调试或优化。在此过程中，人们对问题不同的解释方式会给设计过程和结果带来影响。而当人们对行为的解释可以影响或改变后续行为和解释时，就会存在自反性（reflexivity）。麻省理工学院的格雷戈里·嘎嘎瑞尔（Gregory Gargarian）对不同领域的设计案例进行研究后表示，设计具有自反的性质。设计者可以预期他们面对的是无法预料的问题，并学习如何构建和使用恢复策略。[2]这也正是嘎嘎瑞尔认为设计总是再设计的原因。

其三，设计作为一种沟通的过程。虽然创造性、新颖性的确是设计的重要能力要求。但要将一件尚不存在的事物带到世上，仅靠独创性和新颖性的技能是远远不够的。[3]由于设计过程是如此复杂、微妙、具有不确定性，其准备和实现的过程还在很大程度上有赖于不可言说的想象力和持续、开放的沟通。哈罗德·尼尔森等人曾对设计中的沟通与对话做

[1] Edith K. Ackermann, “Experiences of Artifacts: People’s Appropriations/Objects’ ‘Affordances’,” in Ernst von Glasersfeld, *Key Works in Radical Constructivism*, ed. Marie Larochelle(Rotterdam: Sense Publishers, 2007),pp. 249-259.

[2] Gregory Gargarian, “The Art of Design,” in *Constructionism in Practice: Designing, Thinking, and Learning in A Digital World*, ed. Yasmin B. Kafai and Mitchel Resnick(Mahwah: Lawrence Erlbaum Associates,Inc., 1996),pp. 125-159.

[3] 哈罗德·尼尔森、艾瑞克·司杜特曼:《一切皆为设计：颠覆性设计思维与设计哲学（第 2 版）》，俞强译，人民邮电出版社，2018，第 129 页。

过分析，认为设计本身需要在一个复杂的、多样性的、差异化的空间中将不同的、不一致的理解汇集到一起，而沟通需要传达全面性、意义以及所承诺的但尚不存在的事物之价值。这个过程，需要经历反复的会话、对话以及图话，并最终在达成一致之后，进入到制造或生产的实行阶段（见图 4–4）。[1]

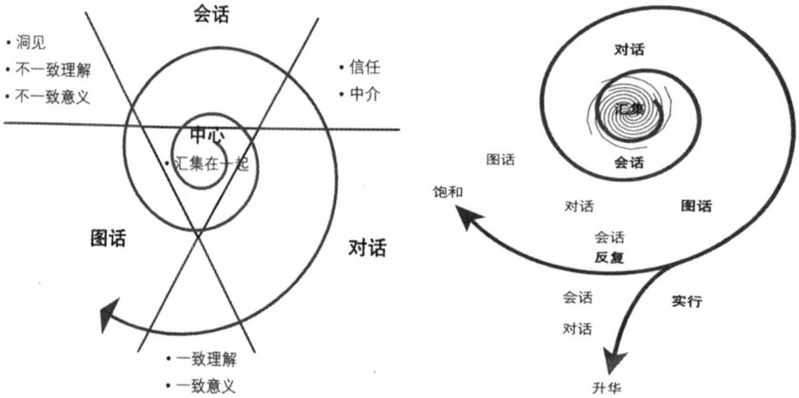

图 4–4　设计沟通阶段

从设计的特征来说，同样也是多面向的。就学习的角度而言，设计的一个突出特征即美国教育学家、哲学家唐纳德 · A. 舍恩（Donald A. Schön）所强调的设计“是不可教授的技艺”。“无论是狭义的建筑建设，还是广义的类似设计的各种专业实践，都必须从做中学。”在舍恩看来，由于设计具有如下五方面特征，使得设计过程可以学习、辅导，但不可以教授：①娴熟的设计是一种行动中的识知。对设计的描述以及与其对应的行动中识知之间的差距必须通过行动中的反思才能得以弥补。②设计是一项综合技能，必须通过行动中的体验，从整体上掌握设计。③娴熟的设计依赖于设计者认识和鉴别理想和不理想的设计特性的能力，而这种能力只能在行动中获得。④由于设计者无法说出自己掌握的知识以

[1] 哈罗德 · 尼尔森、艾瑞克 · 司杜特曼：《一切皆为设计：颠覆性设计思维与设计哲学（第 2 版）》，俞强译，人民邮电出版社，2018，第 129 页。

及设计知识本身就具有不可言说的特点等，都决定了描述的局限性。最初，学生可能对设计的描述感到困惑、模糊、不确定、不完整。只有通过在行动中暴露正确和错误理解的对话才能明确这些描述的意义。⑤设计是一种创造性活动，设计者通过这个过程逐渐学会运用全新的方法观察和行动，所以任何预先的描述都不能代替做中学。设计者与情境要素之间的反思性对话能够产生新的发现、意义和创造。[1]

由以上特征可见，舍恩尤其强调了设计之缄默性、不可言说性。在舍恩看来，学习设计的悖论就像柏拉图在对话录《米诺》(*Meno*) 中的悖论：学生开始无法理解他要学习的东西，只有自我教育才能学会，而且只有通过开始去做他尚且不理解的东西，他才能教育自己。在这里，与其说“学会”，不如说“意会”。创客教育中设计的悖论也要依托这样一种默会知识来解决。[2] 对于创客教育中的设计来说，无论是教师的言语描述、教授或是示范恐怕都难以通达。我们需要做的是，通过创设良好的环境，鼓励学习者投入到自己的反思性行动中，以做出新的设计或发现。

2. 创客教育中的设计意义

从教育学的视角来说，创客教育本身具有“基于项目的学习”和“基于设计的学习”(design–based learning，DBL) 的典型特征，体现的是具有百年历史的“设计理念”和“设计教学法”的价值诉求。创客教育中的设计正是通过为现实世界中的问题建构创造性解决方案而进行学习的过程。这一过程具有促进设计思维发展、审美经验获得、想象力释放、同理心形成等重要意义。

首先，通过设计培养设计思维，可以说是创客教育的基本出发点之一。何为设计思维？香港著名设计师靳埭强、潘家健认为，设计思维这个名称的普及，始于哈佛大学彼德·罗尔 (Peter Rowe) 于 1987 年出版

---

[1] 唐纳德·A. 舍恩：《培养反映的实践者：专业领域中关于教与学的一项全新设计》，郝彩虹等译，教育科学出版社，2008，第 143-148 页。
[2] 同上书，第 75-85 页。

的同名书。所谓设计思维，简单地说，其重点在于创意与社会，它关注的是活动、环境、互动、物和人，简称AEIOU（即各英文单词的首字母）。[1]试图了解“设计思维”的人会发现，世界上第一所设计思维学院——d.school于2008年诞生于斯坦福大学校园外围的一个车库里。德国商人哈索·普拉特纳（Hasso Plattner）是该项目的早期赞助人，他认为，创造力并非只属于少数天才，好点子也不会自动产生，创造性的火花不会随时迸发，尤其是在当前纷繁复杂的世界中，碰运气并不是我们寻找解决方案的正确途径。在哈索·普拉特纳看来，与此恰恰相反的是，创新是一个过程，而且人人都可以学习它、掌握它。名列世界“最具创新能力的十大公司”之一、为苹果公司设计了第一只鼠标的设计公司IDEO的总裁蒂姆·布朗（Tim Brown）强调要实现从“设计”到“设计思维”的演化，认为设计思维拓展了设计的应用范围。“我们以设计来解决企业难题和社会难题，而设计思维体现出的是以人为本、寻求创新的方法，这能让我们另辟蹊径，更高效地解决问题。”[2]这也正是设计思维的意义所在：它是一个系统的框架和方法，能培养人的创新自信，而创新自信是产生创意的基础，最终它能让每个人都充满创新精神。[3]正是人们越来越意识到设计思维的潜能，今天世界各地许多大学都纷纷建立了专门的设计思维学院，致力于为自己所在地区建造、培育创新的温床。

何以发展设计思维？如前所述，设计本身具有不可言说性的缄默性，因此在有意义的情境之外来“教”设计思维自然也是很难达成的。格罗皮乌斯在1919年成立包豪斯设计学校时发表的《包豪斯宣言》中对此给予了直接的回应：说真的，既然艺术是教不会的，他们又如何能够做到这一点呢？学校必须重新被吸纳进作坊里去……建筑师们、画家们、雕

[1] 靳埭强、潘家健:《设计的思考：设计师的心智与灵魂》，北京大学出版社，2019，第131-132页。
[2] 蒂姆·布朗:《IDEO，设计改变一切》，侯婷、何瑞青译，浙江教育出版社，2019，第I页。
[3] 哈索·普拉特纳、克里斯托夫·迈内尔、拉里·莱费尔:《斯坦福设计思维课1：认识设计思维》，姜浩译，人民邮电出版社，2019，序言。

塑家们，我们必须回归手工艺！……正是在手工艺技巧中蕴涵着创造力最初的源泉。[1]《包豪斯宣言》揭示了包豪斯学校极具前瞻性的纲领：艺术与技术结合，手工与艺术并重，创造与制造同盟。[2]正如包豪斯强调学生的手工训练和众多车间里的劳作一般，今天保证设计思维发展的最佳途径还是要让学生参与到真实的设计活动中去。蒂姆·布朗将这样一种设计思维的培养方式称为“用手来思考”，强调动手制作模型对于设计思维发展的重要意义。他曾分享了自己作为设计思考者的职业生活其实是始于其童年阶段：

> 20 世纪 70 年代早期，那时我也就 9 岁左右，英国正经历又一次周期性衰退，而煤矿矿工到冬天就开始罢工了。这意味着发电站没有煤，意味着没有足够的电力以满足需要，也意味着经常会停电。我决心为家庭尽自己的一份力量，于是就搜罗了我所有的乐高积木，用能在暗处发光的、颜色鲜艳的发光积木做了一个大大的手电筒。我得意地把这个手电筒递给妈妈，这样她就有足够的亮光给我做饭了。就这样，我搭建了我的第一个模型。[3]

设计思维作为一套方法体系，强调依靠多元背景和跨学科的创新团队来创造性地解决问题。正是由于创客教育中的设计实践可以让学习者经历类似于设计师的设计思维实践，围绕着移情和理解我们为谁或为什么而设计，通过动手实践、建模，进行原型设计和测试，并评估和试验，尝试概念和观念，所以当前人们对创客教育发展设计思维的价值的兴趣日益增长。

其次，通过设计可以获得审美经验。从最基础的意义上来说，如布

---

[1] 张春艳、王洋主编《包豪斯：作为启蒙的设计》，山东美术出版社，2014，第 23 页。
[2] 同上书，第 3 页。
[3] 蒂姆·布朗:《IDEO，设计改变一切》，侯婷、何瑞青译，浙江教育出版社，2019，第 89 页。

里克斯坦一直观察到的那样，激光切割机和3D打印机生产出的产品在美学上令人愉悦，这对学生的自尊心产生了很大的影响——他们带回家的不是不对称且易碎的纸板原型，而是接近专业水平的、实用的3D物体，用他们的话来说，不是“学校的东西”，而是“真实的东西”。[1]从更加深层意义上来说，设计本身是一种审美经验。这是因为设计本身就是一种文化行为，它不仅有单纯的功能性，还具有审美属性。[2]杜威曾判断，审美的敌人既不是实践，也不是理智，而是单调，是目的不明而导致的懈怠，屈从于实践和理智行为中的惯例。而设计由于可以释放想象，可以抵制习惯的惰性，而不致阻碍意识的产生。正因如此，杜威转向了艺术审美，转向他所谓的“艺术即经验”，指出我们应主动介入各种艺术作品，主动将各种艺术作品视为经验客体的积极意图，能够抵制麻木不仁、无聊乏味、陈腐平庸以及惯例常规。杜威强调当过去的经验与当下的经验交汇，只有打开想象的大门，用先前审美经验直接表达意义的方式才能同样发挥作用。“当想象得以释放，源于先前经验的意义往往会通过想象的大门（正如杜威所看到的那样）与当下的经验发生相互作用。当把过去的经验注入当下，总是会引起对过去的重新审视，与此同时，新经验（现在已经丰富起来）也已经进入意识之中。”[3]创客教育中的设计正是为学习者释放其想象，通过这一想象的大门，让其过去的经验在更深刻的意义上得以综合，并通往未来新的审美经验——属于每个人自己独特的审美经验。

再次，通过设计可以发展同理心。“我的设计是从理解对人类的爱为基础出发的”，非凡的设计奇才菲利普·斯塔克（Philippe Starck）如此

[1] Paulo Blikstein, “Digital Fabrication and ‘Making’ in Education: The Democratization of Invention,” in *FabLab: Of Machines, Makers, and Inventors*, ed. Julia Walter-Herrmann and Corinne Büching(Bielefeld: Transcript Publishers, 2013),pp. 203-222.

[2] 田晓冬、姚君:《设计文化学》，中国矿业大学出版社，2011，第128页。

[3] 玛克辛·格林:《释放想象：教育、艺术与社会变革》，郭芳译，北京师范大学出版社，2017，第101页。

说，并自称为一个“具有同理心的梦想家（empathic visionary）”。[1] 如果说创客教育中的设计是一种“热情的目的性行为”，那么其中最重要的目的该是关怀生活，满足改善生活的需要。无论是对于现代设计启蒙的德国包豪斯、邻国日本的“民艺运动”，还是当代设计领域的领衔者 IDEO 公司来说，“为生活而设计”都是根本诉求。包豪斯的启蒙神话可以说源于格罗皮乌斯在办校之初所宣告的：设计的目的不是物品，而是“生活过程的创新塑造”。[2] 即使在包豪斯由于种种历史原因瓦解之后，包豪斯“为生活而设计”的设计精神、设计思维、设计目的并没有多大改变。对于拉兹洛·莫霍利 – 纳吉而言，设计是一种态度。他坚定执行包豪斯的教育理念并提出：设计要求广博的知识和敏捷的创造力，不能用孤立的眼光看待作品，而要从它与个人和公共利益之间的联系来审视。[3] 这也可以体现出莫霍利 – 纳吉尤其注重培养学生的社会责任感和“建设性的思维”。第一次世界大战后的日本，以柳宗悦为代表的学者们发起了影响深远的“民艺运动”，通过对日本民间手工艺的研究和发掘，确立了日本人的文化和审美自信。这场运动所倡导的“Yo no Bi”式的设计，即“用”与“美”合一的设计原则，“逐步发展成为日本社会独有的审美体验”。[4] 而今天的 IDEO 公司同样一直强调“以人为本”的创新方式，强调设计思考者会观察人们如何行事，观察人们的生活情景如何影响他们对产品和服务的反应。换而言之，设计思考者不仅要考察产品和服务的功能，还要考虑其情感意义。[5] 蒂姆·布朗也因此把换位思考作为设计思维的三大关键要素（洞察力、观察、换位思考）之一，强调要“真切体会别人的

[1] 罗建:《设计要怎么思考：培养设计创新意识》，博硕文化译，电子工业出版社，2011，第 147 页。
[2] 张春艳、王洋主编《包豪斯：作为启蒙的设计》，山东美术出版社，2014，第 31 页。
[3] 姚民义:《技术的灵韵：莫霍利 - 纳吉与包豪斯理念研究》，东南大学出版社，2019，第 107 页。
[4] 段卫斌:《工匠精神：设计教育反思》，浙江人民美术出版社，2018，导言。
[5] 蒂姆·布朗:《IDEO，设计改变一切》，侯婷、何瑞青译，浙江教育出版社，2019，第 223 页。

感受”。在他看来，从设计到设计思维的演化，实际上是由创造产品演化到分析人与产品间的关系，进而演化到分析人与人之间的关系。[1]这也呼应了靳埭强、潘家健所倡导的“关怀的设计”。他们一再强调，“做人要负责任，做设计更要肩负起社会责任”[2]。在考量当今以经济为主导的社会发展趋势中，设计行业渐渐失去了对人的关怀和对社会的责任感，扮演着仅仅为商业企业的盈利目标而服务的角色之现实后，靳埭强、潘家健特别呼吁：新一代的设计师，必须回归根本，从人文伦理的角度来看设计。同时，也要从设计的角度来回想伦理道德，思考设计与人类、社会及自然万物的关系。这样，才有可能做出好的、有意义的设计，造福人类。[3]

创客教育中的设计也注重培养学习者的同理心，尤其是对生活的洞察力、敏感性与好奇心。金及其同事将教育中的设计界定为：作为制作中的人工制品，作为身份协商，作为中介的话语。[4]其中介性很大程度上体现了设计者、设计者为之设计产品的人、设计产品之间的互动关系。学习者的设计活动和参与式的认识方式在推动创新的互动式学习环境方面具有巨大的潜力：由于此时的学习是兴趣驱动、激励和参与的，其结果对个人及其社区都是有意义的。[5]布里克斯坦等人将此时人与社区之间的联系称为“故事性”，认为无论是一支室内温度计、一把富有现代性的椅子，还是一个学校系统的创造，都是带着科学知识寻找解决方案的过程。将用户置于我们制造事物之原因的中心，会给整个工程过程带来故事性。这个故事其实是在建立联结（create connections）——这既有利于

[1] 蒂姆·布朗:《IDEO，设计改变一切》，侯婷、何瑞青译，浙江教育出版社，2019，第42-43页。

[2] 靳埭强、潘家健:《设计的思考：设计师的心智与灵魂》，北京大学出版社，2019，第52页。

[3] 靳埭强、潘家健:《关怀的设计：设计伦理思考与实践》，北京大学出版社，2018。

[4] Beaumie Kim, Lynde Tanand Katerine Bielaczyc, “Learner-Generated Designs in Participatory Culture: What They Are and How They Are Shaping Learning,” *Interactive Learning Environments* 23, no. 5(2015):545-555.

[5] Ibid..

学生同理心的形成，也可以帮助他们获得关于生活世界的不同看法。[1]

3. 创客教育中的设计过程与方法

创客教育中的设计也遵循一般设计的特征与方法，体现出明显的探究性、非线性与迭代性。

就探究性而言，探究对于设计活动来说当然大有裨益，可以促进设计师对自己的方法提出批判性检验和反思。韦斯特·邱奇曼（Charles West Churchman）曾对历史上的探究活动形式做出比较并参考了哲学家的思考过程后，提出了理性的“探究设计”的概念。[2]然而，设计终究不等同于探究，其缄默性等特征决定了它很难通过一套科学方法来完成设计，否则将限制或影响人们所认为的设计的先决条件。即便真按一套科学的方法进行设计，所谓的“设计过程”也很可能更像一个“研究过程”。就像马丁在《创客教育的承诺》中所说，科学方法在学校设计和发明问题中经常被误用。这种科学方法也许可以用来测试对世界如何运转的猜测，但它并不适用于还不存在的事物。[3]无独有偶，哈罗德·尼尔森等人也对以科学方法来教设计提出了批判性意见。他表示，设计是介于科学与艺术之间的“第三者”，一种中间物。这种方法既有科学的成分，又有艺术的成分。[4]因此，我们并不能简单地以科学方法对待设计一事。在哈罗德·尼尔森看来，设计实则是“智慧”的重建——设计智慧，即观察、反思、想象、行动及生产或制作与理性的结合。[5]它让思想和行动成为统一体，而不是遵循历史上的做法，把科学和工艺分开；也不像在近代，

[1] Paulo Blikstein, Sylvia Libow Martinez and Heather Allen Pang(eds.),*Meaningful Making: Projects and Inspirations for Fab Labs and Makerspaces*(Torrance: Constructing Modern Knowledge Press, 2016),pp. 4-5.

[2] 哈罗德·尼尔森、艾瑞克·司杜特曼:《一切皆为设计：颠覆性设计思维与设计哲学（第2版）》，俞强译，人民邮电出版社，2018，第34-35页。

[3] Lee Martin, “The Promise of the Maker Movement for Education,” *Journal of Pre-College Engineering Education Research* 5, no. 1(2015):47-48.

[4] 哈罗德·尼尔森、艾瑞克·司杜特曼:《一切皆为设计：颠覆性设计思维与设计哲学（第2版）》，俞强译，人民邮电出版社，2018，第13页。

[5] 同上书，第19-20页。

把科学和人文分开。就如哈罗德·尼尔森等人所举的例子一样，当人们在喋喋不休地争论达·芬奇到底是科学家还是艺术家时，往往忽略了他归根结底其实是一名设计师。他研究这个世界时所展现出的以目的为导向的综合方法就是一种设计方法。

就非线性维度而言，是指设计过程其实是与线性过程相对的。正如建筑师马修·弗雷德里克（Mathew Fredrick）所说，“以过程为导向，而不是以结果为驱动是设计师最重要的也是最难习得的技能”[1]。在计算机出现之前，设计是一个细致的过程，需要手工计算，尽可能地建立模型，并依靠所有已知的数据来解决问题。为此，对于大型工程项目，最可靠的设计方法是瀑布法（waterfall method）。瀑布法，顾名思义，指设计过程就像瀑布一样，往一个方向走很容易，往相反的方向走很难。[2]有了计算机之后，工程与设计的工作都有了很大的改变。虽然我们知道，在现实世界中，一个项目很难在一开始就有一张完美的路线图。然而，遗憾的是，在学校里，却往往会要求有一个严格的“设计过程”，要求有一个从开始到结束按照几个阶段做线性发展的过程。这样似乎就可以最有效率地帮助学生一步一步地组织他们的思想，以尽快得到一个成品。很显然，这种善意的支持实际上可能会抑制学生的创造力，迫使他们创造出完全相同的产品。如果说能够按照指示去做，可以不假思索地完成这些步骤才是“好学生”，那不得不指出的是，这很可能已经与创客教育、设计本身背道而驰了。我们知道，即便是科学家、工程师的工作方式，恐怕也很难做到一蹴而就。颇具影响力的人类学家布鲁诺·拉图尔（Bruno Latour）在他的著作《行动中的科学：如何在社会中追随科学家和工程师》（1987）中研究发现，其实修补更接近于真正的科学家、数学家和工程师解决问题的方式。修补并不是一种无知或不成熟的科学方法。虽然

[1] 大卫·斯尔文:《创意工场：提升设计技巧的80个挑战》，王旭译，山东画报出版社，2012，第2页。

[2] Lee Martin, “The Promise of the Maker Movement for Education,” *Journal of Pre-College Engineering Education Research* 5, no. 1(2015):48-51.

科学家会制订计划，但他们也跟着感觉走、会重复、会犯错误，要重新思考、重新开始、争论、睡一觉、合作、喝一杯茶。[1]类似的，现实世界中的设计通常也是一个深思熟虑的修修补补的过程。来自 IDEO 公司的大卫・凯利（David Kelley）将此称为“启迪人的尝试错误法”[2]。

与瀑布法相对的，创客教育中的设计更倾向于一种迭代设计法。举例来说，创客们可以利用 3D 建模软件将其设计思想表达出来，通过成本低廉的 3D 打印机快速成型，验证其效果，并对不满意的部分进行修改，直到感到足够满意。这种迭代的设计过程有时候也被称为“迭代开发模式”“快速原型”“螺旋设计”“敏捷开发”或者“修补 – 友好”（Tinkering-Friendly）设计模式等。虽然人们对于这个迭代设计过程的称呼和理解可能会有差异，但基本上都认同设计的过程不是遵循特定的顺序一步一步进行的线性过程。相对而言，迭代设计法更看重的是在其想法尚未成熟时，就可以借助技术、材料尽可能快地构建出一些东西来，以便对假设做出检验并继续向前推进。为此，可以说这样的设计过程更是一个以螺旋方式重复计划、执行、检查、调整、重新计划、固定、改进、共享等阶段的过程。这里的螺旋，意味着它不是简单重复，而是在吸收先前经验、教训与成果基础上的迭代。

目前，在教育研究中已有几个代表性的设计思维过程模型。其中，影响较大的有斯坦福大学 d.school 提出的五阶段设计思维模式——移情设计过程（Empathic Design Process，亦称代入式设计过程）：移情、界定（问题）、构思、原型和测试（见图 4–5）。

---

[1] Bruno Latour, *Science in Action: How to Follow Scientists and Engineers Through Society* (Cambridge: Harvard University Press, 1987).

[2] 大卫・斯尔文:《创意工场：提升设计技巧的 80 个挑战》，山东画报出版社，2012，第 2 页。

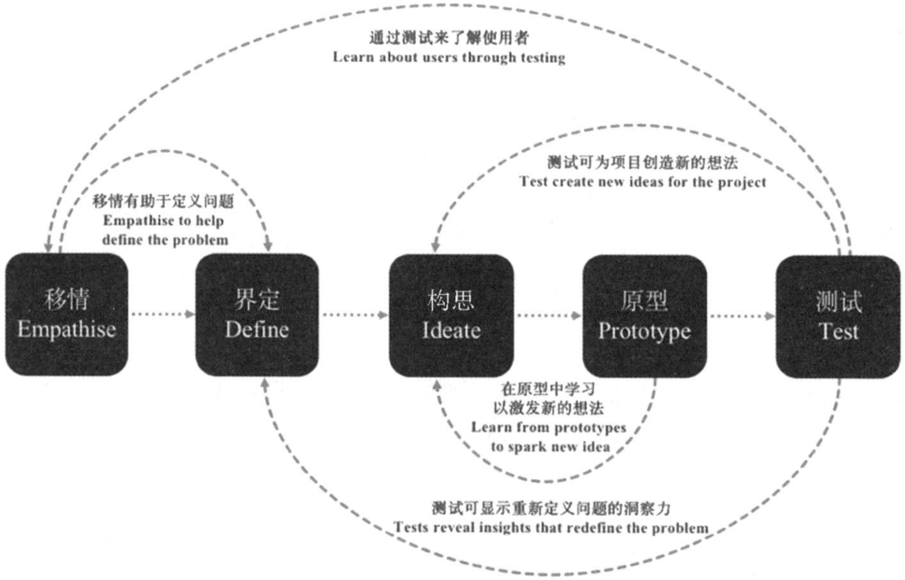

图 4-5　斯坦福大学 d.school 五阶段设计思维模式

（1）移情：是指通过咨询专家、观察、参与，了解他人的需要，以及让自己沉浸在物理环境中，以对所涉及的问题有更深入的个人理解，从而更加了解所关注的领域。同理心对于以人为本的设计过程、设计思维来说至关重要，因为同理心使设计思考者抛开自己对世界的假设，以便深入了解用户及其需求。也正因如此，时为认知心理学家，后成为工业设计师的托马斯·范龙佩（Thomas van Rompay）创造了具身设计（Embodied Design）[1] 这一术语。根据时间限制情况，在这一阶段收集大量的信息，以便在下一阶段使用，并对用户、他们的需求以及特定产品开发过程中存在的问题进行最好的了解。

（2）界定：是指综合移情阶段的发现，以确定目前已经发现的核心问题。需要注意的是，我们应该以以人为本的方式将问题界定为一种问题陈述。举例来说，与其把问题界定为自己的愿望或公司的需要，如

[1] Dor Abrahamson, “Embodied Design: Constructing Means for Constructing Meaning,” *Educational Studies in Mathematics* 70, no. 1(2009):27–47.

“我们需要将我们的食品产品在年轻少女中的市场份额提高 5%”，不如将问题界定为“少女需要吃营养食品才能茁壮成长、健康成长”。界定阶段可以帮助设计者收集优秀的想法，以建立可以帮助他们解决问题的特性、功能和其他元素。

（3）构思：为所陈述的问题确定新的解决方案。构思技巧有成百上千种，如头脑风暴、脑力写作、最糟糕的想法和跳跃。不管用什么方法，在构思阶段开始时，最重要的是通过“跳出框框思考”，获得尽可能多的想法或问题解决方案。而在构思阶段结束时，可以再选择一些其他的构思技巧来调查和测试想法，以找到解决问题的最佳方法，或者提供规避问题所需的元素。

（4）原型：将思想转化为物理形式；通过生产许多便宜的、缩小了的产品版本或产品中的特定功能，以研究前一阶段产生的问题的解决方案。原型可以在团队内部、其他部门或设计团队之外的一小群人中共享和测试。因此，这是一个试验阶段，其目的在于为前三个阶段中发现的每一个问题确定最佳可能的解决方案。这些解决方案在原型中实现，并逐个进行调查，根据用户的体验接受、改进和重新检查，或者拒绝。在这一阶段结束时，设计团队将对产品固有的约束和存在的问题有一个更好的认识，并对真实用户在与最终产品交互时的行为、思考和感受有一个更清晰的认识。

（5）测试：试验产品，使用观察和反馈来完善原型。虽然这是五阶段模型的最后一个阶段，但在一个迭代过程中，测试阶段产生的结果通常用于重新定义一个或多个问题，并为理解用户、使用条件、人们的想法、行为和感觉提供信息，并引起共鸣。即使在这一阶段，为了筛选问题解决方案，并尽可能深入地了解产品及其用户，也会进行修改和改进。

事实上，不但是 d.school 采用移情设计过程，IDEO 公司也同样采用移情设计过程。[1]需要说明的是，以上描述在表面上似乎勾勒出了一个直接的线性设计思维过程。然而，在实践中，这一过程是以一种更灵活和非线性的方式进行的，如图 4–5 的虚线部分所示。同样，在创客教育的设计思维中，学习者原有的知识会随着设计进程的推进而不断受到质疑，进而获得新的生成。如此一来，就更有助于他们重新定义一个问题，且通过观察、实验和迭代来解决问题或测试假设，从而找到符合逻辑的、有证据支持的解决方案或答案。从这一角度来说，创客的典型特征——迭代设计法其实在杜威的研究中早已得以强调，“平等地看待两件事是教育者责任的一部分：第一，问题产生于现有的经验条件，并在学生的能力范围之内；第二，它能激发学习者对信息和新思想产生的积极追求。由此获得的新事实和新思想成为提出新问题的进一步经验的基础。这个过程是一个连续的螺旋”[2]。

（二）制作

设计作为一种造物艺术，[3]本身与制作不可分。在设计史的发展进程中，随着资本主义成为生产的主导模式、产量增加等现实因素，设计不得不从制造业中被分离出来。[4]设计师也不再是制造者，而是被职业化了。但如加拿大陶瓷艺术家史蒂文·海尼曼（Steven Heinemann）所观察到的，尽管艺术学校强调发展思想，人们仍然渴望制作：“他们想要的东西不一定是在他们的头脑中。”[5]类似的，格罗皮乌斯在《包豪斯宣言》中宣称，“图案设计师和实用艺术家的天地里只有制图和绘画，它最终必须变回一个建造作品的世界”[6]。在创客教育中，创客们重新将设计与制作

[1] 靳埭强、潘家健:《设计的思考：设计师的心智与灵魂》，北京大学出版社，2019，第 132 页。

[2] Sylvia Libow Martinez and Gary Stager, *Invent To Learn: Making, Tinkering, and Engineering in the Classroom* (*2nd Edition*)(Torrance: Constructing Modern Knowledge Press, 2019),p. 14.

[3] 田晓冬、姚君:《设计文化学》，中国矿业大学出版社，2011，第 2 页。

[4] 李清华:《设计与体验：设计现象学研究》，中国社会科学出版社，2016，第 1 页。

[5] Elizabeth Garber, Lisa Hochtritt and Manisha Sharma(eds.),*Makers, Crafters, Educators: Working for Cultural Change*(New York and London: Routledge, 2019),p. 4.

[6] 张春艳、王洋主编《包豪斯：作为启蒙的设计》，山东美术出版社，2014，第 23 页。

融于一体。可以说，制作是创客之“造物”精神的具体体现与落实途径，也是综合实践活动课程中“创意物化”课程目标的重要实现途径。《创客运动宣言》甚至强调：制作是人类的一项基本活动；“作为人类，我们必须制造、创造和表达自己，才能感到完整”[1]。

1. 制作的含义与特征

制作通常是指对原材料进行手工拆解、装配或加工，形成人工制品并理解其工作原理。但总体而言，不同的创客研究者与实践者对于“制作”（making）这一术语本身的理解各不相同。马丁曾给出了一个定义：“制作”是指聚焦于设计、建造、修改和/或重新利用材料物品的一类活动，它以娱乐性或实用性为目的，以制造可供使用、交互或展示的某种“产品”为目标。马丁特别强调，“制作”通常会涉及传统的手工艺和技术爱好（如缝纫，木工等），同时也会涉及数字技术，既可能是用于制造的数字技术，如激光切割机、数控机床、3D 打印机，也可能是用于设计的数字技术，如微控制器、LEDs 等。[2]

在创客教育领域，除了最普遍使用的“制作”一词外，人们还常用数字制造（digital fabrication），快速原型制作（rapid prototyping），黑客（hacking）或修补（tinkering，又译捣鼓）等术语。它们虽然各有侧重，但是基本上都是紧密相关的。马丁认为，这些术语既反映出了地域上的差异，同时也体现了一种“知识遗产的差异”。[3]譬如，“修补”一词可以说是世界各地创客教育话语中的一个热词，它与麻省理工学院媒体实验室，尤其是与雷斯尼克的“终身幼儿园”小组密切相关。在《为修补力而设计》（2013）一文中，雷斯尼克与罗森鲍姆（Eric Rosenbaum）对何

[1] Lee Martin, “The Promise of the Maker Movement for Education,” *Journal of Pre-College Engineering Education Research* 5, no. 1(2015):30-39.
[2] Ibid..
[3] Ibid..

为修补做出了细致的阐释。[1] 在他们看来，“修补”这个词并非我们经常听到人们在不经意间提到的“不过是修修补补”这一表达中所流露的没有明确目标或没有取得明显工作进展的意思，而是“一种有效且有价值的工作方式”，“其特征在于以一种游戏性、探索性、迭代性的方式与问题或项目进行互动”。雷斯尼克与罗森鲍姆将修补与人类学家克洛德·列维－施特劳斯（Claude Lévi–Strauss）的“拼贴”（Bricolage）概念联系在一起。列维－施特劳斯所用的拼贴指灵活地应用手边现成的东西，并认为世界各地的许多人们其实都扮演着“拼贴家”的角色。他用拼贴概念来解释两种现象：概念拼贴（ideational bricolage）和物质拼贴（material bricolage）。概念拼贴帮助人们理解社会成员重组元素以创造新功能的过程；物质拼贴是人们利用和组合他们“手头”资源的过程，是发现各种问题或机会的可行的、不完美的方法。

这些创客活动术语的区别有助于我们对创客教育内涵的把握和创客教育实践的设计，但它们之间的差别并不是绝对的。事实上，很多时候，人们会交替着使用。正如马丁所说，“当我们的注意力从讨论创客所使用的工具转到创客思维时，这些区别就变得不那么重要了”[2]。

2. 创客教育中的制作意义

人们是通过制作来生成意义的。[3]《中小学综合实践活动课程指导纲要》中提出，设计制作要“尊重学生制作等本能和兴趣”，鼓励学生在活动过程中融会贯通各类知识和技巧，提高技术操作水平、知识迁移水平，体验工匠精神等。创客教育中的制作由于为跨学科知识的应用与探究提供了情境、为思考提供了对象而成为一种有意义的学习途径。

---

[1] Mitchel Resnick and Eric Rosenbaum, “Designing for Tinkerability,” in *Design, Make, Play: Growing the Next Generation of STEM Innovators*, ed. Margaret Honey and David E. Kanter (New York and London: Routledge, 2013),pp. 163-181.

[2] Lee Martin, “The Promise of the Maker Movement for Education,” *Journal of Pre-College Engineering Education Research* 5, no. 1(2015):30-39.

[3] Elizabeth Garber, Lisa Hochtritt and Manisha Sharma(eds.),*Makers, Crafters, Educators: Working for Cultural Change*(New York and London: Routledge, 2019),p. 1.

（1）作为一种“可触摸的（tangible）学习方式”

“制造即思考”（making is thinking）——这是美国当代著名社会学家和思想家理查德·桑内特（Richard Sennett）在回答哲学家理查德·福利（Richard Foley）关于其研究指导思想是什么的问题时脱口而出的一句话。创客教育所强调的制造不是指机械操作，而是一种强大的、个性化的智力表达。[1]《中小学综合实践活动课程指导纲要》也强调要在设计制作活动过程中，鼓励学生将动脑、动手、动口相结合，并紧密灵活地联系学科知识或跨学科知识学习的需要。

一方面，创客实践中的制作之所以可以作为一种智力表达是因为制作的过程不是一个简单模仿或机械操作的手头操作，而是一种积极的、复杂的基于身体的探究。海德格尔（Martin Heidegger）将手作为“言说和思维的器官”，坚信“手必定不同于所有能把握的器官——猫和狗的爪、螃蟹的钳、野禽的脚爪，手与它们在本质上有天壤之别。手所能具有的本质是会言说、会思的本质，并能在活动中把它体现在手的劳作上”。[2]基于此，课程学者张华教授主张，“解放学生的双手，是教育走上探究之途的前提”[3]。当然，创客教育中的制作并不限于手之劳作，更严格地来说，是一种全身心（full-body）投入的活动。这种身体活动本身充满着身体智能、身体思维。借着这样的身体智能、身体思维，基于创客的学习也就成为一种“可触摸的学习方式”。

另一方面，通过制作进行学习的实践可以追溯到教育和学习科学的基础研究。蒙台梭利和皮亚杰倡导将建造（building）和制作（making）作为儿童学习过程中必要的部分，强调学习者通过使用工具在物理世界中构建知识的认知过程。在“主动作业”理论中，杜威将“操作”

[1] Sylvia Libow Martinez and Gary Stager, *Invent To Learn: Making, Tinkering, and Engineering in the Classroom* (*2nd Edition*)(Torrance: Constructing Modern Knowledge Press, 2019),p. 36.

[2] 海德格尔:《什么召唤思》，载《海德格尔选集》，孙周兴选编，生活·读书·新知上海三联书店，1996，第 1218 页。

[3] 张华:《让教学变成研究——重建课堂教学的方向》,《新教师》2012 年第 10 期。

（manipulation）解释为知识验证的重要部分，并将知识定义为一种行为，一种物理行为：孩子通过身体活动获得最大的收获，直到他学会用智力系统地工作。在杜威看来，这种作业由于给了儿童接触现实的机会而提供真正的动机和直接的经验。它不仅是一种愉快的东西，而且越来越成为理解事物的媒介、工具和手段。同时，这种作业不是单纯的手和眼的事情，还能由此得到科学的洞察力，而这种洞察力乃是自由而主动地参加现代社会生活不可缺少的工具。[1]类似的，西蒙·派珀特的建造主义，更是将通过创造新的人工制品进行学习作为最有效的学习方式。[2]

为此，可以说创客实践中的制作本质上是探索性的，并且通常表现为一种跨学科的探索活动——创客们在制作活动中进行探索、设计并创造他们所感兴趣的对象。[3]这种探索性在很大程度上与好奇心相关。“如果说需求是创造之母，那么好奇心就是创造之父”[4]，若是对事物缺乏兴趣，是无法制造出有趣的东西的。从这一意义上来讲，马丁内斯和斯塔格的判断是对的：从最真实的意义上说，儿童是天生的工程师。工程学是与小孩子完全兼容的。当我们鼓励儿童用沙子、积木、油漆和胶水来建造房子时，我们只是要求他们把他们所知道的科学知识应用到现实世界中去。为此，在工程的环境中培养儿童的游戏性和创造性的倾向，可以让他们在有意义的自然环境中理解难以捉摸的数学和科学事实。[5]但是如马丁内斯和斯塔格所指出的，“不幸的是，我们认为工程学是一门非常严肃的学科”。而创客教育尊重儿童的制作本能，让他们以设计师、工程师的身份，通过创客实践构建自己的知识，了解这些知识在世界上的地

[1] 约翰·杜威:《学校与社会·明日之学校》，赵祥麟等译，人民教育出版社，2005，第 34 页。

[2] Seymour Papert and Idit Harel, “Situating Constructionism,” in *Constructionism*, ed. Seymour Papert and Idit Harel(New York: Ablex Publishing Corporation, 1991).

[3] Erica Rosenfeld Halverson and Kimberly M. Sheridan, “The Maker Movement in Education,” *Harvard Educational Review* 84, no. 4(2014):495-504.

[4] 威尔·贡培兹:《像艺术家一样思考：BBC 主编的艺术启蒙课》，艾欣译，湖南美术出版社，2019，第 58 页。

[5] Sylvia Libow Martinez and Gary Stager, *Invent To Learn: Making, Tinkering, and Engineering in the Classroom* (*2nd Edition*)(Torrance: Constructing Modern Knowledge Press, 2019),pp. 40-44.

位，并把这些知识应用到新的情况中去，从而将学习由被动事件变成主动事件。此时的学习者是自己学习的能动者，他们为自己的学习负责。

（2）工匠精神培养

创客教育可以说是今天学习者体悟、践履工匠精神，尤其是发展劳动意识、“精益求精”之造物理念的重要途径。2017 年的《政府工作报告》提出：“质量之魂，存于匠心。要大力弘扬工匠精神，厚植工匠文化，恪尽职业操守，崇尚精益求精，完善激励机制，培育众多‘中国工匠’。”创客教育作为数字时代的创造性学习，可以成为教育领域对国家有关“工匠精神”发展的落实途径。

何为工匠精神？工匠在英文中有“craftsman”“artisan”“smith”等称呼。《辞海》中的工匠释义为“手艺工人”。工匠精神是指工匠以追求极致的态度和信念将自己的产品仔细雕琢，精益求精，使之更加完美的精神理念。中国美术学院段卫斌指出，自古以来，中西语境下的工匠精神都指示了三个层次的精神内涵：“精”“守”“信”。“精”为设计之标准与目标力求精益求精、勇于创新的工匠精神；“守”为臻艺求精过程需要秉持专心、专业、专职的工匠精神；“信”为怀抱设计之信仰，坚信设计之价值，遵从设计之道德，秉持遵道守信、德以立名的工匠精神。为此，“精于技”“守于艺”“信于道”构成了工匠精神之核心素质。追溯《庄子》中对“道”与“技”关系的阐述，即“技近乎道”——“道”在“技”中，“道”“技”合一，我们可以知道，根据中国古代对工匠精神的理解，造物过程中“技”是“道”的基础，而“道”通过“技”得以实现。据此，从工匠精神的传承角度来说，精湛而独具匠心之“技”是传承的重点，专注而精益求精之“艺”是传承之核心。在此基础上，段卫斌勾勒了工匠精神图景（见图 4–6）。[1] 这一图景也可以为创客教育中的工匠精神培育提供思路。

[1] 段卫斌：《工匠精神：设计教育反思》，浙江人民美术出版社，2018，第 40-42 页。

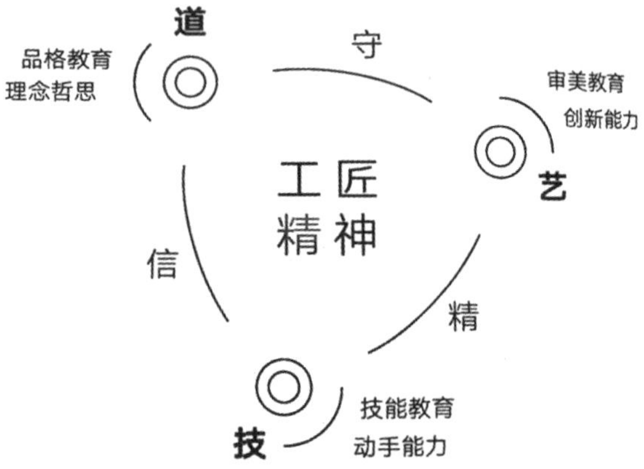

图 4-6 “技、艺、道”一体相生的工匠精神

首先，从精湛独特之“技”来说，强调的是造物的劳作过程中所采用的合适的方式、方法、技术原则等。对于创客教育来说，突显的是学习者投入动手制作实践，体味“手工特有的‘温度’”（段卫斌教授语），发展动手制作的能动性和自我效能感，即“我能做”，理解并逐步形成以“拙”致“巧”的工匠精神。如《中小学综合实践活动课程指导纲要》所提醒的，设计制作“注重提高学生的技术意识、工程思维、动手操作能力等”[1]。这样的制作行动为学习者创造了所有权。就像研究人员已经确认了“宜家效应”一样，人们在做东西时更加重视的是自己的创造，甚至是有缺陷的创造，而不是专家创造出来的完美的东西。

其次，从精益求精之“艺”来说，强调的是在看似重复的劳作背后所隐藏着的追求卓越、极致品质的执着。追求质量至上的欲望会促使匠人去改善他们的工作，在劳动过程中精益求精而不是敷衍了事。[2] 对于创客教育来说，强调的是通过儿童的制作实践，发展其审美意识、创新意识。在创客实践中，学生最初的结果可能没有吸引力，不是那么做工精良，也不符合“好”艺术的概念，但是这并不阻碍它可以促进儿童逐

[1] 中华人民共和国教育部:《中小学综合实践活动课程指导纲要》，北京师范大学出版社，2017，第 6-7 页。
[2] 理查德 · 桑内特:《匠人》，李继宏译，上海译文出版社，2018，第 9 页。

渐追求卓越、极致品质的工匠精神的发展。创客萨拉·戴维斯（Sarah Davies）曾分享道，“我在黑客空间或其他地方遇到过3D打印机”“它们几乎完全是用来打印我们可能称之为廉价的塑料小玩件（tchotchkes），稍微有点儿不稳定但理论上还是可以用的家用收纳工具，比如肥皂盒或铅笔盒，或微型小雕像”。但是，一旦这种尝试使用新技术、新设备的新鲜感消失，创客们就会更加注重质量的提高。为此，可以说，“每件制作的物品都可以作为下一件作品的原型或灵感来源”[1]。

再次，从心手合一之“道”来说，强调的是匠人将理想、目标、追求甚至对人、对物、对生活的感悟投注于作品之中，即将“道”寓于造物之中。这里的“道”，更多体现的是哲学思考和价值理念，尤其是人、自然、造物之间的关系。[2]阿伦特曾在《人的境况》中提出她的深深忧虑，即工程师并非自身造物的主人，其他物品的制造者亦是如此。阿伦特担忧的是人类会被自身发明的器物反噬。这种心态在西方文化中可追溯到古希腊的潘多拉神话，在中国的哲学中亦有“为物所役”的警示。与此相对的，也有向匠神赫菲斯托斯致敬的荷马式诗歌：缪斯嘹亮地歌颂着，因心灵手巧而著名的赫菲斯托斯。他跟随眼睛明亮的雅典娜，把各种匠艺传遍全世界。这首诗歌所传达的是与潘多拉神话截然相反的观点，即歌颂赫菲斯托斯作为带来和平与创造文明的匠人代表。这可以说是对匠人最早的歌颂之一。[3]无论是基于积极的或消极的观点，可以明确的是，造物不是一个孤立的、价值无涉的过程。“器物有魂魄，匠人自谦恭。”也就是说，所造之物凝聚着创造者的人格投射，成为其专业精神的物态呈现。[4]正因如此，靳埭强与潘家健在设计教育实践中，遵循古人“外师造化，中得心源”的至理名言，推展“心手合一”的教学方法，以克

---

[1] Elizabeth Garber, Lisa Hochtritt and Manisha Sharma(eds.),*Makers, Crafters, Educators: Working for Cultural Change*(New York and London: Routledge, 2019),p. 4.

[2] 段卫斌:《工匠精神：设计教育反思》，浙江人民美术出版社，2018，第59页。

[3] 理查德·桑内特:《匠人》，李继宏译，上海译文出版社，2018，第5页。

[4] 段卫斌:《工匠精神：设计教育反思》，浙江人民美术出版社，2018，第133页。

服培养出的人才具有非常高的技术上的能力而缺乏创造性思考的能力。[1]创客教育鼓励学习者能从观察生活、关怀他者、关心生态系统等价值取向出发，进行作品的制造，使其造物过程与结果都能以人与物、人与人、人与自然之间的和谐关系为准则。如果说工匠精神的价值源泉来自人类在造物过程中最原始的劳动价值，那么创客实践中的劳作也能够让学习者在主观经历手工劳作、生产劳动的过程中体认劳动的价值。当学习者能够创造对于个人、社会和自然而言都具有真实意义的作品时，也能够发展“劳动创造价值”的劳动意识，体会勤劳、奋斗的劳动精神。

此外，工匠精神本身内含着工匠对工艺文化的传承与革新。它的核心是一种信念，这种信念是对尊重劳动、崇尚自然、注重传承、追求革新的职业操守。[2]“工匠精神”也因而体现出明显的时代性，即每一时代的“工匠精神”都有其独特的时代内涵，打上了其时代的烙印。[3]数字时代的互联、智能等特性也赋予了创客教育中的工匠精神以新的时代特性，更加强调“传统与现代融合的新工匠精神”。

3. 创客教育中的制作过程与方法

“制作”是儿童本能之一。制作本身并无统一的流程或方法可供遵循，但是无论是用数字制造、快速原型制作或修补，创客中的“制作”过程往往会涉及杜威所称的材料性作业、工具性作业、程序性作业。

（1）材料性作业

材料性作业即选择合适的材料，是创意设计的梦想变成现实的重要条件。诸如派珀特、霍尔沃森和谢里登等人喜欢把制作称为一个“倒腾（messing about with）变革性材料”的过程，也就是说制作是一种用熟悉的和 / 或新的材料进行创作的行为。创客们正是在与材料互动的过程中检验与工具、材料、原理、方法之间的关系，即通过材料性作业发展材料

[1] 靳埭强、潘家健：《关怀的设计：设计伦理思考与实践》，北京大学出版社，2018，第 3 页。
[2] 段卫斌：《工匠精神：设计教育反思》，浙江人民美术出版社，2018，第 47 页。
[3] 南海：《论“工匠精神”的时代意蕴及其培养的基本问题》，《高等职业教育探索》2019 年 18 卷第 2 期。

性认知。

这种认知技能能够让学习者做出适当的材料判断，即能够根据解决问题的需要、现实条件及材料本身的属性特征选择恰当的材料。杜威特别强调，为了发展这样的材料认知，需要在真实的情境中实践对材料的判断、自身能力的判断。而现实是，为了避免让儿童在材料选择上犯错误，我们总是为学习者提供经过成人精挑细选的完备材料、现成材料。然而，这就很容易剥夺儿童材料认知发展的机会，进而限制其创新精神。杜威的意思不是说错误本身是我们想要的事情，但是，如果学习者所用的本来就是不会、不准发生错误的材料和工具，那么他们的判断力就会减到最低限度，与此同时，还会迫使他们使用与实际复杂生活情境相去甚远的制造方法，这将不可避免地导致“学生所学得的能力毫无用处”。杜威表示，“这种经过别人加工的材料能控制学生的操作，以避免错误，这确实是真的。但是，认为学生运用这种现成的材料就可以获得制造这种材料所涉及的智力，则是错误的”。在杜威看来，恰恰相反，“只有从原材料（crude material）着手，经过有目的的使用，学生才能获得包含在成品材料（finished material）中的智力”[1]。杜威的《学校与社会》中有这样一个例子：首先给儿童提供原材料，比如亚麻、棉花和从羊身上剪下来的羊毛，然后让他们就各种原料宜于什么用途进行研究。杜威坦言，“在儿童告知我以前，我并不懂得棉织业之所以比毛织业发展得迟一些的原因，乃是用手去掉棉籽比较困难”。在这项研究中，有一组儿童劳动了三十分钟之久，所得皮棉不到一盎司。他们很快就相信，一个人用手工全天只能得到皮棉一磅，因此推知他们的祖先为什么要穿羊毛衣而不穿棉衣。儿童们还发现影响它们用途的别的因素是棉花的纤维比羊毛的纤维短些。[2]在这个例子中，杜威向我们展示，与原材料打交道，可以获得

[1] John Dewey, *Democracy and Education: An Introduction to the Philosophy of Education*(New York: The Free Press, 1997),pp. 197-198.

[2] 约翰·杜威:《学校与社会·明日之学校》，赵祥麟等译，人民教育出版社，2005，第 33 页。

与材料相关的科学知识与直接经验。与此相类似，蒙台梭利也尤其注重通过材料来促进学习者的智力成长。她表示，从选择简单的物体工作一步一步地做到越来越复杂的物体，儿童可以变得越来越有修养。[1]

从以上意义上来说，创客教育正是为学习者提供了一个独立判断与选择的材料性作业机会。无论是设计还是制作，工程项目是具体的（concrete）。如蒂姆·布朗所说，正是因为这些约束条件，使得项目牢牢地扎根于现实世界。[2]在创客实践中，儿童就如工程师们那样，需要在时间、预算和材料的限制下，制造出在现实世界中可以用的东西。这种“限制使生活变得有趣，回应限制为创新性和创造力创造了机会”[3]。哪怕是做出不恰当的甚至是错误的选择，也可以是反思性学习的契机。同时，通过材料性作业，儿童还可以获得对材料中所渗透的相关知识进行探究的有意义的学习机会。

（2）工具性作业

工具性作业是指选择合适的工具、适当使用工具。在工具的使用过程中，需要学习者具备对自身能力的判断，即指学习者可以观察并判断自身能力的局限性。在杜威看来，儿童往往会过分夸大他们做事的能力，选择不是他们力所能及的设计，因此，了解自身能力的局限性其实也是儿童必须要学的内容之一。其学习的方法也如其他内容一样，是通过体验相应的结果而学会的。[4]创客实践为学习者体验材料选择、工具使用后果创造条件，如工具使用的安全性与规范性。

创客教育中的工具根据创造活动的需要是极其多元化的，既可以包括传统非数字化工具，如锯、钳、锥、钻、锉、针、笔等；也可以包括

[1] 玛利亚·蒙台梭利：《儿童的自发成长》，刘建芳译，天津社会科学院出版社，2010，第113页。

[2] 蒂姆·布朗：《IDEO，设计改变一切》，侯婷、何瑞青译，浙江教育出版社，2019，第I页。

[3] Sylvia Libow Martinez and Gary Stager, *Invent To Learn: Making, Tinkering, and Engineering in the Classroom* (*2nd Edition*)(Torrance: Constructing Modern Knowledge Press, 2019),p. 36.

[4] John Dewey, *Democracy and Education: An Introduction to the Philosophy of Education*(New York: The Free Press, 1997),pp. 197-198.

数字化工具，如编程工具、数据库、可视化工具、概念图、超媒体等思维工具，以及激光切割机、3D 打印机、摄影摄像机、机器人等数字化及智能化工具等等。

（3）程序性作业

创客教育中的程序性作业可能包括：折叠、裁剪、切割、测量、制模、作图等手工制作，以及建模、编程、3D 打印、激光雕刻等数字制作。例如，在小学阶段，学生可以开展手工设计与制作，借助信息技术，设计并制作有一定创意的数字作品。在初中阶段，设计、制作并不断改进较为复杂的制品或用品，或以各种思维工具进行建模等。当然，制作活动并不仅限于“手”，通常还包括心灵 、眼、耳、口、足等方面的技能和动作的相互适应和协调。

（三）游戏

游戏、好玩和兴趣是创客的核心。[1]注重建造主义的创客教育并不喜欢把严肃性和悦趣性对立起来，而是在两者之间找到共存的方式。如桑内特所指出的，“匠艺活动的工作节奏与儿童玩游戏的体验差不多”[2]。杜威在总结杜威学校的教学计划时表示，对于给儿童提出的日常生活中直接从事的以及他们所熟悉的活动，如体格训练、各种手工训练或建造，与其说是一些科目，毋宁说是主动作业，是各种形式的活动、游戏和工作。[3]类似的，创客教育中的身体活动其实也兼具活动、游戏和工作的性质。在教室和创客空间情境中，游戏可以说是给儿童提供学习、即兴创作和创新机会的一条途径。

1. 游戏的含义与特征

游戏是一个多维度、多面向、多表现形式的复杂概念。自 19 世纪

[1] Lee Martin, “The Promise of the Maker Movement for Education,” *Journal of Pre-College Engineering Education Research* 5, no. 1(2015):30-39.

[2] 理查德·桑内特:《匠人》，李继宏译，上海译文出版社，2018，第 278 页。

[3] 凯瑟琳·坎普·梅休等:《杜威学校》，王承绪等译，教育科学出版社，2007，第 165-217 页。

中期以来，众多教育学家、心理学家、哲学家等就将游戏作为研究对象。无论是福禄贝尔、蒙台梭利、维果茨基、皮亚杰、杜威，还是当代的建造主义者，都对游戏之于儿童心理发展、认知发展、社会交往能力发展等方面的意义做出了探索，也为游戏提供了一系列的定义。事实上，今天的教育如何应用游戏、如何看待游戏，本身也与历史上不同时期人们对游戏概念的构想有关。表 4–2 列出了部分较有影响的游戏界定。[1]

表 4–2 多元游戏界定

提出者	游戏界定
西肖尔（Seashore）	游戏是为了表达的乐趣而自由的自我表达。
福禄贝尔（Froebel）	游戏是童年之芽的自然舒展。
霍尔（Hall）	游戏是过去的运动习惯和精神延续到了现在。
格鲁斯（Groos）	游戏是一种对往后生活来说必需的一种本能实践活动，没有严肃的意图。
杜威（Dewey）	游戏是不自觉地为了超越自身的结果而进行的活动。
席勒（Schiller）	游戏是漫无目的地消耗旺盛的精力。
斯宾塞（Spenser）	游戏是在没有真正行动的情况下，本能地采取多余的行动……为眼前的满足而进行的活动，而不考虑将来的利益。
拉扎勒斯（Lazarus）	游戏活动本身是自由的、漫无目的的、有趣的或转移注意力的。
山德（Shand）	游戏以维持快乐为目的。
杜勒斯（Dulles）	游戏是自我表达和情感逃避价值的一种本能形式。
柯蒂（Curti）	游戏是高积极性的活动，由于没有冲突，通常是（虽然不总是）愉快的。

由表 4–2 可见，每个定义都提供了对儿童游戏的不同理解和解释。就如定义创客教育一词本身一样，寻找游戏的本质性定义仍是一个悬而未决的问题。类似于“基于征候的理解方法”，史密斯（Peter K. Smith）

[1] Olivia N. Saracho and Bernard Spodek, "Children's Play and Early Childhood Education: Insights from History and Theory," *Journal of Education* 177, no. 3 (1995):129-148.

与福尔施泰特（Robert Vollstedt）在1985年时建议结合游戏活动的特征来定义游戏，而不是通过研究文献来寻找是否存在一种完美的“游戏”品质。这需要指定一组类似于“征候”的标准来识别游戏行为。例如，鲁宾（Kenneth H. Rubin）等人提出了一套较为宽泛的标准：①游戏的个人动机是游戏活动中所蕴含的满足感，而不是基本需求和驱动力，也不是社会需求。②比起目标，游戏者更关心活动。目标是自我强加的，游戏者的行为是自发的。③游戏发生在熟悉的对象上，或者在探索不熟悉的对象之后。孩子们为游戏活动提供了自己的意义，并自己控制活动。④游戏活动可以是非文字的。⑤游戏不受外界强加的规则的约束，玩家可以修改现有的规则。⑥游戏需要玩家的积极参与。[1]

史密斯与福尔施泰特在研究了许多研究者提出的游戏活动特征标准后发现，最频繁地用于界定游戏活动的组合是：非文字性、积极情感和灵活性。他们在此基础上所概括的游戏特征似乎是最被广泛接受的，即认为游戏是快乐的、灵活的、充满想象力的、自发的，对孩子的发展和学习是必不可少的。

2. 创客教育中的游戏意义

由以上游戏的含义与特征分析可以看到，游戏显然不同于一般成人所谓的“玩”。[2]长期以来的研究已经表明，游戏是发展运动、认知、社交和情感技能的一种自然方式。游戏与自然学习条件之间的相似性，使它具有独特而重要的教育价值。例如，游戏让儿童学会如何交际，有助于他们认知能力的发展；游戏让儿童懂得要服从规则，但也能培养他们的自主性，因为他们可以创造和实验各种他们要遵从的规则。而这些能力在他们开始工作以后都可以让他们受益终身。[3]创客教育可以说是在

[1] Olivia N. Saracho, *An Integrated Play-based Curriculum for Young Children*(New York and London: Routledge, 2012),p. 10.

[2] 蔡淑苓：《游戏理论与应用——以幼儿游戏与幼儿教师教学为例》，五南图书出版股份有限公司，2015，第5页。

[3] 理查德·桑内特：《匠人》，李继宏译，上海译文出版社，2018，第279页。

一种游戏性学习环境（playful learning environments）中所开展的游戏性学习。

（1）以游戏激发好奇心与创造性思维

将游戏作为一种身体认知途径，以及有关游戏与好奇心、创造性思维之间关系的多学科探讨由来已久。科学哲学家拉卡托斯（Imre Lakatos）和库恩（Thomas Samuel Kuhn）等人基于身体认知的重要性，针对以往认识论和方法论上的教条主义、形式主义和狭隘理性主义，站在动物心理学、儿童心理学、行为心理学和身体认知论的高度，在思维方法和认识形式上提出了以身体为主要活动与认知主体的“智力游戏”“科学游戏”和非理性、非逻辑的“发散思维”的思想。例如，库恩就对游戏、特别是身体性游戏在科学家成长、科学发现、技术发明中的重要性给予了更多重视，并由此倡导人们要打破传统、抛弃常规，让身体智能自由自在地向不同领域、不同方向进行创造性思维。在库恩眼里，科学家和发明家必须思想活跃，能够随时发现新问题，并敢于向一切陈旧事物挑战，“要乐于用已有规则玩复杂的游戏，以便成为一个可以发明用来玩游戏的新规则和新棋子的成功的革新家”[1]。

从教育情境来说，如果我们观察儿童在课堂环境中的游戏，我们也会发现儿童的游戏“具有想象力、协作性、复杂性、多模态性、互动性、即席性、自觉性、自持性和自抑性”[2]。游戏不需要开放的空间或昂贵的玩具，它是好奇心、想象力和实验的结合，而创造力蕴含其间。就像伍德在《游戏与创新素养：儿童作为创客》一书中将游戏描述为好奇心、研究、发现、创造力、探索、修补和发明那样，诸多已有研究表明，创客空间中嵌入在学习活动中的游戏性可以帮助儿童发展好奇心、乐趣和能动性。例如马丁内斯和斯塔格认为，修补是一种独特的人类活动，它将

[1] 张之沧、张禹：《身体认知论》，人民出版社，2014，第 17 页。
[2] Christiane Wood, *The Literacy of Play and Innovation: Children as Makers*(New York and London: Routledge, 2019),p. 76.

游戏和学习中所涵盖的社交性和创造性力量结合了起来。[1]通过游戏 / 修补，孩子们可以用异想天开的方式来解释和理解他们的文化、语言、文学和他们周围的世界，并通过多模态表征来表达。通过游戏 / 修补，儿童的好奇心和想象力可以激发新的想法，这些想法在他们玩角色扮演游戏、建构、创造时成为构建的现实，孩子们可以把最简单的物体，如乐高、一张纸或一个纸箱变成展示其聪明和知识的一种表达方式。因此，教育工作者面临的挑战是设计一个全面的教学实践，为学生的能动性、好奇心和享受创造空间。

（2）以游戏促进认知发展

"当孩子们游戏的时候，他们会把他们所知道的一切都整合到一起。"[2]根据维果茨基的观点，"异想天开的游戏"（whimsical play）是一种直接支持儿童语言发展的活动，在社会环境中可以延伸儿童的认知发展。游戏为儿童提供了表达他们的思想、符号化并测试他们对世界知识的理解机会。通过游戏，儿童成为积极的学习者，参与到对自身、社区和个人社会世界的探索中。[3]有关游戏促进儿童的知识发展、探究兴趣、创造力和概念理解方面的研究已经难以计数，这不仅包括来自福禄贝尔、杜威等教育学家的研究，也包括哲学家的。

在这些游戏论者看来，由于游戏是人类身体的一种直接性行为，因此在各个方面都显示、体现和施展着人的身体活动、身体智能和身体能力。游戏有机地使人的身体行为的目的、动机、过程、结果、感性和理性达到了和谐与统一，故而不仅有利于人的身心健康，也有利于培养欲成为一名科学家所必须具备的各种素质，诸如探索能力、转移经验和进行类比的能力、敏锐的反应能力，以及其他各种有利于培养人的发明创

---

[1] Sylvia Libow Martinez and Gary Stager, *Invent To Learn: Making, Tinkering, and Engineering in the Classroom* (*2nd Edition*)(Torrance: Constructing Modern Knowledge Press, 2019),p. 39。

[2] Olivia N. Saracho, *An Integrated Play-based Curriculum for Young Children*(New York and London: Routledge, 2012),p. 3.

[3] Ibid.,p. 17.

造能力的素质，诸如强烈的求知欲、锲而不舍的毅力、敢于冒险的精神、天真无邪的童心等。不仅成年人从事的一些高级游戏，诸如象棋、围棋、桥牌、魔术等本身是一门学问，儿童从事的一些较简单的游戏也都包含着各种科学知识和科学探索活动。

大量的事实证明，现在的许多科学发现、科学理论乃至学科的产生都与各种不同形式的身体性游戏具有紧密的起源关系。正是基于身体性游戏如此重要，1945 年诺贝尔奖得主、英国细菌学家生物化学家、微生物学家亚历山大·弗莱明（Alexander Fleming，1881—1955）在陈述自己的科学发现时指出，“他不是在做研究时而是在做游戏时发现了青霉素”；“正是做游戏的人做出了最初的发现，而更按部就班的科学家发展了这些发现”。[1] 类似的，2016 年诺贝尔生理学或医学奖获得者、日本分子生物学家大隅良典在讲述自己走上科学巨匠道路的经历时表示，从小体弱多病的他“(小时候)热衷于飞机模型、半导体收音机的制作，夏天喜欢在小河里捞鱼、捕萤火虫、采集昆虫，手持网子在野外一走就是一天。……这些当时都没有想过，但今天作为自然科学专业的分子生物学的研究者，这样的体验，就是一切的原点吧”[2]。为此，只要人们能够正确和自觉地运用诸如此类的游戏于我们的教育、科研及日常的工作与生活中，那么不仅有利于人才的培养、智力的开发，也有利于调动广大科技人员的积极性和创造性，还必将带来整个人类精神面貌的变化和科学技术的进步。[3]

从创客教育的发展来看，今天的学校教育有必要有意识地去重新认识游戏性建造和学习之间的关系，倡导一种幼儿园式的学习方式，即借助技术中介的学习环境，在玩乐中使用从低技术到高技术的各种材料和工具，通过“重新创造”来理解这个世界，在好玩、富有想象力、对个人有意义的活动中，以学习者兼设计者的身份去设计物品、建构知

---

[1] W. I. B. 贝弗里奇：《科学研究的艺术》，陈捷译，科学出版社，1984，第 157 页。
[2]《从诺贝尔奖获得者看日本教育》，《学生导报·初中版》2016 年第 4 期。
[3] 张之沧、张高：《身体认知论》，人民出版社，2014，第 17 页。

识，并尝试跨越学科界限，将艺术和设计、科学和工程等进行有机融合。[1]2017年，戴尔·多尔蒂曾来到中国，并在中国教育学会主办的“2017创客教育资源开发者大会”上做了报告。他在报告中表示，“特别重要的是，在中国我想强调一下这个词——玩（play，即游戏）。我认为创客活动的根本是在玩上面。不是工作，而是玩。我看到的教育是大家做事情的时候很严肃，有很高的要求，就像工作一样，然后慢慢地广度就收窄了，创造的可能性就越来越小，我们应该打开这个缺口”。戴尔·多尔蒂解释，“我们需要学习如何玩，我们可以投入，我们可以失败，我们不用担心失败以后怎么样，我们需要鼓励大家浸入在游戏中。浸入在游戏中能够让我们打开新的世界，但也需要时间，需要我们精力专注。这些都是游戏的特点，希望大家都可以在游戏中创造、制造”[2]。

（3）以游戏增进文化性体验

精神分析先驱唐纳德·伍兹·温尼科特(Donald Woods Winnicott)在著名的《游戏与现实》(1971）中提出，“我认为，做游戏会自然地导致文化体验，并且其实就是文化体验的基础”。对于他来说，“游戏是一种体验，有创意的体验，而且还是一种将时空连续一体的体验”。为此，温尼科特主张“游戏是一种基本的生存方式”。[3]

以社会文化的视角来审视游戏，可以帮助我们理解创客教育中的游戏是什么、可以做什么，以及游戏的历史的、情境的和文化的话语如何在创客空间中塑造儿童的素养。历史上诸如福禄贝尔等理论家们认为，游戏是一种意义建构（meaning making）的形式，是儿童在成人的帮助和指导下，通过知识的认知建构来认识世界的一种方式。[4]英国符号学家冈

[1] 米切尔·雷斯尼克:《终身幼儿园》，赵昱锟、王婉译，浙江教育出版社，2018，第9-38页。
[2] 中国教育学会:《戴尔·多尔蒂：创客的使命是什么？》，https: //www.sohu.com/a/169695805_387107，访问日期：2020年10月18日。
[3] D. W. Winnicott:《游戏与现实》，卢林、汤海鹏译，北京大学医学出版社，2019，第191页。
[4] Christiane Wood, *The Literacy of Play and Innovation: Children as Makers*(New York and London: Routledge, 2019),p. 16.

瑟·克莱斯（Gunther Rolf Kress）认为，儿童在游戏中的表现受他们周围的文化、符号和社会世界的影响。从这个角度来看，为孩子提供游戏机会的创客空间可以被看作让学习者接触工具、文化、语言和文学的中介环境。在这个空间中，学习者通过有趣的设计、制作、修补、迭代性问题解决，以个人或合作的方式，运用自己的文化知识、资源、材料、想象力，将观念和意义建构结合起来，成为自己文化和社会现实的创造者。从这一意义上来说，借由游戏性创客活动，儿童其实也在创造意义——一种游戏性的意义建构（如图 4–7）。

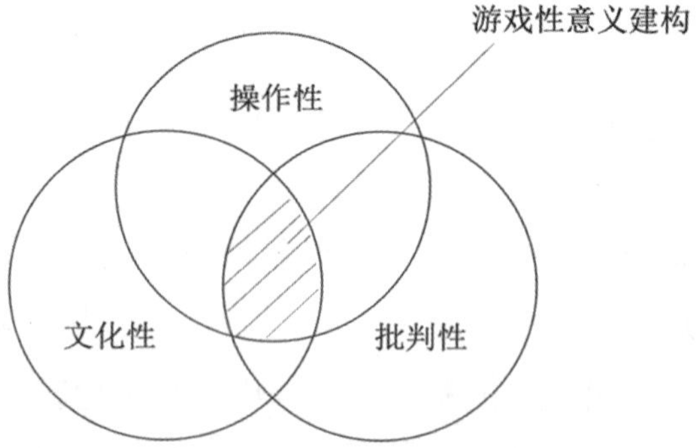

图 4–7 游戏性意义建构

3. 创客教育中的游戏过程与方法

游戏可以以多种形式出现，包括社交（social）、独立（independent）和有指导的游戏（guided）。由于创客、修补与游戏密切相关，允许设计、制作和试验新的可能性，[1] 创客空间也就可以作为一种游戏性学习环境，给儿童提供开放学习、即兴创作和创新的机会，同时也为他们通过游戏性的设计、制作、修补，展示或证明他们的知识能力、实现他们的知识潜力提供了机会。从这一意义来看，创客教育一方面把修补作为一种意义建构的过程，为孩子们提供了发现、发展知识、探究和创造的机会，

[1] Mitchel Resnick and Eric Rosenbaum, “Designing for Tinkerability,” in *Design, Make, Play: Growing the Next Generation of STEM Innovators*, ed. Margaret Honey and David E. Kanter (New York and London: Routledge, 2013),pp. 163-181.

另一方面也可能影响我们对"游戏"的历史定义和对游戏的理解[1]，甚至重新定义当代的"游戏"概念。

（1）实验性游戏（experimental play）

概要地说，创客空间中的游戏，不是纯粹的娱乐性游戏，而是更接近于一种游戏性探索（playful exploration）[2]，或者用戴尔·多尔蒂的话来说，是一种"实验性游戏"。戴尔·多尔蒂表示，尽管新技术的出现、更易使用的组件以及不断增长的在线创客社区等推动了创客运动的发展，但他认为创客运动的起源是在一些相当个人化的东西中找到的，他称之为"实验性游戏"。他坦言，在他创办《创客》杂志之初就注意到，创客们都非常热衷于玩各种各样的技术，并且试图弄明白这些技术。这一不断拆解、探索、制作物品的"玩"的过程其实就是一个学习的过程。[3]然而，这种游戏的机会正是学校课堂所缺失的。

在创客教育中，学习内容不是限于课本、教材或者是课程标准中的文本，而是可以通过具体的物品进行学习——这些物品即派珀特所说的"用来思考的对象"。学生在与这些"用来思考的对象"进行互动、反馈中"思考自己的思考"和"学习自己的学习"。这种非常个人化的知识建构方式，也被派珀特称为知识挪用（Knowledge Appropriation）。派珀特认为，它有助于学习者实现知识的内化并建立知识的个人联系。

（2）修补匠－创客（T.I.N.K.E.R.S.–M.A.K.E.R.S.）框架

创客空间该如何支持以上实验性游戏的发生？伍德曾提出一个"修补匠－创客框架"（如图 4–8 所示），作为一个弹性的模式，在小学早期的课堂和创客空间环境中解决幼儿的设计思维、读写能力、游戏和制作

[1] Christiane Wood, *The Literacy of Play and Innovation: Children as Makers*(New York and London: Routledge, 2019),p. 102.

[2] Ibid.,pp. 74-78.

[3] Dale Dougherty, "The Maker Mindset," in *Design, Make, Play: Growing the Next Generation of STEM Innovators*, ed. Margaret Honey and David E. Kanter (New York and London: Routledge, 2013),pp. 25-29.

问题。这个框架描述了教师应该做些“什么”来支持孩子们的意义创造（meaning making），以及孩子们的多模式游戏“如何”才能有“工匠般的创造性”（artisan like inventiveness），他们利用手头的文化工具和资源来创造、创新、生产，参与多模式沟通素养和实践。[1]

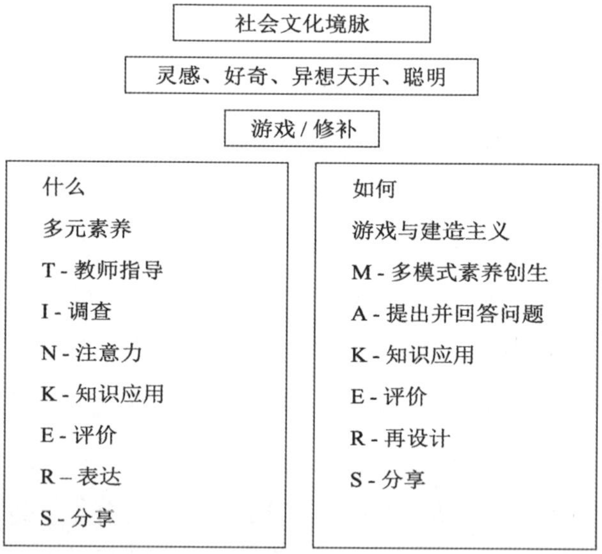

图 4–8　修补匠 – 创客（T.I.N.K.E.R.S.–M.A.K.E.R.S.）框架[2]

几十年的游戏素养研究结果表明，素养丰富的游戏环境（literacy-rich play environments）支持对困难思想和概念的逐步学习，儿童的游戏是发展对他们的世界的理解和有效沟通的一个自然起点。[3] 在《认识论的多元化和具体的价值重估》一书中，麻省理工学院的著名心理学家雪莉·特克尔（Sherry Turkle）和派珀特将手里拿着清单的计划者与修补匠做了对比，指出后者“……就像画家在画下一笔之前会往后退一步，看

[1] Christiane Wood, *The Literacy of Play and Innovation: Children as Makers*(New York and London: Routledge, 2019),pp. 158-160.
[2] Ibid..
[3] Ibid.,p. 77.

着画布，在沉思之后才决定下一步该做什么”[1]。马丁内斯与斯塔格认为，当修补被作为一种迭代的、沉思的方式来解决问题时，它在学校里的地位仅次于解决问题的分析方法。[2]

第二节　技术

创客教育的理论研究者与实践者都需要以充分的智慧探索技术为我们（for us）做了什么，同时更要重新审思技术对我们（to us）做了什么。如本书第一章中所述，当前创客教育实践中还存在着一些误区，如唯技术、设备为是，这也更加需要我们认识创客教育中的“技术”角色。

一、创客教育中技术的多重描述

技术属于历史的范畴，是一个不断发展的过程，人们对它的认识也是一个不断发展并不断逼近本真状态或本质的过程。对技术含义的理解存在很多差异，得到广泛认同的主要有这么五种：作为物质工具的技术（如工具、机器、装置等）；作为意志的技术（如动机、需要、期望等）；作为知识的技术（如技能、规则、理论等）；作为活动的技术（如发明、制作、使用等）；作为技能或能力的技术。[3]

其中，第一种理解其实是指物化的技术，第二至第五种理解所包含的内容则是智能技术。人们在讨论技术时，可能是这些理解之一，也可

[1] Sherry Turkle and Seymour Papert, “Epistemological Pluralism and the Revaluation of the Concrete,” in *Constructionism*, ed. Seymour Papert and Idit Harel(New York: Ablex Publishing Corporation, 1991),pp. 161–191.

[2] Sylvia Libow Martinez and Gary Stager, *Invent To Learn: Making, Tinkering, and Engineering in the Classroom* (*2nd Edition*)(Torrance: Constructing Modern Knowledge Press, 2019),pp. 41-42.

[3] 刘美凤:《教育技术学学科定位问题研究》，教育科学出版社，2006，第 76 页。

能是这几种理解的组合。传统的技术理解往往偏重技术的“硬件”方面，关注的是物化技术。然而，技术远不等同于硬件。正如美国学者西蒙所说，“把技术看成机器或有形的物体，犹如错把甲壳当作蜗牛，把蜘蛛网当作蜘蛛一样大错特错”，也就是说，技术是关于如何行事、如何实现人类目标的知识。从技术一词的起源和发展来看，我们更倾向于一种综合的理解，即：所谓技术，是指在解决实际问题或完成现实任务中系统运用科学和其他有组织的知识，它包括物化技术和智能技术两个部分。[1]技术的综合理解在着眼技术的物理层面的同时，还从社会、文化、历史、哲学、经济、科学、心理、生理等方面全方位地揭示技术的内涵，发掘技术的潜力。

（一）技术作为创造材料

材料是创造的基础，也是创客教育的基础。福禄贝尔就材料在激发创造力方面的重要性做过深入的研究，他对幼儿教育最重要的贡献可以说是关于通过礼物（gifts）和主动作业（occupations）构建知识的社会性和个体性过程的视角与观点。福禄贝尔所说的“礼物”实则是一系列明确的几何形状，供孩子们用多种方式玩和试验的各种物体，包括：线球、木块儿、几何形状物体。鼓励孩子们玩“礼物”，其实就是鼓励他们用这些“礼物”进行试验，并为他们发现几何属性提供机会，这样他们就可以通过反复试验来发现新的形式。[2]

新材料被誉为“发明之母”和“产业粮食”，因为新材料的出现可以为新的设计和创造提供新的动力，进而改变我们的日常环境和生活方式。包豪斯在课程教学中十分注重材料研究和新材料的实验性应用。从图 2-4、2-5 包豪斯课程计划可以看出，包豪斯的学生在其基础课程中，都会进行有关材料方面的专门学习，以从中发现自己对玻璃、木材、石

---

［1］钟志贤:《面向知识时代的教学设计框架——促进学习者发展》，中国社会科学出版社，2006，第 117 页。

［2］Christiane Wood, *The Literacy of Play and Innovation: Children as Makers*(New York and London: Routledge, 2019),pp. 17-18.

材、陶土、金属等材料中的哪种最感兴趣、哪种材料最能激发自己的创造力。[1]这对于创客教育来说，同样也是成立的。创客教育中人工制品的创造不但需要学习者对其产品功能、外观设计进行关注，同时还需要实践如何使用恰当的材料来激发创造力。如蒙台梭利所表明的，“手是人类智慧的工具”，“但智慧不仅在于创造的过程，它还在于用有趣的材料和工具扩展自己的智慧”。[2]

对于创客教育而言，制作本身是以一种既严肃又好玩的方式与材料进行互动的活动。用设计理论家舍恩的话来说，创客们其实也是“与材料对话”。理查德·桑内特在《匠人》中也讨论过这一问题，并认为人们在匠艺活动中和材料的对话是智商测试无法反映的。[3]当然，一直以来，儿童都在用形形色色的材料制作东西，只是今天的创客材料显著扩大了他们常用的调色板、画布、积木等建造材料的范围。创客教育中所涉及的材料丰富多样，既包括最为常用的纸、木、皮、布、纱线、泥沙、金属等制作材料，也包括工程塑料、光敏树脂及类橡胶材料等 3D 打印材料，更为重要的是，它还包含了派珀特所称的“计算性丰富（computationally rich）的材料”，如 Arduino、树莓派（Raspberry Pi）等微型电脑。换言之，我们需要看到的是，这些数字性的东西也是材料。

致力于做材料性探究（material inquiry）和材料性学习（material learning）的艺术家与研究者卡布拉尔（Marta Cabral）与贾斯蒂斯（Sean Justice）认为，“学习是与材料（materiality）的相遇”。根据他们的教育实践，“学习和认知来自对材料的专注探索，无论这些材料的实质是什么”。然而，就如卡布拉尔与贾斯蒂斯所指出的，这个命题中最棘手的、非直观的部分就是数字化的东西也是材料。换句话说，代码就像黏土、油漆或纸板一样具体有形（tangible）。在他们自己所开展的创客教育项目

[1] 张春艳、王洋主编《包豪斯：作为启蒙的设计》，山东美术出版社，2014，第 38 页。
[2] Sylvia Libow Martinez and Gary Stager, *Invent To Learn: Making, Tinkering, and Engineering in the Classroom* (*2nd Edition*)(Torrance: Constructing Modern Knowledge Press, 2019),p. 36.
[3] 理查德·桑内特:《匠人》，李继宏译，上海译文出版社，2018，第 278 页。

中，他们将增强现实（Augmented Reality）作为一种表达性材料，无论儿童和成人都可以用它来探索和创造有意义的关系。[1]也就是说，对于数字时代的学习者来说，诸如编程这类数字化的东西就如他们所熟悉的黏土和乐高一样具体有形，同样可以用于建造。这一点其实在派珀特的理论与实践中已经彰明较著了。

我们知道，派珀特本人用了近40年的时间来创造各种具有高度计算性的材料，以作为“可以用来思考的对象”。派珀特表示，虽然所有的材料都是平等的，但不可否认的是，计算机确实为学习过程增加了独特而强大的方面。在20世纪60年代，当计算机还仅是供军队和大公司使用的大型机器时，派珀特就开始提出：计算机是一种丰富、有趣的材料，孩子们在了解世界的过程中可以使用它。1988年时，派珀特和弗朗茨（George Franz）在一篇早期文章《计算机作为材料：倒腾时间》中写道：就像钟摆、颜料、黏土等可以用来倒腾一样，计算机也可以。许多人把计算机与死板的工作方式联系在一起，但事实未必如此。就像铅笔画反映每个艺术家的个人思想风格一样，计算机上的工作也是如此。计算机提供了一种灵活的材料，孩子们可以将其编织成自己的思想，并为自己的目的而掌握。用派珀特和弗朗茨的话来说，“倒腾计算机的行为，我们可以称之为修补，是学习发生的地方”。在20世纪70年代，派珀特基于自己对计算机作为儿童建造材料潜能发挥的判断，睿智地提出“学校的计算机应该有大量的输出端口，以使计算机能够开关录音机、启动幻灯机、启动和停止各种小机器，同时还应该有输入端口，以便将信号发送到计算机”。可以看出，派珀特对学校计算机实验室的愿景，尤其是计算机应该有许许多多的“控制器端口”，其实是想让它们扮演重要的角色——让任何学生都能够将任何设备插入计算机……实验室将供应各种

---

[1] Marta Cabral and Sean Justice, “Material Inquiry: Digital Materials, People, and the Relationships Between Them,” in *Makers, Crafters, Educators: Working for Cultural Change*, ed. Elizabeth Garber, Lisa Hochtritt and Manisha Sharma(New York and London: Routledge, 2019),pp. 28-32.

电机、螺线管、继电器、传感装置等。利用这些技术性材料，学生们将能够发明和构建出无穷无尽的各种各样的控制系统。[1]派珀特所提出的这些探索性教育思想的普及与落实很大程度上受限于当时的基础设备、教育经费。所幸的是，这些开创性的思想可以说随着今天诸如 Makey Makey、Arduino、树莓派、micro: bit 和国内新近面市的掌控板、虚谷号等开源硬件的普及已经较好地实现了。这些开源硬件本身就是卡片式的微型计算机，多数本身就具备网络功能，更为重要的是，它们都内置了派珀特特别期待的“大量的输入端口和输出端口”，可以轻松地连接各种传感器、蜂鸣器等，从而实现丰富的创客和物联网应用。这些计算性丰富的材料的确如派珀特所期许的，能将玩具积木套件（如乐高）与编程语言整合在一起、利用计算技术（computational technology）增强的建构套件（construction kits），让儿童探索工程和结构搭建，并将现实世界与数字世界联结在一起。

此外，还需要注意以下两点。一是创客教育中的材料并不限于计算性材料，也包括众多非计算性材料（non-computational materials）。总体来说，典型的中国创客空间更多的是专注于电子产品，专注于手工艺的空间则还相对很少。英国科学技术和艺术基金会 NESTA 在 2015 年时对上海、深圳、南京的创客空间开展了调研，发现在这些创客空间中，85%的库存材料其实是电子设备，同时二分之一的空间专门研究电子材料。[2]事实上，技术要有效地支持教育改革或改善学习成效，就必须综合物化技术和智能技术。[3]二是无论是计算性材料还是非计算性材料，都不会自然而然地让学习者成为创造者。创客教育者还需要结合认知过程、

[1] Seymour Papert and Cynthia Solomon, “Twenty Things to Do with a Computer,” accessed February 2, 2020, https: //dspace.mit.edu/bitstream/handle/1721.1/5836/AIM-248.pdf?sequence=2.

[2] Tom Saunders and Jeremy Kingsley, “Made in China: Makerspaces and the Search for Mass Innovation,” accessed October 28, 2020, https: //media.nesta.org.uk/documents/made_in_china-_makerspaces_report.pdf.

[3] 祝智庭、钟智贤主编《现代教育技术——促进多元智能发展》，华东师范大学出版社，2003，第 54-55 页。

现实生活中要解决的问题，将这些材料转化为学习者的创客材料。

（二）技术作为创造工具

早在 1968 年时，派珀特就批判性地指出：“技术和教育”一词通常意味着发明新的小工具，以一种几乎不加掩饰的方式教授同样的旧知识。只是，如果这些小工具是电脑，同样的旧教学方法则会变得更加昂贵，而且会偏向于其最乏味的部分，也就是那种死记硬背的学习方式，通过这种方式，把孩子们当作斯金纳箱（skinner box）里的鸽子那样来获得可测量的结果。[1] 马丁内斯和斯塔格认为，派珀特这些话在 1968 年时听来的确有些激进，但遗憾的是，对今天的学校教育来说这仍是一种敏锐的批判。创客教育需要对把技术作为一种替代性、高效的“知识传授”工具的观念保持警惕。从今天学习变革的需要出发，首先需要我们创建能够促进有意义、创造性学习的学习环境，提供合适的认知工具、创造工具。如罗伊斯（Kurt Reusser）曾指出的，有效认知工具的设计应当基于当前的认知心理学研究。其中，情感方面主要指关注学生的动机状态，即工具是否能够提供适当水平的挑战；使学生维持一种控制感；引发学生高水平的好奇心等。[2]

一方面，我们需要充分发挥创客教育中技术作为创客工具的作用。如爱丽比·劳斯瑟恩所说，“最终，每一个社区和村庄都能够拥有自己的 3D 打印机，它就好像过去的铁匠熔炉一样，可以为当地居民和商人制造出新的东西，或者修好旧的东西”[3]，创客教育中的 3D 打印机、激光切割机等就如铁匠的熔炉一样扮演着不可或缺的创客工具的角色。相较于传统意义上的生产工具，数字化的创造工具由于与数字时代学习者的认知偏好之间存在诸多关联，而受到了广泛的欢迎。Python、Arduino、

[1] Seymour Papert, “Teaching Children Thinking,” *Contemporary Issues in Technology and Teacher Education* 5, no. 3-4(1980):353-365.

[2] R. M. 加涅、W. W. 韦杰、K. C. 戈勒斯、J. M. 凯勒：《教学设计原理（第五版修订本）》，王小明等译，华东师范大学出版社，2007，第 207-208 页。

[3] 爱丽比·劳斯瑟恩：《设计，为更好的世界》，龚元译，广西师范大学出版社，2015，第 62 页。

Processing 等开源软件，尤其是 Scratch、Mind+、米思奇（Mixly）、Blockly 等简单易操作的图形化编程软件越来越普及，这些图形化编程只需要拖动图形化程序块即可完成编程，这就使得学习者不需要有专门的编码基础和长时间的训练就能够实现自主编程和创造。

正因如此，保罗·布里克斯坦认为，数字制造与创客教育可以说是创造发明的民主化。2008 年，布里克斯坦开始与 K–12 学校合作，创建名为“FabLab@Schools 项目”的数字制造实验室。他表示，“我意识到，数字制造有可能成为终极构建工具，让学校成为一个颠覆性的地方。在这里，学生可以安全地制作、构建和共享他们的创作”。如布里克斯坦所看到的，此时的新技术在很大程度上可以扩展和重振由学生驱动的设计和建造的最佳传统。他将今天新的数字化制造技术与 LOGO 发展进行了类比，并认为：数字制造就是原子研究时期的 LOGO。就如当年的 LOGO 一样，新技术也能够为今天儿童的智力活动提供支持。为此，我们必须对其加以重视。[1]

另一方面，我们也要警惕将工具及简单的工具使用作为创客教育的中心的观点。马丁曾提醒道：“对于创客运动，存在一种诱人但有致命缺陷的概念，认为创客运动的力量主要在于其革命性的工具集，而这些工具具有催化教育变革的力量。”[2] 马丁所看到的是，鉴于人们对制作的热情日益高涨，将其纳入学校环境中显然存在着一种危险，那就是以工具为中心。在马丁看来，这无疑是“不够完整的”，如果没有对工具、社区基础设施和创客思维模式三方面的关注，可能会变成注重工具的购买，而对共同体和思维模式的关注过少。当这种片面的努力没有带来实质性的改变时，人们就会给创客教育贴上“失败的实验”的标签。可见，马丁

---

［1］Paulo Blikstein, “Digital Fabrication and ‘Making’ in Education: The Democratization of Invention,” in *FabLab: Of Machines, Makers, and Inventors*, ed. Julia Walter-Herrmann and Corinne Büching(Bielefeld: Transcript Publishers, 2013),pp. 203-222.

［2］Lee Martin, “The Promise of the Maker Movement for Education,” *Journal of Pre-College Engineering Education Research* 5, no. 1(2015):30-39.

将这种紧张关系与技术被概念化为独立的变革动因联系在一起，借以警示我们对工具（和活动）的盲目崇拜。[1]

（三）技术作为学习对象

由于技术蕴藏着巨大的创造潜能，创客教育不仅要将技术作为创造材料，还要将其作为学习、探究的对象。就像莫霍利－纳吉在寻求解决机器和结构方面的问题时，不仅要了解新技术的正式术语，还要通晓新技术和材料的体验。[2]事实上，无论是对于德国的包豪斯还是美国的新包豪斯来说，材料都不只是创造的材料与工具，还是学习与探究的对象。这也是为什么包豪斯课程计划中有关“材料”的课占了如此大的比重。类似的，创客教育中也需要整合新技术的学习。

一方面，创客教育作为面向未来的创造性学习，需要整合新技术。第四次工业革命带来的首要机遇就是要超越将技术作为简单的工具或不可回避的力量的范畴，通过影响和指导我们周围的系统和塑造我们的生活，找到让尽可能多的人有能力对其家庭、组织和社区产生积极影响的方法。[3]如果说创客教育是数字时代面向未来的创造性学习，那么除了将技术作为创造材料和创造工具本身之外，技术还应该成为学习者的学习与探究对象。正如美国学校网络联合会（Consortium for School Networking，简称 CoSN）的诺顿·古斯基（Norton Gusky）所指出的，“如果我们不将机器人技术和人工智能技术不断发展的作用作为未来学习者的一个学习机会要素，那我们将错失一个良机。我们需要为学习者建立他们与现实世界的联系”[4]。为此，我们必须将诸如机器人技术、人工智能技术、物联

[1] Shirin Vossoughi and Bronwyn Bevan, “Making and Tinkering: A Review of the Literature,” *National Research Council Committee on Out of School Time STEM*.

[2] 姚民义:《技术的灵韵：莫霍利－纳吉与包豪斯理念研究》，东南大学出版社，2019，第 19 页。

[3] Klaus Schwab and Nicholas Davis, *Shaping the Future of the Fourth Industrial Revolution*(New York: Penguin Random House, 2018),p. 8.

[4] Consortium for School Networking, “Driving K–12 Innovation: Hurdles 2019,” accessed October 21, 2020, https: //ppgtic.paginas.ufsc.br/files/2019/09/TE_02_CoSN-Driving-K-12-Innovation-Hurdles-FINAL-REV-3-28-19.pdf.

网技术等最新技术的发展整合进来。

另一方面，创客教育要提升学生的数字素养（digital lieteracy、digital competency），也需要将新技术作为学习的对象。数字素养作为当前各国及各国际组织核心素养框架中的共通要素，被认为是数字时代所有人的必备能力。进入21世纪以来，随着数字时代的发展，数字素养的培养已经与世界各国普遍重视的国家战略竞争力相关联。作为“信息素养”概念的延伸，[1]数字素养被视为数字时代重要的生存技能和知识资产，是指在工作、职业、学习、娱乐以及社会参与中自信且批判性、创造性地使用ICT（信息与通信技术）的能力，它不同于简单的技能或技术性操作。这其实也说明，随着技术创新的加速，派珀特建造主义颇有争议的“了解数字技术与阅读、写作同等重要”的愿景已逐渐被主流所接纳。如布里克斯坦所概括的，曾经被嘲笑的儿童给计算机编程的想法不仅被接受了，而且还发展成了一个更大的愿景，即让学生参与以前仅限于专业人员的复杂活动，如机器人技术、环境监测、数据分析、先进科学和工程设计等。[2]虽然没有确定的、所谓的“最好的”方法来保证学习者数字能力的提升，但是创客教育中的学习者通过“做中学”“制作中学”的方式与新技术打交道，可以使其技术学习不再局限于信息检索的能力、技术操作的能力，而是在真实的情境中发展自信且批判性、创造性地使用各类技术的能力。

二、创客教育中的技术给养

要开发出一个能够真正培养一种创客思维、发展一种创客学习文化，为学生提供各类心智工具的创客空间并非一件易事，需要经过系统的考虑。这就要求我们在技术应用观、功能观方面都有所转变。

[1] 任友群、随晓筱、刘新阳:《欧盟数字素养框架研究》,《现代远程教育》2014年第5期。

[2] Paulo Blikstein, “Digital Fabrication and ‘Making’ in Education: The Democratization of Invention,” in *FabLab: Of Machines, Makers, and Inventors*, ed. Julia Walter-Herrmann and Corinne Büching(Bielefeld: Transcript Publishers, 2013),pp. 203-222.

（一）技术应用观的转变：由“从技术中学习”走向“用技术学习”

回顾技术在教育中应用的历史不难发现，技术的应用观经历了从“从技术中学习”（learn from technology）到“用技术学习”（learn with technology）的发展过程：由罗伯特·泰勒（Robert Taylor）所提出的著名的3T应用模式——Tutor（计算机作为辅导教师）、Tutee（计算机作为受辅导者）和Tool（计算机作为工具），[1]走向了一种更加整体、综合的“环境应用观”。技术作为创客教育中的关键因素，同样需要我们重新确立技术应用观，尤其是强调由“从技术中学习”转向“用技术学习”。[2]这其实与派珀特的“从计算机学习”转向“用计算机学习”思想有着异曲同工之妙。

1. 从技术中学习

20世纪的80年代初，罗伯特·泰勒在其影响深远的著作《学校里的计算机：导师、工具、受指导者》中提出了“从技术中学习”这一想法。他将计算机的潜在用途概括为：①导师。计算机显示指令并进行评估。②一个工具。计算机使学生更容易或更有效地完成学习任务。③受指导者。学生通过编程让计算机进行学习。尽管这是泰勒在1980年提出来的，但直到今天他仍然是对的，计算机作为导师在教育中仍然占主导地位。计算机作为导师体现了明显的“从技术中学习”的倾向。

“从技术中学习”的基本的假设是：技术在某些方面可以替代教师的教。知识镶嵌在技术化的课程中（如由电影或电视呈现的教学内容，程序教学中的教学顺序等等），学习者就是学习技术呈现的知识，就像跟教师学习一样。正如教育技术学者克拉克（Richard Colvin Clark）所做的

[1] Robert Taylor, *The Computer in the School: Tutor, Tool, Tutee*(New York: Teachers College Press, 1980).
[2] 钱旭鸯：《医学问题解决学习环境设计——技术支撑的参与学习》，硕士学位论文，浙江师范大学教育技术学系，2009，第47-48页。

经典比喻，“技术的作用就是传递要教授给学习者的知识，就像卡车把食品运送到超市一样”。其间的逻辑是：如果你运送的是食品，人们就能吃到；如果你运送的是教学内容，学习者就可以学到。这种技术应用观的弊端就在于工具理性、录像主义、技术决定论。[1]可以看出，“从技术中学习”是基于技术性存在的认识论的。对此，美国当代建构主义代表人物戴维·乔纳森曾表示过他的担忧，“尽管新技术看起来似乎能令各类学习者受益，但是，如果我们以分析技术而不是分析学习为出发点，那么我们的失败是不可避免的”[2]。的确，技术具有变革教育的潜力，但是由于其应用思想的局限，其力量的发挥仍存在许多阻碍。若以本身越来越强大的技术来强化对学习者的学习与发展的限制而不是促进的话，则反倒带来更大的伤害。如雷斯尼克就曾断定，“在新技术被用于教育和培训的大多数地方，只是强化传统的学习取向”[3]。克拉克和梅耶（Richard E. Mayer）以其“丰富媒体的悖论”警示我们：现有的技术传送信息的能力已经超过了学习者同化信息的心理能力。只有把丰富媒体的能力用于支持人的认知学习时，丰富媒体才能令学习者获益。[4]

20 余年之后，泰勒本人也对这三个计算机应用模式重新进行了反思。在《反思学校中的计算机》一文中，他用四个动词重新描绘了数字文化的巨大变迁和计算机在学校中的应用愿景：获取（access）、合作（collaborate）、交流（communicate）和体验（experience）。[5]类似的，我国也有学者仿照泰勒的说法，认为现在信息技术的应用观已经由 3T 走向

[1] 任友群:《技术支撑的教与学及其理论基础》，上海教育出版社，2007，第 194-196 页。
[2] 李妍:《乔纳森建构主义学习环境设计理论的系统研究与当代启示》，《开放教育研究》2006 年第 12 卷第 6 期。
[3] R. M. 加涅、W. W. 韦杰、K. C. 戈勒斯、J. M. 凯勒:《教学设计原理（第五版修订本）》，王小明等译，华东师范大学出版社，2007，第 188 页。
[4] Ruth Colvin Clark and Richard E. Mayer:《明智地使用丰富媒体》，载 R. A. 瑞泽、J. V. 邓普西主编《教学设计和技术的趋势与问题》，王为杰等译，华东师范大学出版社，2008，第 442 页。
[5] Robert Taylor, “Reflections on The Computer in the School,” *Contemporary Issues in Technology and Teacher Education* 3, no. 2(2003):253-274.

了 3E，即：Environment（环境）、Equipment（装备）以及 Evaluator（评价器）。[1]

2. 用技术学习

这种计算机作为“材料”的概念与过去乃至现在学校里计算机的典型用途形成了对比。如派珀特所坚信的，计算机所能发挥的最大作用与信息无关——是为了给儿童们一种更强的赋能感（empowerment），让他们能够做到没有计算机时所不能做到的，而不是要儿童跟着计算机一步一步地完成学习过程。

“用技术学习”的基本假设是：技术的真正作用在于充当学习者在建构知识过程中的工具，或者说认知工具，拓展学习者为自身建构知识的能力而不是通过预先设定的程序内容来“教”学习者。“用技术学习”的技术应用观强调内部建构，强调正确认识技术与人之间的和谐关系，让技术和人都能发挥独特的作用。显然，“用技术学习”是社会性存在和生命性存在的技术在现实中的显现。乔纳森也曾提醒我们，“大量关于计算机和其他技术的研究表明，技术并不比教师教的更有效，但是当技术作为学习者的学习工具，即用技术支持学习者的学习而不是从技术中学习，那么学习的性质将会发生改变”[2]。

那么，技术何时由一个自然物变成认知工具呢？美国华裔教育技术学学者赵勇以“乌鸦喝水”这一著名的伊索寓言故事对教育中技术的本质问题进行了一定的分析，可以为我们这里的讨论提供启示。他认为，当那只口渴的乌鸦将它找到的小石子放在瓶子里时，那些小石子本身与喝水并不具有相关性，但因下面四个条件建立了联系：①乌鸦感到口渴；②它发现了一个水瓶；③水很浅，够不着；④意识到小石子可以用来升高水位。通过将小石子与喝水的需要联系起来，乌鸦把一个不相关的物

[1] 王吉庆：《从 3T 到 3E：信息技术在教育中的应用观的改变》，《现代教育技术》2001 年第 1 期。

[2] 戴维·乔纳森等：《学会用技术解决问题——一个建构主义者的视角（第 2 版）》，任友群等译，教育科学出版社，2007，第 11 页。

转变成了一个解决问题的工具——技术。换句话来说，对于此时的乌鸦来说，这些小石子已然不再只是本来意义上的小石子了，而是解决口渴问题的有效工具。之所以能够完成这个转变，是因为乌鸦在面临的问题与小石子的性能之间建立了联系。[1]

可以肯定的是，创客教育中的技术应用远比乌鸦用石子解决口渴问题要来得复杂得多，但是这一对比仍可帮助我们看见一个自然物如何成为工具，或者我们这里所讨论的认知工具。通常来说，创客教育环境是一个技术丰富的环境，这也就要求无论是创客们还是指导老师，需要充分意识到技术本身就是一个知识体系，不同的技术具有不同的倾向性、偏向性和内在属性。就像乌鸦需要意识到小石子所具有的性能一样，认识到这些属性可以更好地帮助我们决定在什么时候用何种技术能够更好地解决问题。

（二）人与技术关系观的转变：从“技术中心”走向“技术给养”

“我将自己描述为一个教育的乌托邦主义者，不是因为我想象了一个孩子们被种种高科技包围的教育未来，而是因为我相信，某些非常强大的计算技术和计算理念的使用，可以为孩子们的学习、思考、情感和认知的成长提供新的可能性。”而这些可能性的实现“有赖于计算机丰富的未来（computer-rich future）。到那时，计算机将在每一个儿童的生活中扮演着重要的角色”。[2]就如派珀特一再重申的那样，他所描绘的“乌托邦”不是宣扬计算机将得到普及和广泛运用，而是在澄明人和计算机之间将要建立的某种新关系。[3]今天的创客教育也是一样。我们要审视思考的是儿童与技术之间究竟要建立一种怎样的“新关系”。

---

[1] 赵勇:《传统与创新：教育与技术关系漫谈》，北京师范大学出版社，2006，第 79-80 页。

[2] Seymour Papert, *Mindstorms: Children, Computers, and Powerful Ideas*(New York: Basic Books, Inc., 1980), pp. 17-18.

[3] Ibid., p. xx.

1. “智力伙伴”（intellectual partners）关系的形成

由“从技术中学习”到“用技术学习”是一个技术应用观的连续统。考察这个连续统，可以发现处于两端的是媒体观和生态观，中间的是工具观（见图 4–9）。

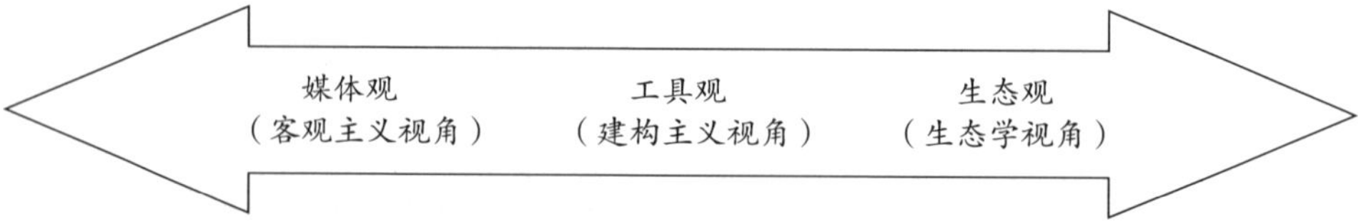

图 4–9 技术角色观连续统

不同的价值观，对技术作用的认识也是多方面的。其中，媒体观是客观主义的技术应用观，是传统媒体观对信息技术作用理解的延伸，把技术看作教学信息内容的传递媒体或播放演示工具。工具观是建构主义的技术应用观，主张学习者用技术学习，把技术作为学习工具，特别是认知工具。生态观综合了媒体观和工具观的特点，近年来一些学者借用生态学的观点来分析技术的作用，认为技术可以起到“拟人”和“拟物”的作用，帮助培植和维护一种新型的学习生态圈或者学习文化，形成一个有利于师生一起学习和共同发展的综合性生态系统。这样一种新型的学习生态系统（learning ecology 或 learning ecosystem）包含丰富、有力的物质性学习环境（包括学习资源、工具等），包含有效的社会和文化互动，使学习者可以在这种学习环境中有效地学习、幸福地生活、和谐地发展。事实上，这一学习生态系统也是由学习共同体（learning community）及其物理的和虚拟的学习环境构成的自成一体的实体。在这样的生态圈之中，每个人既是知识的“消费者”，也是知识的“生产者”；技术则从作为支持个体活动的工具转变为支撑互动关系的工具，帮助汇聚群体的智慧建立一个社会性的、分布性的“大脑”。因此，这样的学习环境也是探究发现空间、个性展现空间和集体智慧发展空间（见图

4–10)。[1]

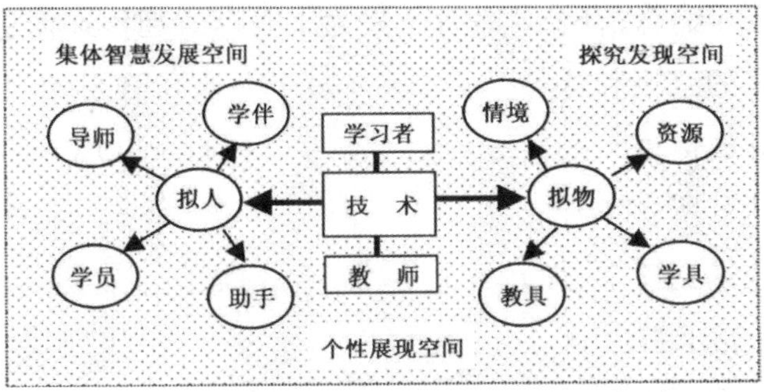

图 4–10 技术应用的生态观

以生态学为关照，我们可以进一步用美国心理学家吉布森 (James J. Gibson) 所创造的一个词“给养”（affordance）来理解创客空间中人与技术的关系。20 世纪 70 年代，吉布森提出了“给养”这一概念，用来描述一个行为者（一个人或者动物）和外界相互作用时的行为属性，更强调环境对行为的影响，但是环境对行为者所造成的影响将因个人的特质、能力与知觉的不同而产生不同程度的效应。[2]在吉布森看来，给养就是一种关系。虽然如设计学研究者唐纳德 · 诺曼（Donald Arthur Norman）指出的，吉布森所提出的这种关系其实还是一种自然的物理关系，即行动者与物理人工制品之间的关系。[3]但当我们接纳技术作为社会性存在和生命性存在，而非工具性存在时，其实就孕育了一种新的技术与人之间的给养关系。美国弗吉尼亚理工大学计算机教授哈特森（H. Rex Hartson）从设计实践出发，提出了交互设计与评价情境中的四种给养：认知给养（cognitive affordance）、物理给养（physical affordance）、感觉给养（sensory affordance）和功能给养（functional affordance）。其中，认知给养类似于诺曼的可感知给养（perceived affordance），用于帮助和支持用户

[1] 钟志贤:《面向知识时代的教学设计框架——促进学习者发展》，中国社会科学出版社，2006，第 126 页。

[2] 章登科、喻衍红:《给养理论与学习环境设计》,《中国教育技术装备》2010 年第 15 期。

[3] Donald Arthur Norman, “Affordance, Conventions, and Design,” *Interactions* 6, no. 3 (1999):38–43.

对某一事物的认知。[1]这种给养关系接近于乔纳森所说的“智力伙伴”（见图 4–11）。[2]乔纳森指出，“教育不是为了更有效地传递信息，也不是为了控制学习者的思想和行为，而是允许或促进学习者反思与表达其所知和所信，并运用技术支持学习者的学习”。处于智力伙伴关系中的技术可以与学生分布式地承担认知责任，形成学生与技术最优化的智能整合。作为智力伙伴关系而存在的学生与技术不再纠缠于“谁向谁学习”“谁塑造谁”或“谁控制谁”的问题，也突破了狂热的技术决定论和过于愤世嫉俗的技术恐惧（认为技术是一种控制大众的“圆形监狱”，技术总是监控、规定甚至剥夺我们的思维权利），更好地提示了学习者与技术之间的动态关系。可见，由“智力伙伴”出发，我们可以突破技术的媒体观、工具观，以更为生态的视角认识创客教育中的学习者与技术之间的动态关系。这将革新长期以来学生作为接受者的角色，使学习者成为生产者、创造者和传播者，这也正是创客教育的根本价值诉求所在。

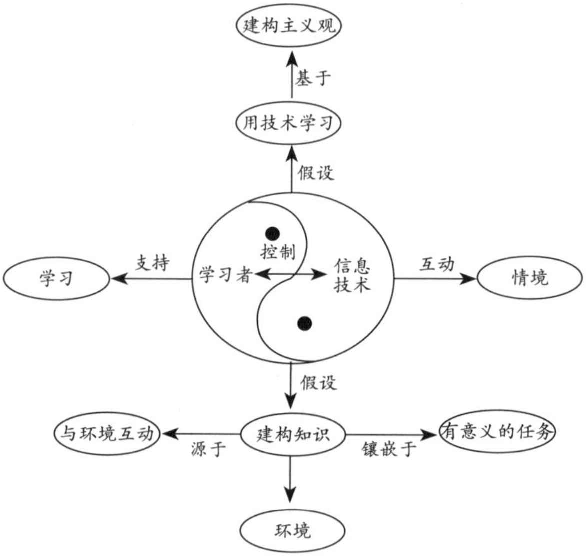

图 4–11　学习者与技术的“智力伙伴”关系

当然用“智力伙伴”描述创客教育中学习者与技术的关系，可能容易造成突显技术认知给养的维度，而忽略其社会、文化方面的给养。但

[1] H. Rex Hartson, “Cognitive, Physical, Sensory, and Functional Affordances in Interaction Design,” *Behaviour & Information Technology* 22, no. 5(2003):315-338.

[2] 钟志贤:《面向知识时代的教学设计框架——促进学习者发展》，中国社会科学出版社，2006，第 124 页。

给养总是发生在一定的社会历史文化之中。给养受到感知者的文化、社会背景、经验和意图的影响。同一制品的给养可能会因不同文化背景、不同使用者产生不同行为效果。[1]事实上，当学习者投入创客教育灵活、社会性、技术性的创造过程中，"无论是创造的过程，还是所创造的人工制品，都应当是社会共享的"[2]。此时的学习者是技术存在的依据，而此时的技术是通向学生生命成长、通向社会文化、通向创造过程、达成创造目标的技术，它所强调的是技术与人之间的互动根本。

2."资源机智性"的发展

"机智性"可以说是创客运动中一个特殊的要素，是创客教育所置于的更大的文化模式的一部分，同时也是创客文化所共享的一个理所当然的世界性概念。[3]技术资源选择方面的机智性（resourcefulness，有时亦称资源性）甚至可以说是创客空间中的一种精神——机智精神（ethos of resourcefulness）。

一方面，资源方面的机智性可以促进学习者的认知给养。达克沃斯虽然没有直接使用认知给养一词，但她其实特别重视在课程与教学过程中寻找合适的材料、问题和活动方面的机智性，以支持学习者的认知发展。她提出，无论是诗歌、数学情境、历史文献、液体或音乐，我们所提供的材料都必须有一些可接近的切入点，必须从不同的角度呈现主题，从不同的学习者那里获得不同的回应，开辟各种探索的道路，引发认知冲突，提供惊喜；我们必须鼓励学习者超越自我，帮助他们认识到，还有其他观念尚未被揭示，他们还未穷尽对这件事的可能观念。[4]从达克沃

[1] 贺斌、祝智庭：《学习环境给养设计研究透视》，《电化教育研究》2012 年第 11 期。

[2] Martin Dougiamas, "A Journey into Constructivism," accessed November 11, 2020, http: //dougiamas.com/writing/constructivism.html.

[3] Kimberly M. Sheridan and Abigail Konopasky, "Designing for Resourcefulness in a Community-Based Makerspace," in *Makeology: Makerspaces as Learning Environments(Volume 1)*,ed. Kylie Peppler, Erica Rosenfeld Halverson and Yasmin B. Kafai(New York: Routledge, 2016),pp. 30-46.

[4] Eleanor Duckworth, "*The Having of Wonderful Ideas"and Other Essays on Teaching and Learning*(New York: Teachers College Press, 2006),p. 140.

斯的视角来看，创客空间中的技术作为一种认知给养，其实也是让学习者不断地借助这些技术来激发更多“精彩观念的诞生”，以资源方面的机智性来不断地促进学习者发现自己尚可进一步揭示的观念。

另一方面，资源方面的机智性可以将个人与社区联系起来，并作为一个整体存在。谢里登与科诺帕斯基（Abigail Konopasky）曾专门对此议题做过研究。他们认为，创客空间是一种独特的学习环境，围绕着制造的不同方面进行组织，在新技术的推动下，分享过程和产品。由于创客空间与不断发展的创客运动有关，虽然涉及不同的工具、材料和方法，但对机智性有着共同的重视。根据谢里登与科诺帕斯基的理解，这种机智精神或者说立场其实就是利用你所拥有和坚持的东西，通过创新来满足需求。他们将其定义为：个体的或集体的创新行为，即创造性地利用内部资源（如技能、知识、信心）和外部资源（如专家、信息文本、社区伙伴），以满足个体或社区的需要。机智性也可以说是某种程度上意识到你周遭事物的潜力。谢里登与科诺帕斯基认为，对于社区创客空间来说，这恐怕是比任何特定活动或学习都更为关键的部分。[1]

在这样一种精神的鼓励下，“你要机智啊”（You gotta be resourceful）几乎成了他们所研究的埃利奥特山创客空间（Mount Elliott Makerspace）社区成员挂在嘴边的话。他们既显性地将“机智性”写到了他们的创客宣言中，又在自身的日常实践中隐性地践行着这一精神。一方面，创客们会处处留心已有的可以被创新的事物。譬如，三位小女孩在创客空间内找到了废弃的软管，她们想到了用其打造一个呼啦圈，并且成功实现了这一想法。另一方面，在这种意识培养的推动下，他们还具有与他人分享知识的意识。例如，在商议创客空间可以开展什么样的活动内容时，各个年龄层的参与者都会积极参与讨论、持续规划，他们在白板上

[1] Kimberly M. Sheridan and Abigail Konopasky, “Designing for Resourcefulness in a Community-Based Makerspace,” in *Makeology: Makerspaces as Learning Environments*(*Volume 1*),ed. Kylie Peppler, Erica Rosenfeld Halverson and Yasmin B. Kafai(New York: Routledge, 2016),pp. 30-46.

记录他们想学习或想做什么，以及愿意教什么。由此产生了富有创新性的活动，这其实也是一种机智性的体现。正因机智性在数字时代的重要性，英国北查德顿学校（North Chadderton School）甚至将机智性作为学校教育目标之一，向中学生传授“五 R”：机智（Resourcefulness）、责任（Responsibility）、韧性（Resilience）、推理（Reasoning）和反思（Reflective）。[1]

我们还需要意识到的是，给养是一种自然的关系，这意味着它不一定非得是可见的、可知的或者合意的。[2]就如环境所提供的给养有好有坏——有些食物为人们提供营养，有些食物则带有毒性，还有一些是中立的；再如悬崖的边缘，一边提供了行走的可能，另一边则有失足跌落万丈深渊的可能。当我们在对待创客教育中学习者与技术关系之时，同样需要保持批判性的目光，对“技术可以为我们做什么”与“技术对我们做什么”做出审思。

第三节　空间

创客教育作为一种面向未来的创造性学习，不仅关乎学习方式与学习文化的变革、教师与学生身份的转变，还必须结合创造性学习所发生、协商的情境——空间来考虑。如蒙台梭利所言，仅仅把“用于儿童发展的教具材料”引进普通学校，并不能构成全面的改革。在蒙台梭利看来，

[1] Consortium for School Networking, “Driving K–12 Innovation: Hurdles 2019,” accessed October 21, 2020, https: //ppgtic.paginas.ufsc.br/files/2019/09/TE_02_CoSN-Driving-K-12-Innovation-Hurdles-FINAL-REV-3-28-19.pdf.

[2] H. Rex Hartson, “Cognitive, Physical, Sensory, and Functional Affordances in Interaction Design,” *Behaviour & Information Technology* 22, no.5(2003):315-338.

要想构成变革，不仅教师需要转变，学校的环境也需要改变。[1]创客教育本身是一种基于学习空间重构的变革，指向突破教室空间、支持实践共同体发展、更加强调灵活开放与平等包容的空间。

一、创客教育中空间的多重描述

“空间”是一个适用于复杂的思想集合的抽象术语。人们理解和划分空间的不同方式在复杂性上可以说是存在天壤之别。[2]在创客教育的情境下，空间同样也是一个意蕴丰富的术语，它承载着人的身体及其活动，包括个体的也包括社会的；它承载着丰富的创客现象，包括认知的、文化的、社会的、心理的。单单从不同的学术性定义也可以看出，创客空间通常涉及物理场所、工具和材料，以及教师指导或自我指导的创造有形产品的行为。为此，创客空间本身是一种融合生活经验和新的学习经验的具身空间。

（一）创客空间作为第三空间

从物理空间来说，创客空间既包括各类创新实验室（Innovation Labs）、设计实验室（Design Labs）、制造实验室（Fab Labs）、黑客空间（Hackerspaces），也可以出现在学校、公共图书馆、博物馆，以及灵活的公共空间、私人企业甚至家庭之中。这些空间既不是单纯的工作的地方，也不是家居的地方。如果用雷·奥尔登堡（Ray Oldenburg）的概念来说，这些创客空间可以被认为是“第三空间”（the third space）。“第三空间”概念最先由雷·奥尔登堡在《伟大的好地方》中提出，他雄辩地论证了“第三空间”的重要性，正如这本书的副标题——社区中心的咖啡馆、咖啡店、书店、酒吧、美容院和各类休闲之处所表明，这些地方既不是工作场所也不是家，但是可以轻松地让我们度过一天。奥尔登堡对“第三

[1] 玛利亚·蒙台梭利:《儿童的自发成长》，刘建芳译，天津社会科学院出版社，2010，第82页。
[2] 段义孚:《空间与地方：经验的视角》，王志标译，中国人民大学出版社，2017，第27页。

空间”的特征做了详尽的分析。根据这些特征要素，我们也可以进一步看到，创客空间其实正是这样一个“第三空间”。[1]

首先，“第三空间”建立在中立的基础之上（neutral ground）。就我国情境而言，虽然学界普遍认为，我国的创客空间起步于2010年前后，但亦有人认为，创客空间的理念早在20年前的北京中关村便已形成。2000年前后，一批“海归”回到中国，并将硅谷标志性的“club文化”带了回来，在中关村发起了“club文化”。每逢周末，一批企业经理、软件工程师就会聚集在北京大学、清华大学附近的咖啡厅、茶社、酒吧街，他们一边喝着饮品，一边分享IT界的独特话题，一边传递着业界最新的技术。一种有着明显硅谷印记的club文化，在中关村渐渐蔓延开来。这些早期的中关村club没有固定空间，也不具备办公研发功能，完全以交流为核心。他们不收会费，不设门槛，这种社群化的协作创新理念为创客空间日后的发展奠定了基础。[2]如果从这个角度来说，创客空间本身是一个弹性而开放的知识和信息的交流共享平台。

其次，“第三空间”是一个平等的地方，这意味着它应具有包容性（inclusive）。它向公众开放，没有规定正式的成员资格和排除标准。一般来说，人们倾向于从社会地位最接近自己的人中选择自己的伙伴、朋友和亲密的人。相较于正式协会倾向于缩小和限制可能性，“第三空间”则更倾向于扩大可能性，因为它强调向所有人开放，而不局限于人们当前的社会地位差异。创客空间可以让专家与经验不足的参与者围绕一个共同的任务聚集在一起，这通常是一个富有成效的学习条件。[3]

再次，有了前两者作为基础，“第三空间”中的主要活动就是会话

[1] Ray Oldenburg, *The Great Good Place: Cafes, Coffee Shops, Bookstores, Bars, Hair Salons, and Other Hangouts at the Heart of a Community*(Cambridge: Da Capo Press, 1999), pp. 20-42.

[2] 智汇工园 WisePark:《浅谈我国“创客空间”的生长路径》, https: //baijiahao.baidu.com/s?id=1677429086391909383&wfr=spider&for=pc，访问日期：2020年10月10日。

[3] Lee Martin and Colin Dixon, “Youth Conceptions of Making and the Maker Movement” (paper presented at the Interaction Design and Children Conference, New York, June, 2013).

（conversation）。奥尔登堡认为，没有什么比这更清楚地表明“第三空间”的谈话有多棒。在这里，会话是鲜活的、才华横溢的、丰富多彩的、引人入胜的。“第三空间”中的交往乐趣可能最先起源于一个简单的微笑、一双闪烁的眼睛，或者握手和拍背之中，但这些都能在愉快和有趣的谈话中继续并保持着。创客空间亦是如此。

此外，“第三空间”的特点是一种轻松的氛围（playful mood），这与人们更严肃地参与其他领域形成了鲜明的对比。尽管与家里的环境完全不同，但“第三空间”在心理上的舒适度和支持度与一个温馨的家非常相似，用奥尔登堡的原话来说，这是“一个远离家的家”（a home away from home）。按照奥尔登堡的观点来说，创客空间也是这样一个介于家庭与学校或工作场所之间的“第三空间”。在各类创客空间中，人们可以轻松地聚集在一起，他们受到老师和领导者的指导，他们鼓励以目的、资源、结构和便利性来融合正式学习和非正式学习。由于“第三空间”是人们主动选择去的（就像去咖啡馆是因为他们选择去，而不是因为他们必须去），正是在这个自我选择的过程中出现了一群具有某种共同兴趣和价值观的人。[1]创客空间也聚焦了这样一群个性迥异却有着共同兴趣的人。无论它们叫什么，也无论它们建于何处，创客空间都秉持一种理念，即提供强调自由选择、连接和协作的环境来促进有意义的学习。

简言之，作为一个“第三空间”，创客空间可以说是一种介于学校与社会之间、差异与共鸣之间、知与未知之间、可能与不可能之间的空间。在这个可能的、机会创造的和生成的空间中，学习者（连同其同伴）拓展着、超越着自己已有的经验。

（二）创客空间作为社会空间

一百年前，杜威就强调学习是社会性的，教室应该是一个社会环境，思想和知识在这个学习共同体中得以构建和共享。在学习环境研究与设

[1] Amy Bruckman and Mitchel Resnick, “The Media MOO Project: Constructionism and Professional Community,” *Convergence* 1 , no. 1(1995):94-109.

计方面颇有建树的汉纳芬（Michael F. Hannafin）也指出，“一个学习环境包含的东西不只是教学材料、评价、技术等等，学习者之间，学习者和教师、材料等都会进行互动。此时，环境本身的生态（和参与者）发生着变化，参与者提出问题、质疑观点、证实或者推翻最初的假设和观念等。因而，当我们描述和设计一个学习环境的时候，我们关心的是让个体能够通过贡献于这个环境的学习生态而深化自己的理解，也深化他人的理解”[1]。

美国当代著名华裔地理学家段义孚先生曾感叹，“在成年人中，涉及空间和地方的感受和思想都是极其复杂的”[2]。段义孚从人本主义、经验的视角出发理解空间和地方，对空间感和地方感给予了特别的强调和深入的描述。他表示，无论是对于人还是物（地方的），亲切经验都是难以公之于众的。人们难以找到恰当的词汇来形容这种经验，图表似乎也无能为力。[3]根据段义孚先生的分析，在人与人之间培养亲切感实际上并不需要知道彼此生活的细节，在人们真正相互关注和交流的时候，亲切感就会流露出来。[4]这对于我们理解创客空间这一特殊的承载着丰富的人之创造性活动的空间无疑具有重要启示意义。

创客活动是一套复杂的社会和物质中介的实践，不仅包括创造以各种技术和媒体支持的特定人工制品的创造过程，而且还包括了贯穿于其使用和建造中的情感性、关系性和文化性过程。[5]多数创客行动的倡导者都会同意，如果创客空间只是一个物理空间和一堆最先进的数字制造技术，那么它并不能奏效。事实上，这关乎如何利用这个物理空间来促进人与人之间的互动，而原本没有这样的空间时他们之间的协作或想法交

[1] 郑太年、马小强：《学习环境的设计——对话 Michael F. Hannafin 教授》，《中国电化教育》2010 年第 2 期。
[2] 段义孚：《空间与地方：经验的视角》，王志标译，中国人民大学出版社，2017，第 15 页。
[3] 同上书，第 120 页。
[4] 同上书，第 114 页。
[5] Alicia Blum-Ross, Kristiina Kumpulainen and Jackie Marsh(eds.),*Enhancing Digital Literacy and Creativity: Makerspaces in the Early Years*(London and New York: Routledge, 2020),p. 4.

互可能就难以达成。[1]可以说，几乎所有的创客空间设计都以促进人与人之间的交流、协作、分享、沟通为出发点。而且，创客空间中的社会互动和学习实践通常是超越分类的，如超越不同的年龄、性别或正规教育水平和/或专业知识等。正是这种彼此关注与交流，让创客空间成为一个具有“人情味”和意义丰富的地方，而不只是一个存储工具和材料的地方。

值得一提的是，虽然创客空间作为一个社会空间是关于人际关系的亲切感的，但这并不是说技术在其中所起的作用是无足轻重的。恰恰相反，在创客空间中，创客们可以把玩实物的可能性往往被认为是一种“社会性黏合剂/社会凝聚力”（social glue）——它让人们走到一起，参与协作性、创造性的努力。创客空间在“制作中学”的模式下，个人可以从事具有个人和/或集体意义的创造性设计项目。在这里，技术作为学习的材料扮演着催化剂（mediator）的作用，极大地扩大着创客空间中教育性交互的可能性。

（三）创客空间作为创客文化的创生空间

当戴尔·多尔蒂于 2011 年为 *Make* 杂志注册了域名 makerspace.com，开始用创客空间（Makerspace）指代那些具有加工车间、工作室功能，以及创客聚集、活动、合作、交流的设计和制作场所时，就将创客空间作为了一个创客文化的创生空间。

一方面，创客空间作为创客身份的生成空间。虽然创客空间的形状、大小、地点各异，所使用的媒体、资源也不尽相同，但它们都有一个共同点——这些空间都涉及制作，即生成一个想法并将其构建成某种物理或数字形式，[2]同时，它们也都是工具、项目、指导老师和专业知识的集

[1] Jessica Hibbard, “Bringing A ‘Maker Mindset’ to the Future of Work,” *Luminary Lab*, accessed October 20, 2020, https: //www.luminary-labs.com/insight/bringing-a-maker-mindset-to-the-future-of-work/.

[2] Alicia Blum-Ross, Kristiina Kumpulainen and Jackie Marsh(eds.),*Enhancing Digital Literacy and Creativity: Makerspaces in the Early Years*(London and New York: Routledge, 2020),p. 2.

合点。这使得创客空间可以成为一个强大的学习环境。[1] 这一学习环境为增强参与者的创造者身份提供了坚实的基础。[2] 换言之，创客空间作为一个创客文化的创生空间首先是创客身份的生成空间，是让学习者成为变革能动者的空间。

另一方面，创客空间作为创客文化的生成空间。遍地开花的创客空间让我们意识到，创客文化对于普通大众而言并非是遥不可及的，而是本来就嵌于其间并作为其创造者的一部分。就如当年麻省理工学院的黑客们形成的独特计算机文化。很快地，一种“黑客伦理”（Hacker Ethic）随之浮现出来，其原则之一便是：“使用电脑——以及任何可能教会你一些有关世界运作方式的东西——应该是无限制的、完全的。”可以看出，这种诞生于黑客空间中的新文化其实是挑战了看似武断的准则和人为造成稀缺的计算资源，让基于计算机的创造为更多的人增权赋能。而这些价值观可以说是“高尚的、有创造力的、平等的”[3]。创客空间自其诞生之日起，也带着类似的使命。如美国西南部的亚利桑那大学艺术博物馆（UAMA）的切尔西·法拉尔（Chelsea Farrar）在对设立于该博物馆中的创客空间 Tinkerlab 的评论中提到，“Tinkerlab 的使命是揭开创客的神秘面纱，从而揭开创客文化的神秘面纱”[4]。

---

[1] Lisa Regalla, “Developing a Maker Mindset,” in *Makeology: Makerspaces as Learning Environments*(*Volume 1*),ed. Kylie Peppler, Erica Rosenfeld Halverson and Yasmin B. Kafai(New York: Routledge, 2016),pp. 257-272.

[2] Mary Kay Culpepper and David Gauntlett, “Making and Learning Together: Where the Makerspace Mindset Meets Platforms for Creativity,” *Global Studies of Childhood* 10, no. 3(2020): 264–274.

[3] Sylvia Libow Martinez and Gary Stager, *Invent To Learn: Making, Tinkering, and Engineering in the Classroom* (*2nd Edition*)(Torrance: Constructing Modern Knowledge Press, 2019),p. 17.

[4] Chelsea Farrar, “Tinkering With Change: A Makerspace at a University Art Museum,” in *Makers, Crafters, Educators: Working for Cultural Change*, ed. Elizabeth Garber, Lisa Hochtritt and Manisha Sharma(New York and London: Routledge, 2019),pp. 25-27.

二、创客教育中的空间设计

创客空间并非一个自然的空间或地方，它本身需要设计与制作。然而，如金等人所察觉到的，尽管已经有大量有关建造主义的理论研究支持着创客运动，也有不少探讨创客空间如何建设的实用手册，但对创客空间本身的学术研究相对较少。[1] 拿学校创客空间来说，它作为校园内促进学生实践共同体成长的环境，其空间设计的质量与创客教育的质量密切相关。加拿大渥太华大学的研究者格拉莱尔丁（Mohamed Ahmed Abdalwhab Galaleldin）与阿尼斯（Hanan Anis）通过一项实证研究，探究了创客空间在培育工科学生实践共同体中的作用。研究发现，尽管实践共同体的确如温格所观察到的，通常是自组织性的，并且在一个组织内的参与也是自愿的和有机的，但是，一个好的社区设计仍有助于邀请成员的参与并唤起共同体的活力。在这项研究中，他们通过建立一个资源丰富、学生自主运营、免费访问的校园创客空间来促进学生形成一个更好的实践共同体。[2]

（一）物理层面空间设计

正如米奇·奥德曼所说，强调活动很重要，但物理空间更重要！一个兼顾功能性和灵活性的空间是可以激发创造力的。然而，创客空间的物理空间设计并无统一的模板与要求。一方面，人类的创造活动本身多种多样，任何一种创造活动都是既需要创造主体全身心投入与参与，也需要适当的外界工具与资源支持的复杂活动。另一方面，根据不同的创客空间类型、针对不同的参与者群体，创客空间的物理设计可能也会呈

[1] Youngmoo E. Kim, Kareem Edouard, Katelyn Alderfer and Brian K. Smith, "Making Culture: A National Study of Education Makerspaces," accessed October 28, 2020, https: //drexel.edu/~/media/Files/excite/Making-Culture-full-report.ashx.

[2] Mohamed Ahmed Abdalwhab Galaleldin and Hanan Anis, "Impact of Makerspaces on Cultivating Students' Communities of Practice," accessed October 28, 2020, https: //pdfs.semanticscholar.org/3a51/b9967e4af67f70bf4c54836f6ac494815bf7.pdf?_ga=2.32253757.2065446078.1605109134-718047503.1601180729.

现很大的差别。但是，无论是哪一类创客空间，基本上都是为促进参与者探索和了解他们周围的世界而服务。为达成这样的目的，创客空间的设计还是可以找到较为一般的设计原则的。

1. 空间的灵活多变

考虑到创客实践本身的尝试性和实验性特征，空间的灵活性是相当重要的。灵活多变的环境能够促进创新团队运用设计思维，开展创意、创造和设计。[1] 与之相对的，如迪伯特（Dibert）所展示的，在限定尺寸的空间里，通常只会产生中规中矩的想法。事实上，已有研究表明，如果针对特定的任务提供不同的空间环境布置，创新团队的效能和收益会得到提升。[2] 正因如此，重视设计的公司或其他机构都非常强调空间的灵活多变性。例如，麻省理工学院博士赛义德·阿里达（Saeed Arida）与其他两位麻省理工学院学生于 2010 年在美国波士顿市联合创立了全日制创新学校 NuVu。与传统教室不同，NuVu 是一个没有课程、没有学科、没有教室、没有时间划分，以学习者为中心的创新空间，为年龄在 11—18 岁之间的青少年服务。就空间设计来说，NuVu 没有固定的教室场所，而是在一个开放的空间，其不断的变化正是为了满足不同的项目工作室的需求。

2. 空间功能的合理划分

虽然学校、社区、家庭等不同环境下的创客空间的功能可能会有所差异，但也有许多共通之处。创客空间的基本功能一般包括：教育学习功能、设计制造功能、展示交流功能、储物功能等。据此，创客空间的功能模块也会相应地包括：互动教学区、工作区、工具区和储物区、展示区等。如图 4–12 所示就是上海蘑菇云创客空间的结构图。

---

[1] 哈索·普拉特纳、克里斯托夫·迈内尔、拉里·莱费尔:《斯坦福设计思维课 1：认识设计思维》，姜浩译，人民邮电出版社，2019，第 137 页。
[2] 同上书，第 142 页。

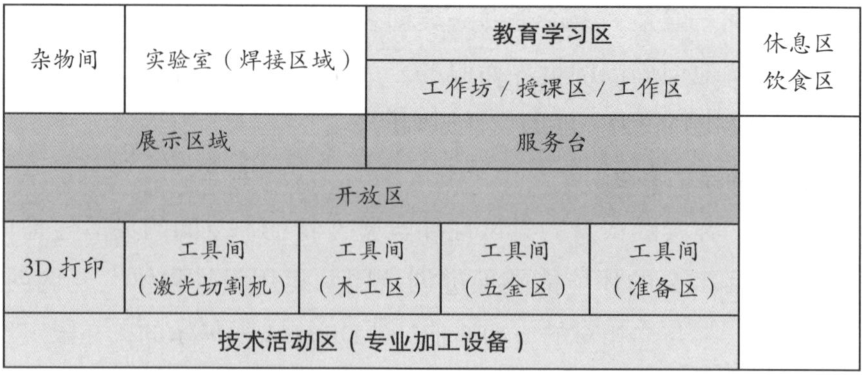

图 4–12　上海蘑菇云创客空间结构图

（1）互动教学区设计策略

创客空间的教学区主要用来让学习者学习，以及指导教师或专家为学习者提供指导。但是创客空间的教学区通常不同于一般的教室空间，更加强调对交互性、协作性学习活动的支持。为此，空间的布置应相对灵活，尤其是桌椅应选择可灵活拼接、移动的。（见图 4–13）。

图 4–13　互动教学区（美国波士顿 NuVu 创客学校）

（2）工具区和储物区设计策略

创客空间的工具区是创客空间的核心组成部分之一，通常包括地面工具区、墙壁工具区和柜子收纳区。其中，地面工具区主要用于摆放各类相对大型的加工工具，如 3D 打印机、激光切割机、小型车床、焊台、木工加工台等；墙壁工具区通常以各类“洞洞板”（见图 4–14）、隔板（见图 4–15）等为载体，收纳诸如螺丝刀、尖嘴钳、铁锤、剪刀等小型工具。同时，工具区一般还需附有明显的收纳和安全使用指导的标识，以帮助使用者养成安全操作、物归原处的使用习惯。

图 4–14 工具区（洞洞板）

图 4–15 工具区（隔板）

除此之外，工具区一般还会建有一个用于收纳存放各类备用补充材料的储物区，一般是用货架或柜子来实现（见图 4–16）。

图 4–16 储物区（美国哈佛大学教育研究院创客空间）

（3）展示区设计策略

作为一个开放交流的社区，创客空间的展示区是必不可少的。一般来说，可以通过配置独立的展示架，或者充分利用墙壁空间，利用置物架、隔板、洞洞板等来展示可分享的创客作品（见图 4–17、4–18）。

图 4-17　展示区（隔板）（美国波士顿 NuVu 创客学校）

图 4-18　展示区（洞洞板与隔板）（美国波士顿 IDEO 设计公司）

需要指出的是，创客空间作为一个第三空间、社会空间，其社会性价值的实现和轻松的第三空间氛围的创造，仅有以上功能区域还是不够的。基于此前在哈索·普拉特纳设计思维学院的研究和经验，哈索·普拉特纳等人根据空间环境与设计思维流程的关系，界定了四个不同的空间类别（在团队协同工作的空间之外）：①构建和制作；②演示和展示；③沟通和反思；④社交和放松。[1] 这提醒我们，在强调创客空间中的“构建与制作”空间、“演示和展示”空间的构建的同时，还需要注重“沟通和反思”空间，尤其是“社交和放松”空间的构建。

（4）沟通和反思区设计策略

作为一个基于会话的社会空间，支持沟通和反思是设计创客空间时不得不考虑的。“大声思维墙”的设计可以说是达成这一意图的一种重要策略。图 4-19 所示就是斯坦福大学 d.school 的“大声思维墙”，即通过便利贴、展板等，支持设计制作过程中的头脑风暴“大声思维”（thinking

[1] 哈索·普拉特纳、克里斯托夫·迈内尔、拉里·莱费尔:《斯坦福设计思维课 1：认识设计思维》，姜浩译，人民邮电出版社，2019，第 146 页。

aloud)。

图 4–19 沟通与反思区（斯坦福大学 d.school）

（5）社交和放松区设计策略

美国专注于公司内部环境设计的公司瑞克（Rieke）曾提出将创客空间设计思想整合至工作场所以激发员工创造性的五个关键设计要素。其中，“运动元素”便是其中之一。它提醒我们要特别注意为人们提供能够移动的空间、高低不同的座位（见图 4–20），而不是将人们的身体局限于一种姿态，这对于激发员工新思想的出现是有帮助的。

图 4–20 创客空间不同的座位设计（Rieke）

与 Rieke 的这一设计思想类似的，美国波士顿 IDEO 设计公司也特别注重为员工提供社交和放松的区域。如图 4–21 所示，是公司摆放桌面足球台的一角，同时也是各类项目海报的张贴角。

图 4–21　社交与放松区（美国波士顿 IDEO 设计公司）

除了上述具有特定功能的区域之外，有条件时，也可以保留一些开放功能的区域。如图 4–22 所示，是美国波士顿 IDEO 设计公司的一个开放空间，既可以作为会议空间，也可以作为社交与放松区域。可以看出，这些空间并不一定要多大，但是可以创设轻松的氛围，让参与者能够轻松地进行交流、会话、社交。

图 4–22　开放功能区域（美国波士顿 IDEO 设计公司）

（二）认知层面空间设计

“我知道自己不能向任何人传授任何东西，我只能提供一个人能在其中学习的环境。”（卡尔・罗杰斯语）创客空间的核心在于将不同创造者群体联结在一起的迭代学习过程，强调在真实世界中开展实践性操作、体验性学习，以及知识探究、互动、建构等思想，即将实践行动作为一种重要的认知过程。[1] 言下之意，创客空间的设计还必须考虑如何从认知层面为参与者的学习、创造提供支持。要实现这一点并不容易。尽管目前的研究都认识到，创造性的问题解决可以被视为一个发生于激励性环境中的过程，该过程具有动态性、复杂性和主观性，但至于如何创造条件来推动这个过程，其实我们并不是很清楚。[2] 这里着重从材料的丰富性、指导教师的安排与工作场所情境的联系方面着手对认知层面的创客空间做出强调。

1. 材料丰富性

“材料是设计师用来促使设计存在于世界，使其出现并能让人以真实感觉去经历的工具和途径。”[3] 唐纳德・舍恩曾在他的研究中发现，设计者在其设计过程中或多或少地会将材料看作自己的设计搭档，并与其展开反思性对话。类似的，美国建筑学家路易斯・卡恩（Louis Isadore Kahn）曾以一段诗意的文字灵动地展现了设计师与其材料之间的互动关系：“当你想要让某物存在，你不得不问一问自然。这是设计要到来的地方。比如，如果你想到了砖块，你就要跟砖块说，‘砖块，你想要成为什吗？’然后砖块会回答你，‘我想要成为拱门’。”[4] 卡恩以其诗意而幽默的文字展现了设计师与材料之间的“对话”。这里所谓来自材料的“回话”，其实

[1] 石晋阳、陈刚：《论创客教育的默会知识论基础：反思与重构》，《电化教育研究》2017 年第 4 期。

[2] 哈索・普拉特纳、克里斯托夫・迈内尔、拉里・莱费尔：《斯坦福设计思维课 1：认识设计思维》，姜浩译，人民邮电出版社，2019，第 146 页。

[3] 哈罗德・尼尔森、艾瑞克・司杜特曼：《一切皆为设计：颠覆性设计思维与设计哲学（第 2 版）》，俞强译，人民邮电出版社，2018，第 177 页。

[4] 同上书，第 177-178 页。

是指材料通过向设计师展示自身的特性、边界和约束性及可能性等而对设计师“说话”。事实上，法语中的创客即修补匠（bricoleur），其实本身就是指通过与工作材料展开对话来解决问题。从这一角度来说，在创客实现设计与制作的过程中，材料并不是完全被动的。

切尔西·法拉尔也表示，她观察到，让材料始终保持在视线范围内对于培养创造力、创意和制作过程至关重要。在博物馆的 Tinkerlab 创客空间中，虽然他们最初设置了各种“邀请”的站台（如磁带绘画、移动制作、静物绘画和乐高积木），但很明显的是，大多数来访者花在探索材料上的时间要多于完成任何单一的艺术或设计挑战。也就是说，他们对修补材料和探索材料的可能性范围比创造单一的物体更感兴趣。[1]

由于创客行为可以包括最广义的媒体制作，其范围可以是“介于工艺艺术和数字技术之间，包括介于两者之间的所有内容”[2]，创客材料的提供也不应局限于各类令人兴奋的“高技术”材料。事实上，众多研究已经表明，许多“低技术”材料也可以很好地激发人们动手学习的乐趣。例如，美克度（Makedo）是一系列可使用的连接扣和铰链，用于将硬纸板包装材料转换成复杂的结构和游戏对象。Sugru 万能硅橡胶（silicone ruber）是一种太空材料，它可以让参与者做出一个造型或把两个物体粘在一起，就如普通黏土那样，但在 24 小时内它就变成了橡胶。最重要的是，这些丰富多样的新材料让孩子们可以制作实际的东西，而不仅仅是模型。当然，如果从更加广义的角度来看，创客空间中的材料并不局限于诸如金属、纸、木等物理材料，还可以包括数字、符号等抽象材料，甚至也可以指社会、文化及精神材料。

[1] Chelsea Farrar, “Tinkering With Change: A Makerspace at a University Art Museum,” in *Makers, Crafters, Educators: Working for Cultural Change*, ed. Elizabeth Garber, Lisa Hochtritt and Manisha Sharma(New York and London: Routledge, 2019),pp. 25-27.

[2] Tonia A. Dousay, “Defining and Differentiating the Makerspace,” *Educational Technology* 57, no. 2(2017):69-74.

2. 指导教师的安排

根据分布式认知理论（Distributed Cognition），人与制品同样重要。虽然制品是分布式认知理论中的核心术语，但是人和制品形成合成的认知力量是最为理想的认知方式。创客空间显然是一个分布式认知空间，它其实也是一个由学习者、指导教师、同伴、人工制品所构成的学习共同体。换言之，创客教育不是说让学习者从安静就座的教室转移到可以自由活动的环境——创客空间就好，而是如杜威所说的，是把他们“由乱碰的活动移入经过选择指导而学习的环境”[1]。作为一个知识共建共享的共同体，如果没有导师，那么可用于教学和解决问题的专门知识将减少，青年人将缺乏可以激发、启示他们的专家角色。此外，即使是那些完成了项目的年轻人也会缺少感兴趣的听众来分享他们的工作。[2]

为此，我们需要强调，在创客空间设计中，不但有学习者可以用于解决问题的各类资源、材料、工具，还需要可以与学习者交互的指导教师。这里的教师也不是由原来知识的传授者变成了儿童活动的监督者或旁观者，而是成为儿童活动的伙伴或参与者。“在这种共同参加的活动中，教师也是一个学习者，而学习者虽然自己可能不觉得，其实也是一位教师。”杜威因此总结：“总地来说，无论教师或学生愈少意识到自己在那里施教或受教就愈好。”[3]创客空间中的指导教师角色也是类似的。例如，NuVu 学校作为青年学生发展创新精神的地方，虽然没有固定的课程，但是每位学习者都需要参与到主题性项目之中，而且每个项目都配有专门的指导教师，他们通常是相关领域的专业人士，包括哈佛大学或者麻省理工学院的毕业生。指导教师通过为学习者提供与项目最相关的专业知识，指导学习者更好地完成项目，支持学习者探索新的想法，设计解决方案，从而使其想法变成现实。

---

[1] 滕大春：《杜威和他的〈民主主义和教育〉（下）》，《河北大学学报》1989 年第 1 期。

[2] Lee Martin, “The Promise of the Maker Movement for Education,” *Journal of Pre-College Engineering Education Research* 5, no. 1(2015):30-39.

[3] 约翰·杜威：《民主主义与教育》，王承绪译，人民教育出版社，2001，第 175 页。

3. 与工作场所情境的联系

霍尔沃森和谢里登注意到，“尽管人们对如何设计和创建创客空间产生了兴趣和活动，但我们对创客空间学习的内容和过程仍然知之甚少”[1]。总体而言，“设计一个学习环境首先必须明确需要学习什么以及行为发生的真实世界情境是什么”[2]。创客空间作为一个实习场（practice field），在建构的时候，首先需要强调它与实际工作场所之间的联系。如彼得·圣吉（Peter Senge）所强调的，在实习场中，学生遇到的问题和进行的实践与今后校外所遇到的应该是一致的。实习场虽然与真实场地是分离的，在这个情境中，学习者并不是真实场地的参与者，却能够实践于那些他们将在校外遇到的环境，就是学习者在校外参与活动时出现的环境。创客空间作为一个实习场、一个生产性学习环境（context for productive learning），其情境创设应该与工作场所情境建立联系，从而能够引导学生通过长期从事有个人意义的项目工作来构建知识的环境和一系列经验。[3]

（三）社会文化层面空间设计

给养的文化历史境脉是一种重要的影响变量，但遗憾的是许多环境设计却严重忽视了这一点。[4]创客空间作为一个给养环境，需要我们对社会文化层面的空间设计进行关注。古代儒家对于身体在社会空间里的安顿问题，给予了高度重视，从孔子、孟子、荀子到秦汉之际的儒者都是一贯的。[5]创客空间也不仅是一个体验、探索的学习空间，其实也是创客在社会情境脉络中安顿自己的空间。围绕创客这一核心活动而产生的共同体，可以说是创客空间中社会文化层面的一个关键因素。2014年，加

[1] Erica Rosenfeld Halverson and Kimberly M. Sheridan, “The Maker Movement in Education,” *Harvard Educational Review* 84, no. 4(2014):495-504.

[2] 戴维·H. 乔纳森、苏珊·M. 兰德主编《学习环境的理论基础（第2版）》，徐世猛等译，华东师范大学出版社，2012，第34页。

[3] Gary S. Stager, “Papertian Constructionism and the Design of Productive Contexts for Learning”(paper presented at the Eurologo 2005: Digital Tools for Lifelong Learning, Warsaw, August 30, 2005).

[4] 贺斌，祝智庭:《学习环境给养设计研究透视》,《电化教育研究》2012年第11期。

[5] 黄俊杰:《东亚儒学史的新视野》，华东师范大学，2008，第397-423页。

拿大图书馆协会（Canadian Library Association，CLA）制定了《加拿大学校图书馆学习共享空间的实践标准》，旨在将图书馆更名为“学习共享空间”（learning commons）。在加拿大，学校图书馆的创客空间也与CLA的五项核心实践标准中的三项相一致，包括：①促进协作参与，以培育和赋能学习者共同体；②发展素养，为终身学习者赋能；③设计学习环境，以支持参与式学习。[1]

由于创客教育具有明显的指向未知、未来的倾向，创客空间作为一个实践共同体，尤其需要被赋予想象的空间。如前文所述，玛克辛·格林曾提醒我们，共同体不能仅仅凭借合理设计而形成，更不能通过颁布法令而强制产生，而是需要一种想象意识。格林强调，共同体的形成就像自由一样，靠的是众多被赋予了空间的个体。在空间中，人们能够发现他们共同认可、共同欣赏的东西。也就是说，既然人们拥有了空间，那么就一定会去发现形成主体间认识的方式。类似的，创客空间中共同体形成也需要我们这样一种想象意识。它“使身处其中的人能够想象他们自我的生成，以及他们所属群体生成的其他可能性”。这也正是格林所强调的，即共同体的问题不是个体是否接受了最合理的社会契约，而在于怎样做才有助于追求共同利益：人们应该以何种方式聚集在一起，又应该以何种方式对待彼此之间的相互关系，以及应该以何种方式来实现理想的共同世界。[2]

创客教育本身的重点在学生的建设性创造上，而不是陷入根深蒂固的习惯，或对现实熟视无睹。例如，许多年轻创客认为如果3D打印只是徒增了世界上的塑料的话，那么我们就要质疑3D打印本身是否是一个好主意了。这时候，创客们需要考虑是否可用新的材料（如新的环保纤维）

[1] Canadian Library Association (CLA),“Leading Learning: Standards of Practice for School Library Learning Commons in Canada,” accessed November 23, 2020, http: //llsop.canadianschoollibraries.ca/wp-content/uploads/2016/09/llsop.pdf.

[2] 玛克辛·格林:《释放想象：教育、艺术与社会变革》，郭芳译，北京师范大学出版社，2017，第53页。

来解决这个问题。事实上，教育性创客的未来并不局限于更便宜的3D打印机和更多的微控制器。如果如内格罗蓬特所说，“生物技术是新的数字技术”，那么“生长就是新的创客”。[1]现在创客已经开始着手研究生命的本质问题了。这种生物黑客技术正在公司和大学实验室之外的地方成为可能，而且正在进入家庭和学校。也就是说，当前创客运动已经开始朝着包括生物学、化学和材料科学在内的几个新方向发展。举例来说，在宾夕法尼亚大学，来自PennDesign新兴设计实践和教育研究生院的一个团队正在重新思考用于学校环境的商业生物设备。一种名为Biomakerlab的低成本移动实验室设备已经在高中建立了原型，可以用于基因改造和培养细菌或酵母菌。学生们设计了利用合成酵母菌制造色素、营养丰富的食用菌，以及检测污染物的细菌传感器。作为课程的一部分，学生学习合成生物学将对社会和环境产生社会和伦理影响。

用格林的观点来看，当创客空间允许参与者可以在创客文化的支持下，受创客精神的激励而聚集到一起，共同行动并“想象他们可能成为什么”[2]时，他们就具有了一种“超越性意义”的体验。也就是说，参与创客的过程并非简单的学科知识结构的内化，抑或是创造人工制品的外化过程。从更深层意义上来说，“参与总是建立在对世界意义的情境性协商和再协商的基础之上”[3]。若从这一意义上来说，创客教育作为个体参与创客活动的过程可以较好地消弭个体与社会之间的分裂。他们因共同的追求，共同决定他们聚集在一起的方式、共同行动、共同想象，并因此而形成焕发生机的共同体。

除此之外，我们还需要认识到，创客共同体的出现不仅是因为创客

[1] Sylvia Libow Martinez and Gary Stager, *Invent To Learn: Making, Tinkering, and Engineering in the Classroom* (*2nd Edition*)(Torrance: Constructing Modern Knowledge Press, 2019),p. 32.

[2] 玛克辛·格林:《释放想象：教育、艺术与社会变革》，郭芳译，北京师范大学出版社，2017，第53页。

[3] J. 莱夫、E. 温格:《情景学习：合法的边缘性参与》，王文静译，华东师范大学出版社，2004，第15-16页。

所追求的共同利益，还因为支持共同体参与的种种基础设施，尤其是促进人与人交往、会面的空间，这既包括创客空间本身，也包括创客嘉年华等各类创客共同体建构与分享的空间，以及一些在线环境，如一般的社交网站或创客取向的网站，如展示创客项目的网站、分享开源代码的网站、支持讨论的论坛。为此，在设计创客物理层面空间的同时，也需要对促进人与人之间交往的空间进行设计，让创客不仅是一个独立个体，还是集体的一部分；同时，他们不仅是作为本土创客共同体的一分子，还是作为全国乃至全球创客共同体的一部分。这本身也体现了莱夫与温格提出的实践共同体的特征（见表 4–3）。

表 4–3　实践共同体的特征

特征	具体内容
共同的文化历史遗产	实践共同体不是在特定时间为了某种特殊需要而进行的简单聚集。成功的实践共同体具有部分掌握了社会协商意义的共同文化的历史遗产。这包括共同的目标、意义和实践。
相互依存的系统	个体在背景中工作时是更大的集体的一部分，并与实践共同体有着内在的联系，实践共同体也是更大集体（产生意义和价值的社会）的一部分。这有助于为个体和更大的实践共同体提供一个共享目标的感觉和身份。
再生产的循环	当新成员与同伴和成熟实践的专家一起进入成熟的实践时，实践共同体具有再生产的能力是十分重要的。随着时间的推移，这些新成员充实到了实践共同体的共同实践中，甚至可替代老成员。

（四）心理层面空间设计

由于学习不可避免地牵涉到进入一种生活状态，以某种特定的方式处理事务，以及出于正确性而从事一些事情的自由选择，为此，玛克辛·格林表示，她“十分怀疑那些遭到恐吓、备受打击、悲观沮丧或忧心忡忡的人能否进行学习”[1]。这也启示我们，学习环境不是简单的物理空间，它还包括重要的心理空间。如果从营造一个让学生在心理和情感上

[1] 玛克辛·格林:《学习的风景》，史林译，北京师范大学出版社，2016，第 64 页。

都感到安全的课堂环境层面来看，最重要的还是要从有吸引力、激励性等方面着手。这样的环境就是佐藤学先生所说的“润泽的教室”，即大家可以轻松自如地构筑着人与人之间的一种基本信赖关系，在这种关系中，即使耸耸肩，拿不出自己的意见来，每个人的存在也能够得到大家自觉的尊重，得到承认。“润泽”这个词表示的是湿润程度，也可以说它表示了那种安心的、无拘无束的、轻柔滋润肌肤的感觉。“润泽的教室”给人的感觉是教室里的每个人的呼吸和其节律都是那么柔和。[1]

1. 有吸引力

支持青年自主性和控制自己的努力的学习环境更能激发他们的积极性，支持他们投入和坚持，支持他们发展身份和智慧的增长。[2]尽管研究者和实践者都试图在设计创客空间时进行合作，但还是很少有研究真正让年轻人参与到这样的创客空间的开发中来。到目前为止，只有少数的研究将青年人定位为设计更具包容性创客空间的关键利益相关者或主体。大多数研究认为青年人只是创客空间的访客或研究对象，相应的创客空间也常是“对成人友好的”创客空间。

针对这一教育现象，美国加州伯克利大学的纳萨尔（Christina Restrepo Nazar）和格林伯格（Day Greeeberg）认为，“创造是通过与其周遭文化之间的动态辩证而形成的，而非仅仅是在其本身物理空间中”[3]。在他们看来，“如果我们要想设计或开发更具有包容性的创客空间，我们首先需要理解青年人对制作和创客空间的看法”，因为年轻人的看法很可能与成年人或其他局外人的期望是不同的。他们因此开展了一项由16名青年学生参与的“青年参与性行动研究”（Youth Participatory Action

[1] 佐藤学:《静悄悄的革命——创造活动、合作、反思的综合学习课程》，李季湄译，长春出版社，2003，第26页。

[2] Shirin Vossoughi and Bronwyn Bevan, “Making and Tinkering: A Review of the Literature,” *National Research Council Committee on Out of School Time STEM.*

[3] Angela Calabrese Barton and Edna Tan, *STEM-Rich Maker Learning: Designing for Equity with Youth of Color*(New York: Teachers College Press, 2018),p. 2.

Research，YPAR）项目。在这一项目中，他们试图去发现青年人想从他们的创造空间中得到什么，为什么；青年人如何在参与创作的同时为自己创造一个空间。通过这一项目，青年人通过自己的努力获得了设计创客空间的主动权，并根据他们对创客空间的愿景而提出了创客空间标准（见表 4–4）。

表 4–4　青年创客对创客空间的设计偏好

标准维度	青年的设计偏好
舒适性（welcoming）	· 五颜六色的椅子、墙壁、地毯和储物柜 · 有可以保存未完成项目的储物柜 · 不上锁的工具 · 工具和材料放在能够得着的高度 · 房间四周贴着如何使用工具的信息
协作性（collaborative）	· 大桌子 · 带轮子的椅子 · 带白板桌面的桌子 · 黑板墙和白板墙
有趣的 / 好玩的（fun/playful）	· 空间色彩鲜艳 · 可做舞池的地板 · 音乐 · 迪斯科球 · 零食 · 沙发 · 吊床或豆袋椅 · 游戏
承认工作的难处（recognizing difficult nature of work）	· 可供个人随时使用的“思考站”（thinking station） · 可以挂“搞砸项目”的地方（以表明搞砸是被允许的） · 有一个可以释放挫败感或压力的好玩的空间
迭代（iteration）	· 灵活的流程——随时去“思考站”

续表

标准维度	青年的设计偏好
改变 (making a difference)	·邀请社区 ·"拯救世界"项目 ·悬挂/展示以前的作品

由表4–4可见，对于这些青年创客来说，无论是椅子、墙壁、地毯和储物柜的颜色，还是一个不上锁的工具，甚至是零食，都可以增加这个空间给人带来的吸引力、安全感和欢迎度。这一项目很好地体现了创客空间设计时需要尊重青年创客的声音，尊重他们作为更具有包容性创客空间的关键利益相关者与主体的地位。某种程度上，参加YPAR项目的这16名青年以自己的"启迪智慧"解构了"成人友好"创客空间的权力动态，同时也重构了学校创客空间的概念——创客空间是以年轻人为中心和以共同体为基础的空间。也正因如此，纳萨尔和格林伯格表示，他们更偏好用"创造空间"(Making Spaces)一词来替代"创客空间"(Makerpace)，以期提醒人们关注创客空间中多元文化因素之间的互动。

2. 激励性

派珀特一再强调，智力活动的精髓在于它是一个不断"调试"(debugging)的过程。他认为，智力活动并不能像逻辑学家和学校课程设计师所希望我们相信的那样，一步一步地从一个明确的、得到充分证实的真理走向下一个真理。[1]这一理解可以在被誉为"20世纪重要的社会学家之一"的著名人类学家、心理学家格雷戈里·贝特森那里得到确认。根据格雷戈里·贝特森的认识论，创造性思维必须始终包含一个随机元素。探索性过程——心灵无止境的试误过程——只有通过走上随机性铺设的路径才能到达一个新的阶段。事实上，在格雷戈里·贝特森看来，生命体的每一个动作都含有一些试误的成分，而新的任务尝试都在一定

[1] Seymour Papert, *Mindstorms: Children, Computers, and Powerful Ideas*(New York: Basic Books,Inc., 1980),p. xiii.

程度上是随机的。即使新的动作只是某些已经熟知的动作类型（class）中的一个，但根据其新奇性，它多少还是会成为“就该这样做”这一命题的确认和探索。[1]

根据这一理解，我们在创客实践过程中，也“不可能只做对，不做错”（派珀特语）。为此，在进行创客空间心理层面的设计时，需要以激励性为根本原则，创造鼓励学习者尝试新鲜事物、珍视新想法的氛围。

第四节 时间

系统是作为一个过程而存在的。在创客生态系统中，除了身体、技术、空间要素之外，时间也是一个不可或缺的要素。从宏观层面的创客行动来说，创客教育方兴未艾，其发展过程是一个时间维度上的流动过程。在这个过程中，创客所构成的实践共同体不可避免地置于一个“创造自身未来的生成过程之中”[2]。创客实践共同体如格林所说，“必须跟随时间的脚步，去寻求更多意识的冲击、更多未知的探索、更多意义的追求，更加积极地参与到充满不确定性的人类共同体的永无止境的探索之中”[3]。

从微观层面的创客教育实践来说，与传统教育以追求高效率为旨向的知识工厂（knowledge factory）不同的是，创客教育看上去不但放弃了这样一种近乎迷信的“追求效率”，还似乎有些“浪费时间”。这与中

[1] 格雷戈里·贝特森:《心灵与自然：应然的合一》，钱旭鸯译，北京师范大学出版社，2019，第 213-215 页。

[2] J. 莱夫、E. 温格:《情景学习：合法的边缘性参与》，王文静译，华东师范大学出版社，2004，第 21 页。

[3] 玛克辛·格林:《释放想象：教育、艺术与社会变革》，郭芳译，北京师范大学出版社，2017，第 207 页。

国古人崇尚“拙巧”的造物精神是相契合的。“拙”体现的是功夫，而“巧”体现的是结果，两者彼此相依，即“拙”中有“巧”，拙巧相生。造物所追求的“大巧”正是来自“朴拙”。[1]

“花时间”可以说是建造主义非常重要的思想之一。这也是派珀特对“教育中的时间经济学”这一古老话题做出的回应。在技术理性和“学校装配线模式”追求的技术效率的驱使下，“争分夺秒”的格言不但成了工厂的座右铭，也成了课堂和教师的座右铭。在传统的（非建造主义的）教室里，每天甚至每一分钟都是有计划的。由于总有人替他们管理时间，他们自身的时间管理能力通常都较差。而在派珀特看来，“花时间”是我们支持儿童认知发展所不得不面对的问题。原因主要有二：一是教育的效率不是通过速度来衡量的，二是问题的解决过程不是简单的应用规则，而是需要时间来思考那些可以促进学习的问题，这一鼓励坚持、弹性解决复杂问题和创新的过程被派珀特戏称为“倒腾时间”[2]。这也是“学习的艺术”的基本原则。

派珀特表示，他所谓“学习的艺术”观点很简单，其实就是学习者花更多的轻松的时间来解决问题，借此提高处理其他类似问题的能力。这里“学习的艺术”的焦点从思考规则本身在即时应用中是否有效，转向了寻找如何应用规则从更加长远意义上促进学习的多种途径。派珀特因此概括道，“‘给自己时间’是一个再显而易见不过的原则，无论是启发式还是学习的艺术都遵循这一基本原则。然而，学校却公然违反了这一规定”，其打碎时间的方式是：“把你的书拿出来……在第 18 章末尾做 10 道题……丁零——铃响了，合上书本。”我们可以想象，如果一位企业高管、一位脑外科医生，或者一位科学家也不得不按照如此支离破碎的时间表来工作，将会怎样？据此，建造主义持与此完全不同的态度，它

[1] 段卫斌：《工匠精神：设计教育反思》，浙江人民美术出版社，2018，导言。
[2] Seymour Papert and George Franz, “Computer as Material: Messing about with Time,” *Teachers College Record* 89, no. 3(1988):408-417.

允许学生制订计划，实施计划，也许计划失败了，再试一次，更为重要的是，允许学生自己管理完成任务的时间。例如，在CLL的一个重要方面是每天让同一组学生有5个小时不受干扰地在一起，让他们有足够的时间进行共同体建设、发展友谊或越来越擅长做某件事等。

在《后现代课程观》这一重要著作中，小威廉·E. 多尔曾对课程中的“时间”问题做出了深刻的讨论。多尔认为，教育发展基于以人性为特征的生命系统，这一生命系统在本质上是开放系统。在这种开放系统中，就如热辐射带来的热力变化，不是动力的或机械的变化（齿轮的、杠杆的、滑轮的变化），也就是说它不是累加的、线性的和非转化性的，而恰恰是不可逆的和转化性的，而且，它还是耗散的（dissipative），似乎需要耗散才能促成转化的发生。某些能量在转化过程中总是“失去”。多尔提出，这对于课程来说是具有启示意义的，即当物质和能量的转化关系中存在一定的余量时，转化才产生。在多尔看来，这一理解与皮亚杰和布鲁纳的理解也是并行不悖的。如皮亚杰曾提出，任何一种运算方式在另一种方式（或阶段）形成之前都可能需要过度发展；而布鲁纳也指出，可能需要时间的过剩（根据教学效率模式就是时间的“浪费”）才会促使转化发生。这也就是说，在形成新的洞察之前，个体需要对所拥有的知识以及所提供的时间量感到适意。[1]

可以看到，在通过建造进行学习的“时间”问题上，派珀特与皮亚杰、布鲁纳及多尔达成了一致。为了支持儿童获得认知上的深度转变，他们不但不避讳教学效率模式所批判的“浪费时间”之提法，反倒是高扬这一主张，以给予学生充分的时间建构自己的智力结构。

由以上分析出发，创客教育需要安排非结构化的开放时间（包括课余时间），以鼓励更大范围的学生进行探索、积极冒险和协作。[2] 从现实

[1] 小威廉·E. 多尔:《后现代课程观》，王红宇译，教育科学出版社，2000，第110页。

[2] Youngmoo E. Kim, Kareem Edouard, Katelyn Alderfer and Brian K. Smith, “Making Culture: A National Study of Education Makerspaces,” accessed October 28, 2020, https: //drexel.edu/~/media/Files/excite/Making-Culture-full-report.ashx.

可操作性来说，创客教育如何实现这一时间安排要求呢？比方说，位于美国休斯敦的一所以 STEM 为中心、以能源为主题的高中——能源研究所高中，在学校时空安排方面做出了创新。该学校优先考虑专业级技术、与支持教师和学生的公司合作以及基于项目的学习——学生称之为“一种神奇的学习方式”。然而，随着学校开学的头两年，由于对项目的热情——每个老师都在分配项目，导致了项目的超负荷。所幸，这反而给学校创新带来了又一次机会。学校将英语、社会研究、科学和工程课程合并为团队授课。在课时安排上，将原来的 45 分钟排课方式改为 4 小时的时段排课方式（block scheduling，又称连续教学时间表、长课等）。这为更复杂、跨学科的项目提供了时间。学校将教师合作的计划时间安排到日常日程中，信息技术专家用教学技术为教师提供支持。[1] 这里并不是主张所有的创客空间都需要安排这种长课，但的确需要对创客生态系统中的时间维度做出进一步的强调。充足的活动时间既是确保“设计制作活动过程中的连续性，而不是零散的、暂时的、无关联行动的拼凑”的基本前提，同时也是创客教育实现其价值的基本条件之一。

综上，创客教育由于涉及人、空间、技术、学科内容、现实问题等诸多因素而成为一个具有高度复杂性的系统，并呈现出一个复杂系统所具有的基本特征。

其一，创客教育生态系统是一个开放系统。创客教育显然不是一个局部的、封闭的系统，而是与其他学校教育、社会教育处于相互作用之中。不仅创客主体与创客教育生态系统之外的他者本身保持着相互作用，创客实践本身也是指向社会、历史、文化的。

其二，创客教育生态系统是一个非线性的系统。非线性是复杂性的决定条件；非线性也意味着不对称性。复杂系统的发展与非线性放大能

[1] Consortium for School Networking, “Driving K–12 Innovation: Hurdles 2019,” accessed October 21, 2020, https: //ppgtic.paginas.ufsc.br/files/2019/09/TE_02_CoSN-Driving-K-12-Innovation-Hurdles-FINAL-REV-3-28-19.pdf.

力有关。在创客空间中，能量并非均匀分布的。然而，就如南非哲学家保罗·西利亚斯（Paul Cilliers）所分析的，正是相互作用的要素与力量之间的不对称性驱动着系统发展。如果没有婴儿与成人之间的不对称关系，婴儿便不会存活。如果没有教师与学生之间的不对称关系，学生便永远都不会学到新的东西。[1]创客教育中不同年龄、不同专业知识背景、不同经验水平的个体之间的不对称性正是创客教育生态系统发展中重要的非线性驱动力。

其三，创客教育生态系统中各要素之间的相互作用是回路的、丰富的、动态的。例如，一个个体不只是与另一个个体，而是与许多个体不断交互，同时也与各种人工制品相互作用。而且，随着系统的发展，相互作用的层次也将不断深化，并始终处于动态发展之中。

其四，创客教育生态系统在远离平衡条件下运行。我们知道，复杂系统需要不断的能量流，以作为复杂实体而变化、进化和生存。对于保罗·西利亚斯来说，平衡、对称和彻底稳定则意味着死亡。他甚至严厉地批判，“如果向往完全平衡的状态，那就是向往石棺”。这对于我们认识创客教育生态系统的特性是极为重要的。创客教育作为一个面向未来的教育生态系统，它是在远离平衡条件下作为一个过程而存在。这种远离平衡条件的现实可能会给人带来一些不确定性的挑战，但是它也是系统本身获得变化、发展和生存的基本条件。

诚如格雷戈里·贝特森所感慨的，人类终究是人类，我们理解复杂性和复杂世界的能力是有局限性的。但是，当我们以一种复杂性思维来对创客教育进行理解时，也意味着我们需要从关系的角度来思考，看到创客教育中的身体、技术、空间及时间是如何处于关系之中的。所谓关系，其实是一种思维的惯习，是以特定的方式组织和排列思想的联系。[2]

[1] 保罗·西利亚斯:《复杂性与后现代主义：理解复杂系统》，曾国屏译，上海世纪出版集团，2006，第166页。

[2] 小威廉·E. 多尔:《后现代与复杂性教育学》，张光陆等译，北京师范大学出版社，2016，第326页。

这种思维促使我们看到，无论是创客教育生态系统本身，还是我们对创客教育的认识都处于关系网络之中（一种水平的、当前情境中的关系），并都处于川流不息之中（一种垂直的、历史的关系）。

后　记

创客教育的愿景与意象是什么？当前“新常态”（new normal）、“后疫情”时代成了我们常用的一个表达，意指当我们在等待针对新冠肺炎病毒的疫苗的同时，做好防疫工作并开展各项日常工作与生活这样一种特殊状态的常态化。迈入数字时代的大门之后，我们需要思考创客教育在这样一个不确定性的时代能够发挥怎样的作用。当综合育人、实践育人成为一种教育变革趋向时，我们需要思考类似于创客这样一种基于学习者身体实践的创造性学习如何能够从少数创客空间进一步影响到更主流的学习领域和空间。虽然书稿写作暂告一个段落，但是对于这些议题的思考与探索才刚刚开始。

感谢恩师钟启泉教授在我博士学习期间鼓励我勇敢探索富有挑战而有意义的教育议题，更感谢他以身示范，教导我一生都要坚持自己的学术热情、生活热情。感谢恩师蔡铁权教授一直以来以他的博学睿智和从未减退的学习热情如明灯般指引我前行的道路。感谢师兄张华教授多年的指导与关照，不但带领我进入课程研究的国际领域，不断探索、领略我国综合实践活动课程的独特魅力与教育价值，也给了我此次通过撰写书稿学习“创客教育”的宝贵机会。衷心感谢我在哈佛大学访学时的导师 Catherine Elgin 教授、Chris Dede 教授以及杜威研究协会前主席、杭州师范大学荣誉教授 Leonard J. Waks 在我书稿写作过程中给予的诸多专业指导和无私的友情支持。感谢研究生朱纯艳、汪晨、袁梦怡参与书稿写作过程中的文献梳理、校对工作。特别要感谢河北教育出版社何春雅主任在写作过程中给予的诸多帮助以及王莉编辑为书稿审校付出的大量心血。最后，还是要感谢我家人坚定持续的爱与支持。在美国学习一年有余回到国内后，10 岁的小侄子钱熙一次一次电话询问我何时能够回家。当他得知我因书稿写作仍未能回家过暑假时，他在电话那头哽咽了；当他确认我的名字会显示在书的封面上时，他似乎又略带骄傲地鼓励说：“那你还是好好写，过年再回家吧。”因着这般单纯的爱，我的内心充满了感激。

小侄子大概是不知道，我写作，不是因为我知道什么，而是因为“我想要弄清楚一些事情，是为了学习一些东西，而这些东西在我开始写作之前，我并不知道它们是什么”［理查得森语（L. Richardson）］。于我个人而言，此书稿尚不能说是定稿，只是一个探索的阶段性记录。由于时间和学识所限，书中恐存不完善甚至错误之处，恳请广大读者和研究者批评斧正。

钱旭鸯

2021 年 3 月